KB005933

공무원 한국사 유일의
전·현직 출제위원이 만든
'진짜' 실전 동형 모의고사

Contents

‘진짜’ 전·현직 출제진이 만든 실전 문제

합격형 실전 모의고사

강민성

공무원 한국사

실전 동형 모의고사

올바른 한국사를
가르치기 위해
노력합니다.

초판 1쇄 인쇄일 2022년 6월 1일

지은이 강민성 **발행인** 배효선 **발행처** 도서출판 법문사   **등록** 1957년 12월 12일/제2-76호(윤)

기획 및 편집 정왕건, 이여비   **교정 및 검토** 이도연, 장보라, 윤하정, 김원희, 박가영, 이해인

주소 10881 경기도 파주시 회동길 37-29   **전화** (031)955-6500~6   **FAX** (031)955-6525

E-mail (영업) bms@bobmunsa.co.kr / (편집) edit66@bobmunsa.co.kr

홈페이지 http://www.bobmunsa.co.kr

Copyright ⓒ 정통 한국사, 2009

이 책에 실린 모든 디자인 및 편집 형태에 대한 저작권은 MJM 커뮤니케이션즈에 있으므로 무단으로 전재 또는 복제할 수 없습니다.

합격 적중

실전 동형 모의고사

01

밑줄 친 '그 나라'에서 볼 수 있는 모습으로 가장 적절한 것은?

> 그 나라의 풍습은 노래하고 춤추며 술 마시기를 좋아한다. 비파가 있는데 그 모양은 축(筑)과 같고 연주하는 음곡(音曲)도 있다. 어린아이가 출생하면 곧 돌로 그 머리를 눌러서 납작하게 만들려 하기 때문에 지금도 그 나라 사람들의 머리는 모두 납작하다. 왜와 가까워 남녀가 모두 문신을 하기도 한다.
> — 삼국지 위서 동이전 —

① 부경에 곡식을 저장하는 귀족
② 철을 수출하기 위해 낙랑으로 떠나는 상인
③ 남자 집에 민며느리로 들어가는 어린 소녀
④ 철(凸)자형 모양으로 집 바닥을 다지는 젊은이

02

(가) 왕에 대한 설명으로 옳은 것은?

> [가] 은/는 이름은 명농으로 …… 중국 남조의 양나라 문물 수용에 적극적이었다. 왕 12년과 왕 19년에 거푸 양나라에 사신을 파견하여 열반경에 대한 의소(義疏)와 모시(毛詩)박사, 공장(工匠), 화사(畫師)를 구해왔다. 불교 교단을 정비하는 한편 왜에 달솔 노리사치계를 파견하여 석가여래상과 불경을 전하였다. 이에 앞서 왕 4년에는 율(律)을 구하기 위해 겸익을 인도에 파견하였다.

① 사비에 왕흥사를 낙성하였다.
② 단양이, 고안무 등의 오경 박사를 파견하였다.
③ 승려 도림의 말에 따라 대규모 토목 공사를 벌였다.
④ 22부의 중앙 관서를 두고 지방에 5방제를 실시하였다.

03

(가) 국가에 대한 설명으로 옳은 것은?

> • [가] 이/가 사신을 보내 혼인을 청하니, 왕이 이찬 비조부의 누이를 보냈다.
> • 왕이 이찬 이사부에게 명령하여 [가] 을/를 습격하게 하였다. 이때 사다함은 나이가 15~16세였는데, 종군하기를 청하였다. 왕은 나이가 어리기 때문에 허락하지 않았으나, 그가 힘써 청하고 뜻이 확고하여 마침내 명령하여 귀당의 비장으로 삼았다. 그의 낭도 중에서 따르는 자 또한 많았다. [가] 사람들이 뜻하지 않은 군사가 쳐들어옴을 보고 놀라서 막지 못하였다. 대군이 승세를 타서, 마침내 [가] 을/를 멸망시켰다.
> — 삼국사기 열전 —

① 김해 대성동 고분군을 대표적 문화유산으로 남겼다.
② 소백산맥 넘어 호남 동부 지역까지 세력을 확장하였다.
③ 가락국기에 시조의 탄생 설화와 왕력(王曆)이 실려 있다.
④ 신라를 후원하는 고구려군의 공격으로 맹주의 지위가 붕괴되었다.

04

다음 문서에 대한 설명으로 옳지 않은 것은?

> 이 현(縣)의 사해점촌을 조사해 보니, 정(丁) 29명(노 1명 포함), 조자(助子) 7명(노 1명 포함), 추자(追子) 12명, 소자(小子) 10명이며, 3년 사이에 태어난 소자 5명, 제공(除公) 1명이다. 여자는 정녀(丁女) 42명(비 5명 포함), 조여자 9명, 소여자 8명이며, 3년간 태어난 소여자 8명(비 1명 포함), 제모(除母) 2명, 노모(老母) 1명 등이다. 3년 사이에 이사 온 사람은 둘인데, 추자 1명, 소자 1명이다. 논은 전부 102결 2부(負) 4속(束)인데, 관모전(官謨田)이 4결, 내시령답(內視令畓)이 4결, 연수유답(烟受有畓)이 94결 2부 4속이며 그 중 촌주가 그 직위로 받은 논이 19결 70부가 포함되어 있다.

① 3년마다 새로 작성되었다.
② 정전(丁田)의 지급을 확인할 수 있다.
③ 인구를 연령별로 9등급으로 구분하였다.
④ 일본 도다이지[東大寺] 쇼소인[正倉院]에서 발견되었다.

위 문제의 저작권은 강민성의 정통한국사에 있으므로 무단으로 전재 또는 복제할 수 없습니다.

05

밑줄 친 '왕'의 재위 기간에 있었던 사실로 옳은 것은?

왕 9년 12월, 문무산관과 이서(吏胥)로부터 상고(商賈)·복예(僕隷) 및 주·부·군·현에 이르기까지, 무릇 말을 가진 자는 신기로 삼고, 말을 가지지 않은 자는 신보·도탕(跳盪)·경궁(梗弓)·정노(精弩)·발화(發火) 등의 군(軍)으로 삼았다. 나이 20세 이상인 자로 과거 응시자가 아니면 모두 신보에 속하게 하고, 양반과 더불어 여러 진부(鎭府)의 군인들은 1년 내내 훈련하였다. 또 승도(僧徒)를 선발하여 항마군을 삼았다.
　　　　　　　　　　　　　　　　　　　　　　– 고려사, 병지 –

① 동북 9성이 축조되었다.

② 남경개창도감이 설치되었다.

③ 무신 김훈과 최질이 난을 일으켰다.

④ 향리의 9단계 승진 규정을 마련하였다.

06

(가)에 대한 설명으로 옳은 것은?

왕이 　(가)　 을/를 열고 신봉루(神鳳樓)에 거둥하여 백관에게 술과 음식을 하사하였으며, 저녁에 법왕사에 행차하였다. 다음날 대회(大會)에서 또 술과 음식을 하사하고 음악 공연을 관람하였으며, 동경과 서경, 동로(東路)와 북로(北路)의 병마사, 4도호(四都護), 8목(牧)이 각각 표문(表文)을 올려 축하하였다. 송의 상인, 동번(東蕃), 서번(西蕃), 탐라국이 또한 토산물을 바쳤으므로, 의례를 관람할 수 있는 자리를 하사하였는데 후에는 이것이 상례가 되었다.
　　　　　　　　　　– 『고려사』, 세가, 정종(靖宗) 즉위년 –

① 현종 때 일시 폐지되었다.

② 매년 정월 보름에 개최되었다.

③ 신라에서 시작되어 고려로 계승되었다.

④ 부처의 공덕을 기리는 순수한 불교적 행사였다.

07

밑줄 친 '책'에 대한 설명으로 옳은 것은?

첫머리에 말한다. 대체로 옛 성인들은 예악으로 나라를 일으키고 인의로 가르침을 베푸는 데 있어 괴력난신(怪力亂神)을 말하지 않았다. 그러나 제왕이 장차 일어날 때는 부명(符命)을 받고 도록(圖籙)을 얻어 반드시 보통 사람과는 다른 점이 있으니, 그런 뒤에야 능히 큰 변화를 타서 제왕의 지위를 얻고 대업을 이루었다. …(중략)… 그러므로 삼국의 시조들이 모두 신기한 일로 탄생했음이 어찌 괴이하겠는가. 이것이 책 첫머리에 기이편(紀異篇)이 실린 까닭이며, 그 의도도 여기에 있는 것이다.

① 가야사 연구에 귀중한 자료를 제공해주고 있다.

② 고구려 계승 의식을 반영하여 고구려 전통을 노래하였다.

③ 우리나라 역사뿐만 아니라 중국의 역사도 함께 서술하였다.

④ 단군 조선에서 고려 무신집권기까지의 시기를 다루고 있다.

08

(가)~(라)의 밑줄 친 '적'과 관련된 사실로 옳은 것은?

(가) 강감찬이 귀주에서 대승을 거두었다. 침략해온 적의 군사 10만여 명 가운데 겨우 수천 명만이 간신히 살아 돌아갔다.

(나) 김윤후가 이끈 민병과 승군이 처인성에서 적의 장수 살리타가 이끄는 군대를 물리쳤다. 이때 김윤후는 살리타를 활로 쏘아 죽였다.

(다) 전라 관찰사 권율이 행주산성에서 적의 대군을 맞아 격전 끝에 성을 지켜내고 대승을 거두었다. 이때 승병이 참여하였고, 부녀자들까지 군사들을 도왔다.

(라) 조정에서는 군신 관계를 요구하는 적의 요구를 거부하는 주전론이 우세하였다. 결국 대군이 쳐들어오자 남한산성으로 피난하였다.

① (가) – 김종서와 최윤덕이 4군 6진을 개척하였다.

② (나) – 서희가 담판 외교로 강동 6주를 획득하였다.

③ (다) – 사르후 전투 패배 이후 강홍립이 투항하였다.

④ (라) – 항전 과정에서 김상용이 강화도에서 순절하였다.

09

밑줄 친 '왕'에 대한 설명으로 옳은 것은?

형조에서 아뢰기를, "이제부터 향리(鄕吏)로서 영세민을 침해하여 도죄(徒罪)를 범한 자는, 청컨대 장형(杖刑)을 집행한 뒤에 영구히 그 도의 잔폐한 역의 역리(驛吏)로 귀속시키고, 유죄(流罪)를 범한 자는 장형을 집행한 뒤에 영구히 다른 도의 잔폐한 역의 역리로 귀속시키며, 백성을 침해한 향리를 사람들로 하여금 고발하게 허락하고, 이를 즉시 심리하지 않는 관리도 아울러 율문에 의하여 죄를 결단하도록 하소서."하니, 그대로 왕이 그대로 따랐다.

① 의금부와 신문고를 설치하였다.

② 노비를 담당하는 장례원을 설치하였다.

③ 사형수에 대한 삼복법(三覆法)을 실시하였다.

④ 육전상정소를 설치하여 호전ㆍ형전을 완성하였다.

10

다음 비문을 쓴 왕의 재위 기간에 있었던 일로 옳은 것은?

周而弗比 乃君子之公心
두루 원만하고 편향되지 않음이 군자의 마음이고,
比而弗周 寔小人之私意
편향되고 원만하지 못함이 소인의 사사로운 마음이다.

① 삼군문의 도성 방위를 위해 수성윤음을 반포하였다.

② 왕세제의 대리청정 문제로 인해 신임사화가 발생하였다.

③ 흉년의 아이들을 구휼하기 위해 자휼전칙을 반포하였다.

④ 창덕궁에 대보단을 설치하고 이순신 사우에 현충이란 호를 내렸다.

11

다음 정책이 시행되었던 시기에 볼 수 있는 모습으로 적절한 것은?

여러 도의 공물은 지금은 쌀과 포목으로 상납한다. 평안도의 공물은 지금은 상납하지 않고, 그 대가는 호조의 미(米)ㆍ전(錢)ㆍ포(布)로써 공인(貢人)에게 지급한다. 방민(坊民)을 선택하여 주인(主人. 공인)으로 정하고, 그 가격을 넉넉하게 산정하여 미리 준비시켜 공납하도록 하되, 본색(本色)으로 상납하는 경우에는 기한에 맞추어야 한다.

① 장시에서 책을 읽어주는 전기수

② 유약을 바르지 않는 토우를 굽는 장인

③ 협률사에서 창극을 공연하는 명창과 기생

④ 환자 치료와 병사자 매장을 담당하는 구제도감 관리

12

다음 주장을 했던 인물에 대한 설명으로 옳은 것은?

주자께서 말씀하시기를 "인의예지신이 느껴 움직임에 착하고 악함이 나누어진다."고 하셨고, 정자(程子)께서 말씀하시기를 "착하고 악함은 모두 천리이다."라고 하셨고, 주자께서는 말씀하시기를 "천리로 인해서 인욕이 있는 것이다."라고 하셨으니, 모두 이와 같은 뜻이다. 지금의 학자들은 착하고 악함이 기(氣)의 맑고 흐림에 말미암은 것임을 알지 못해서 그 학설을 구하다가 얻지 못했다. 그래서 곧 이(理)의 발현된 것을 착함으로 삼고 기(氣)의 발현된 것을 악함으로 삼아서, 이기(理氣)가 서로 떨어지게 하는 잘못을 했으니, 이것이 밝지 못한 이론이다.

① 경(敬)과 의(義)를 중시하였다.

② 일본 성리학 발전에 기여하였다.

③ 오경천견록, 입학도설 등을 저술하였다.

④ 조선을 중쇠기로 인식하여 개혁론을 제시하였다.

13

(가), (나) 인물에 대한 설명으로 옳은 것은?

> (가) 그는 『지구전요(地球典要)』에서 세계 각국의 지리 · 역사 · 물산 · 학문 등을 상세히 소개하고 있으며, 지구의 자전과 공전을 내세운 코페르니쿠스의 지동설을 비롯하여 적지 않은 서양 과학의 내용도 여기에 포함되어 있다.
>
> (나) 그는 당시 마진학(麻疹學)의 최고봉이라는 평을 들었던 의학 서적을 저술하였다. 이 책은 마진 즉, 홍역의 병증과 치료법을 수록하였는데, 부록으로 신증종두기법에서 제너의 우두방을 소개하고 있다.

① (가) - 마테오리치의 곤여만국전도를 전래하였다.

② (가) - 백과사전적 저서인 오주연문장전산고를 저술하였다.

③ (나) - 인간과 사물의 차이가 기예라는 기예론을 주장하였다.

④ (나) - 주해수용을 저술하여 중국과 서양의 수학을 정리하였다.

14

밑줄 친 '귀국'과 관련된 사실로 옳은 것은?

> <u>귀국</u>과 우리나라의 사이에는 애당초 소통이 없었고 또 서로 은혜를 입었거나 원수진 일도 없었다. 그런데 이번 덕산(德山) 묘소에서 저지른 변고야말로 어찌 인간의 도리상 차마 할 수 있는 일이겠는가? 또 방비가 없는 것을 엿보고서 몰래 침입하여 소동을 일으키고 무기를 약탈하며 백성들의 재물을 강탈한 것도 어찌 사리상 할 수 있는 일이겠는가? 이런 지경에 이르렀기 때문에 우리나라 신하와 백성들은 단지 힘을 다하여 한마음으로 귀국과는 한 하늘을 이고 살 수 없다는 것을 다짐할 따름이다.

① 어재연 수(帥)자기를 약탈하였다.

② 정부에 조선 중립화론을 건의하였다.

③ 거문도에 불법적으로 포대를 구축하였다.

④ 외규장각 의궤를 임대 형식으로 반환하였다.

15

(가) 단체가 활동하던 시기에 볼 수 있는 모습을 <보기>에서 모두 고르면?

> 지금 우리 대조선국 사람들이 　(가)　을/를 만든 것은 무엇 때문인가? …(중략)… 조심히 말하건대 독(獨)하면 능히 입(立)할 수 있고, 독(獨)하지 못하면 입(立)할 수 없다. 협(恊)하면 능히 회(會)할 수 있고, 협(恊)하지 못하면 회(會)할 수 없다. 그러나 독(獨)하면서 협(恊)하지 못하면 자만에 빠진 것이며, 입(立)할 수 없다. 협(恊)하면서 독(獨)하지 못하면 지도자가 없게 되는 것으로 회(會)할 수 없다. 그러므로 독립을 말하고 협회를 말하여 두 의리가 각각 이루어지면 능히 독(獨)하고 입(立)하고 협(恊)하고 회(會)하여 8가지 덕이 서로 어우러질 것을 이를 통해 알 수 있다.

> **보기**
> ㄱ. 독립신문 창간호를 인쇄하는 기사
> ㄴ. 환구단에 황제 즉위식을 올리는 황제
> ㄷ. 대한국 국제 9조를 채택하는 법규교정소의 관원
> ㄹ. 상권수호운동을 전개하는 황국중앙총상회의 회원 상인

① ㄱ, ㄴ　　② ㄱ, ㄷ　　③ ㄴ, ㄹ　　④ ㄷ, ㄹ

16

다음 호소문이 발표되었던 당시 상황으로 옳은 것은?

> 지금 일본 공사 하기와라[萩原]가 나가모리 도키치로[長森藤吉郞]의 청원에 따라 우리 외부(外部)에 공문을 보내어 산림, 강, 평지, 황무지에 대한 권리를 청구했습니다. 우리나라는 땅이 좁고 척박하여 현재 국가의 토지대장에 있는 농토는 100 중에 1, 2도 채워져 있지 않습니다. 사람들은 산림, 강, 평지, 황무지를 이용해 2~3년 걸러 윤작을 해야만 먹고 살 수 있습니다. 그런데 만일 이를 외국인에게 줘 버린다면 전국의 강토를 모두 빼앗기게 되며 수많은 사람이 참혹한 빈곤에 빠져 구제할 수 없게 될 것입니다.

① 황국중앙총상회가 활동하였다.

② 농광회사가 설립 허가를 받았다.

③ 동양척식 주식회사가 설립되었다.

④ 방곡령 사건이 외교 문제로 비화되었다.

17

다음 글을 쓴 인물에 대한 설명으로 옳은 것은?

> 역사를 쓰는 자는 반드시 그 나라의 주인되는 종족을 먼저 나타내어, 이것으로 주제를 만든 후에 그 정치는 어떻게 흥하고 쇠하였으며, 산업은 어떻게 번창하고 몰락하였으며, 그 무공(武功)은 어떻게 닦여지고 쇠퇴하였으며, 밖으로부터 들어온 종족을 어떻게 받아들였으며, 다른 지역의 나라들과 어떻게 교섭하였는가를 자세히 기록하여야 역사라고 말할 수 있다. 만일 이와 같지 않다면 이것은 정신이 없는 역사이다.

① 민족 고유의 문화와 정신으로 '낭가사상'을 강조하였다.

② 유교 개혁으로 대동사상에 바탕을 둔 대동교를 창시하였다.

③ 식민사관의 정체성론을 극복하는 이론적 근거를 제공하였다.

④ 근대외교사에 대한 연구로 대미관계 50년사를 저술하였다.

18

(가) 정당에 대한 설명으로 옳은 것은?

> 한국대일전선통일동맹 제2차 대회에서 모든 혁명 단체의 해산과 '단일대당' 결성, 임시 정부의 해산이 제안되었다. 이에 따라 중국 난징에서 각 혁명단체 대표자대회가 개최되었고 대회 결의로 따라 의열단, 한국독립당, 조선혁명당, 신한독립당, 대한독립당의 통합 정당인 （가） 이/가 창당되었다. 이날 각 단체 대표들은 결당식을 거행한 후 다음과 같이 임원을 선출하였다.
> - 중앙집행위원 15명(후보 5명), 중앙검사위원 5명(후보 2명), 각 지부장 6명
> （가） 은/는 민족의 자주 독립, 봉건 제도 및 반혁명 세력의 일소, 평등한 경제 제도 건설, 남녀 평등, 토지의 국유화와 분배, 국가의 계획 경제 실시, 노동 운동의 자유, 의무 교육 실시 등을 강령으로 채택했다.

① 김구가 주도적으로 참여하였다.

② 중국공산당 지원으로 조직되었다.

③ 산하 단체로 조선의용군을 두었다.

④ 조선민족 전선연맹으로 통합되었다.

19

밑줄 친 '우리 위원회'에 대한 설명으로 옳은 것은?

> 우리의 당면 임무는 완전한 독립과 진정한 민주주의 확립을 위하여 노력하는 데 있다. 일시적으로 국제 세력이 우리를 지배할 것이나 그것은 우리의 민주주의적 요구를 도와줄지언정 방해하지는 않을 것이다. 봉건적 잔재를 일소하고 자유 발전의 길을 열기 위한 모든 진보적 투쟁은 전국적으로 전개되어 있고 국내의 진보적 민주주의적 여러 세력은 통일 전선의 결성을 갈망하고 있나니 이러한 사회적 요구에 의하여 우리 위원회는 결성된 것이다.
> 그러므로 우리 위원회는 우리 민족을 진정한 민주주의적 정권으로 재조직하기로 한 새 국가 건설의 준비 기구인 동시에 모든 진보적 민주주의적 세력을 집결하기 위하여 각층 각계에 완전히 개방된 통일 기관이요 결코 혼잡된 협동 기관은 아니다.

① 미 군정청의 적극적인 지원을 받았다.

② 이승만을 주석으로 하는 정부 수립을 선포하였다.

③ 친일파 처리를 위한 임시 기구 설립을 결정하였다.

④ 모스크바 3국 외상 회의의 결정에 따라 결성되었다.

20

밑줄 친 '저'의 정책으로 옳은 것은?

> 저는 이 순간 엄숙한 마음으로 헌법 제76조 1항의 규정에 의거하여, '금융 실명 거래 및 비밀 보장에 관한 대통령 긴급 재정 경제 명령'을 발표합니다. 아울러, 제47조 3항의 규정에 따라, 대통령의 긴급 재정 경제 명령을 심의·승인하기 위한 임시 국회 소집을 요청하고자 합니다. 금융 실명제에 대한 우리 국민의 합의와 개혁에 대한 강렬한 열망에 비추어 국회의원 여러분이 압도적인 지지로 승인해 주실 것을 믿어 의심치 않습니다.

① 질병 관리 본부를 설치하였다.

② 전국교직원 노동조합이 출범하였다.

③ 상록수 부대를 동티모르에 파병하였다.

④ 학교 교과서에서 국민교육헌장을 삭제하였다.

위 문제의 저작권은 강민성의 정통한국사에 있으므로 무단으로 전재 또는 복제할 수 없습니다.

01

밑줄 친 '조선'에 대한 설명으로 옳은 것은?

> 한나라에서는 새롭게 조선의 왕이 된 위만을 외신(外臣)으로 삼아 이 일대 종족들에 대한 통할권을 주었다. 위만은 한나라로부터 여러 가지 권리를 보장받는 대신 동이의 종족들이 한나라의 변경을 어지럽히지 못하도록 제어하는 역할을 부여받았다. 위만의 위세는 더욱 커졌고 한나라와 동이 종족들 간 교역의 중개자 역할까지 수행하며 막대한 재화를 얻을 수 있었다.

① 『삼국유사』에 요임금 때 건국되었다고 기록하고 있다.

② 동방의 예, 남방의 진과 한(漢) 사이에서 중계 무역을 하였다.

③ 세력권을 보여주는 유물로 비파형 동검, 미송리식 토기 등이 있다.

④ 『동사강목』에서 단군조선과 기자조선을 계승한 정통으로 서술하였다.

02

(가), (나) 시기 사이에 있었던 사실로 옳은 것은?

> (가) 관구검이 환도성을 공격하여 함락시키고 성 안을 도륙하였으며 장군 왕기를 보내 왕을 추격하였다. 왕이 남옥저로 달아나 죽령(竹嶺)에 이르렀는데, 군사들은 흩어져 거의 다 없어지고, 오직 동부(東部)의 밀우(密友)만이 홀로 옆을 지키고 있다가 왕에게 말하기를, "지금 추격해오는 적병이 가까이 닥쳐오니, 이 형세를 벗어날 수 없습니다. 청컨대 신이 결사적으로 막을 것이니 왕께서는 달아나소서."라고 하였다.
>
> (나) 모용황이 병력 4만을 거느리고 남도(南道)로 나오고, 모용한과 모용패를 선봉으로 삼고 별도로 장사(長史) 왕우 등을 보내 병력 1만 5천을 거느리고 북도(北道)로 나와 침략해 왔다. 왕이 동생 무(武)를 보내 정예 병력 5만을 거느리고 북도를 막게 하고, 자신은 약한 병력을 거느리고 남도를 방어하였다. 모용한 등이 먼저 도착하여 싸우고 모용황이 큰 무리로써 이어 오니 우리 병력이 크게 패하였다.

① 을파소를 국상에 임명하여 진대법을 실시하였다.

② 낙랑군을 침략하여 남녀 2천여 명을 포로로 잡았다.

③ 동옥저를 정벌하고 그 땅을 빼앗아 성읍(城邑)으로 삼았다.

④ 초문사를 창건하여 순도를, 이불란사를 창건하고 아도를 두었다.

03

(가) 왕의 재위 기간 중에 있었던 사실로 옳은 것은?

> • 왕 원년 (가) 은/는 앞서 고구려에 청병하였으나 이루지 못하여 마침내 당에 들어가 군사를 요청하였다. 태종이 말하기를, "너희 나라 김유신의 명성을 들었는데 그 사람됨이 어떠하냐?"라고 하였다. (가) 이/가 대답하기를, "김유신은 비록 조금 재주와 지혜가 있지만 만약 천자의 위엄을 빌리지 않는다면 어찌 이웃한 근심거리를 쉽게 없애겠습니까?"라고 하였다. 태종이 말하기를, "진실로 군자의 나라로구나."라고 하며 이에 청병을 허락하였다.
>
> • 왕이 죽자 여러 신하들이 상대등인 이찬 알천에게 섭정을 요청하였으나 알천이 굳이 사양하며 말하기를, "저는 늙고 이렇다 할 덕행이 없습니다. 지금 덕망이 높기는 (가) 만한 이가 없습니다. 실로 세상을 다스릴 뛰어난 인물이라고 할 만합니다."라고 하였다. 마침내 (가) 을/를 받들어 왕으로 삼으려고 하였다. (가) 은/는 세 번을 사양하다가 마지못하여 왕위에 올랐다.

① 달구벌로 천도가 시도되었다.

② 비담과 염종 등이 반란을 일으켰다.

③ 사정부를 설치하는 등 관제를 정비하였다.

④ 왕궁의 별궁으로 동궁(임해전)과 월지가 축조되었다.

04

밑줄 친 '무덤'에 대한 설명으로 옳은 것은?

> 공주는 우리 대흥보력효감금륜성법대왕(大興寶曆孝感金輪聖法大王)의 둘째 딸이다. 생각건대 고왕, 무왕의 조상들과 아버지 국왕은 왕도를 일으키고 무공(武功)에서 커다란 업적을 남겼다고 능히 말할 수 있으니, …(중략)… 공주는 보력(寶曆) 4년 여름 4월 14일 을미일에 외제(外第)에서 사망하니, 나이는 40세였다. 보력 7년 11월 24일 갑신일에 진릉(珍陵)의 서쪽 언덕에 무덤을 만들어 배장(陪葬)하였으니, 이것은 예의에 맞는 것이다.

보기
ㄱ. 묘비와 함께 돌사자상이 출토되었다.
ㄴ. 고구려의 영향을 받아 모줄임 천장이 있다.
ㄷ. 널길과 널방에 12명의 인물도가 그려져 있다.
ㄹ. 길림성 화룡현 용두산 고분군에 위치하고 있다.

① ㄱ, ㄴ   ② ㄱ, ㄷ   ③ ㄴ, ㄹ   ④ ㄷ, ㄹ

05

(가) 왕에 대한 설명으로 옳은 것은?

> 이 탑은 아(亞)자형의 사면 돌출형의 평면과 다포식 조영 그리고 상륜의 각 부재 형태가 우리탑의 상륜 형식과는 달리 원의 라마탑 수법을 보이는 등 원의 영향을 많이 받은 특수형의 석탑으로 분류되고 있다. 이 탑은 원래 경기도 개풍군 경천사 터에 있었으나 한말 일본 궁내대신이 불법으로 일본에 반출하였으나 여론이 악화되자 1919년경 반환되어 오랫동안 경복궁에 방치되어 오다가 1960년 재건되었다. 1층 탑신 이맛돌에 새겨진 명문을 통해서 (가) 때 왕실의 안녕을 기원하며 세운 것임을 알 수 있다.

① 각염법을 제정하여 재정 수입을 늘렸다.
② 제폐사목소를 찰리변위도감으로 개칭하였다.
③ 도병마사를 도평의사사로 개편하여 운영하였다.
④ 정치도감을 설치하고 지방에 정치관을 파견하였다.

06

(가), (나) 토지 제도에 대한 설명으로 옳은 것을 <보기>에서 고른 것은?

> (가) 직관(職官)과 산관(散官) 각 품의 전시과를 제정하였는데, 관품의 높고 낮음은 따지지 않고 단지 인품으로만 이를 정하였다. 자삼(紫衫) 이상은 18품으로, 단삼(丹衫) 이상은 10품으로, 비삼(緋衫)은 8품으로, 녹삼(綠衫) 이상은 10품으로 나누었다.
> (나) 문·무 양반 및 군인의 전시과를 개정하였다. 제1과(내사령, 시중), 전지100결, 시지 70결. 제2과, 전지 95결, 시지 65결. …(중략)… 제18과, 전지 20결을 지급하는 것을 통상의 규칙으로 한다.

보기
ㄱ. (가) – 승려 등에게 별사전을 지급하였다.
ㄴ. (나) – 경기 지역을 대상으로 지급되었다.
ㄷ. (가), (나) – 한외과(限外科)를 두었다.
ㄹ. (가), (나) – 전·현직 관리에게 과전을 지급하였다.

① ㄱ, ㄴ   ② ㄱ, ㄷ   ③ ㄴ, ㄹ   ④ ㄷ, ㄹ

07

밑줄 친 ㉠에 대한 설명으로 옳은 것은?

> 이것은 그릇의 표면을 파고 그 속에 백토 혹은 흑토를 메워서 청자의 푸른 바탕에 백색과 흑색의 무늬를 장식하는 기법으로, 자기 제조에서 전혀 새로운 기술이었다. 이 기술을 적용한 ㉠새로운 청자는 그 아름다운 푸른빛에 흑백의 선명한 도안이 화사하게 장식되기에 이르렀다. 이는 도자 공예에서 새로운 경지에 들어서는 기술로 평가받고 있다.

① 나전칠기 제작에 영향을 끼쳤다.
② 무신 집권기에 가장 번성하였다.
③ 청화, 철화, 진사 등 안료가 다양화되었다.
④ 분청사기를 대체하여 자기의 주류를 이루었다.

08

(가)~(라)의 불교 종파 혹은 승려에 대한 설명으로 옳은 것은?

> (가) 모든 존재가 상호 의존적인 관계에 있으면서 서로 조화를 이루고 있다는 사상을 바탕으로 교단을 형성하고 부석사 등 많은 사원을 건립하였다.
> (나) 경전의 이해를 통한 깨달음의 추구보다는 실천 수행을 통해 마음 속에 내재된 깨달음을 얻는 것을 중시하였다.
> (다) 종파적 분열상을 보인 불교계에서 교단 통합 운동을 전개하면서, 이를 뒷받침할 사상적 기반으로 이론의 연마와 실천을 아울러 강조하는 교관겸수를 제창하였다.
> (라) 선과 교학이 근본에 있어 둘이 아니라는 정혜쌍수를 사상적 바탕으로 철저한 수행을 강조하였으며, 이와 아울러 돈오점수를 주장하였다.

① (가) – 무애가를 전파하는 등 대중화에 노력하였다.
② (나) – 미륵신앙을 바탕으로 호족 세력과 결탁하였다.
③ (다) – 원효의 사상을 계승하고 국청사를 중심으로 활동하였다.
④ (라) – 공민왕 때 국사였던 보우를 중심으로 교단 통합을 통해 개혁을 시도하였다.

위 문제의 저작권은 강민성의 정통한국사에 있으므로 무단으로 전재 또는 복제할 수 없습니다.

09

(가), (나) 관청 소속 관원의 공통점으로 옳은 것은?

○ (가) 에서 계하기를, "연등(燃燈)은 금지하지 않을 수 없습니다." 하니, 왕이 말하기를, "부처에게 공양하고 승려에게 시주하는 것도 또한 다 금하지 못하는데, 어찌 유독 연등만 금할 수 있겠는가. 뒷날에 승려에게 시주하는 것을 금지한 뒤에 이를 금하는 것이 옳겠다." 하였다.

○ (나) 이/가 아뢰기를, "근래에 도적이 벌떼처럼 일어나 공공연하게 노략질을 하며 양민을 학살합니다. 간혹 칼로 사람을 다치게 하는데도 포도대장이란 자가 도적을 잡았다는 말은 한 번도 듣지 못했으니 매우 한심합니다. 포도대장 등을 심문하여 죄를 다스린 후에 도적을 잡기 위한 대책을 각별히 계획하소서." 하였다. 왕이 아뢴 대로 하라고 답하였다.

① 태종 때 처음 설치되었다.
② 지관(地官) 혹은 지부(地府)로 불렸다.
③ 관례적으로 이조 전랑에 의해 선발되었다.
④ 의정부 재상을 임명할 때 서경을 행하였다.

10

다음 자료의 (가) 붕당에 대한 설명으로 옳은 것은?

홍문관에서 아뢰기를, "윤국형은 우성전과 유성룡의 심복이며 또한 이성중과 한 집안 사람입니다. 당초 신묘 연간에 양사(兩司, 대간)에서 정철을 탄핵할 때 옥당(玉堂, 홍문관)은 여러 날 동안이나 거론하지 않았습니다. …… 유성룡이 다시 재상이 되자 윤국형 등이 선비들을 구별하여 자기들에게 붙는 자를 (가) (이)라 하고, 뜻을 달리하는 자를 북인이라 하여 결국 당쟁의 실마리를 크게 열어 놓았습니다. 이처럼 유성룡이 사당(私黨)을 키우고 사류(士類)를 배척하는 데에 모두 윤국형 등이 도왔던 것입니다."라고 하였다.

① 신임사화로 피해를 입었다.
② 갑인예송에서 기년복을 주장하였다.
③ 조식 및 서경덕의 제자들이 주류를 이루었다.
④ 실리를 중시하고 적극적 북방 개척을 주장하였다.

11

다음 자료의 밑줄 친 '소동' 과 관련된 내용으로 옳은 것은?

금번 양민들이 소동을 일으킨 것은 오로지 우병사 백낙신의 탐욕하고 고약한 까닭으로 말미암은 것이다. 그가 도임한 이래 한 짓은 법에 어긋나고 인정에 거슬리지 않는 것이 없고, 오로지 자기 이익만을 추구하였다. …… 병고(兵庫)에 있는 돈을 이용해 먹은 것은 실로 놀랄만한 일이다. 병고의 돈 3,800여 냥으로 쌀 1,266석을 장만해 가지고 이를 병고 구폐미라 하여 백성들에게 나누어주고 가을에 가서 가외로 매석에 5냥을 더 받아 모두 6,966냥을 만들었다. 본전은 넣고 나머지를 먹은 것이 3,166냥이며 또 보상금 1,465냥도 모조리 사용해 버렸다.

① 청천강 이북 지역을 중심으로 전개되었다.
② 도결(都結)로 인해 유계춘이 봉기를 주도하였다.
③ 광대 출신이 서얼, 승려 등과 함께 서울 공격도 계획하였다.
④ 백정 거주지와 공물 운송으로 백성 부담이 큰 지역을 중심으로 활동하였다.

12

(가), (나) 교육 기관에 대한 설명으로 옳은 것을 <보기>에서 고른 것은?

왕이 중앙과 지방의 신료에게 유시(諭示)하기를, "학교는 풍속과 교화의 근원이니, 서울에는 성균관과 (가) 을/를 설치하고 지방에는 (나) 을/를 설치하여, 권면(勸勉)하고 훈회(訓誨)한 것이 지극하지 않음이 없었는데, 성균관에서 수학(受學)하는 자가 오히려 정원에 차지 않으니, 생각건대 교양하는 방법이 그 방법을 다하지 못한 때문인가. 사람들의 추향(趨向)이 다른 데 좋아하는 점이 있기 때문인가. 그 진작(振作)하는 방법을 정부와 육조에서 검토 연구하여 아뢸 것이다." 하였다.
－ 세종실록 －

보기
ㄱ. (가) – 교수와 훈도 등이 국비로 교육하였다.
ㄴ. (가) – 동학, 서학, 남학, 북학으로 구성되었다.
ㄷ. (나) – 성적 우수자에 대해 소과 복시를 면제하였다.
ㄹ. (나) – 낙강정군법에 따라 성적 미달자는 군역에 충당되었다.

① ㄱ, ㄴ 　　② ㄱ, ㄹ 　　③ ㄴ, ㄷ 　　④ ㄷ, ㄹ

13

밑줄 친 '학문'에 대한 설명으로 옳은 것을 <보기>에서 모두 고르면?

> 나의 학문은 마음 얻는 것을 귀하게 여기니, 마음에서 구하여 옳지 않으면, 그 말이 공자에서 나왔다 하더라도 감히 옳다고 할 수 없다. … (중략)… 마음이 없는 곳에는 이(理)가 존재할 수 없다. 비록 이가 객관적으로 마음 밖에 있다고 하더라도 그것은 공리(空理)일 뿐이다. 공리를 추구하는 것은 유가(儒家)의 본래 영역이 아니다. 즉 무심(無心)이면 무리(無理)이다.

> 보기
> ㄱ. 이수광의 『지봉유설』에 처음 소개되었다.
> ㄴ. 붕당으로는 소론을 중심으로 수용되었다.
> ㄷ. 신민설(新民說)을 지지하여 신분제를 비판하였다.
> ㄹ. 대표적 학자로 정제두, 이광사, 이긍익, 황현 등이 있다.

① ㄱ, ㄴ　　　② ㄱ, ㄷ　　　③ ㄴ, ㄹ　　　④ ㄷ, ㄹ

14

밑줄 친 '아문'에 대한 설명으로 옳은 것은?

> 12월 외교와 통상을 포함하여 군국과 변정을 담당하는 기구로 아문이 설치한다. 아문은 내부에 12개의 부서(司)를 두고, 외국과 교섭 통상에 관한 일과 군사와 국정 전반에 관한 일(軍國機務)을 수행한다. 그리고 중앙의 각 부서(司)와 여러 군영, 지방의 업무는 아문에 보고한다.
> 1. 이미 설치한 아문은 기무(機務)에 관계되므로 구별해서 살피지 않아서는 안 되니, 당상(堂上)과 낭청(郎廳)을 차정(差定)하여 각각 그 일을 담당하게 한다.
> 1. 신설한 아문은 중앙과 지방의 군사와 정사의 기무를 통솔하니, 체모(體貌)가 자별(自別)하므로 정1품 아문으로 하고 대신 중에서 총리를 마련하고 통제하거나 정무 보는 것은 의정부와 같은 규례로 한다.

① 대한제국에서 법률 개정을 담당하였다.

② 군제 개혁으로 친위대. 진위대를 설치하였다.

③ 일본의 내정 개혁 강요에 대응하여 설치하였다.

④ 임오군란 전개 과정에서 흥선대원군이 철폐하였다.

15

다음 주장을 한 인물에 대한 설명으로 옳은 것을 <보기>에서 모두 고르면?

> 지금 우리나라의 지리는 아시아의 인후(咽喉)에 처해 있어서 그 위치는 유럽의 벨기에와 같고, 중국에 조공하던 지위는 터키에 조공하던 불가리아와 같다. 그러나 대등한 의례로 각국과 조약을 체결할 권한은 불가리아에는 없으나 우리나라에는 있고, 조공을 하는 지위에서 다른 나라로부터 책봉을 받는 일이 벨기에는 없지만 우리나라에는 있다. …… 우리나라가 아시아의 중립국이 된다면 실로 러시아를 방어하는 큰 기틀이고 또한 아시아의 여러 대국이 서로 보전하는 정략이 될 수 있다.

> 보기
> ㄱ. 갑신정변의 주도적 역할을 담당하였다.
> ㄴ. 군국기무처 회의원으로 활약하였다.
> ㄷ. 독립협회 창립에 적극 참여하였다.
> ㄹ. 문법서로 조선문전, 대한문전을 간행하였다.

① ㄱ, ㄴ　　　② ㄱ, ㄷ　　　③ ㄴ, ㄹ　　　④ ㄷ, ㄹ

16

(가), (나) 조약 체결 사이에 있었던 사실로 옳은 것은?

(가)	1. 대한 정부는 대일본 정부가 추천하는 일본인 1명을 재정 고문으로 해 대한정부에 용빙(傭聘)하고, 재무에 관한 사항은 일체 그 의견을 물어 시행할 것. 1. 대한 정부는 대일본 정부가 추천하는 외국인 1명을 외교 고문으로 해 외부(外部)에 용빙하고, 외교에 관한 요무(要務)는 일체 그 의견을 물어 시행할 것.
(나)	제2조 일본국 정부는 한국과 타국 사이에 현존하는 조약의 실행을 완수하는 책임을 지며 한국 정부는 금후 일본국 정부의 중개를 거치지 않고서는 국제적 성질을 가진 어떠한 조약이나 약속을 하지 않을 것을 약속한다. 제3조 일본국 정부는 그 대표자로서 한국 황제폐하의 아래에 1명의 통감(統監)을 두되, 통감은 오로지 외교에 관한 사항을 관리하기 위하여 서울에 주재하고, 직접 한국 황제 폐하를 궁중에서 알현할 권리를 가진다.

① 시위대와 진위대가 강제 해산되었다.

② 러시아가 용암포에 대한 조차를 요구하였다.

③ 메가타가 주도하는 화폐 정리 사업이 추진되었다.

④ 일본이 청의 간도 영유권을 인정하는 간도협약을 체결하였다.

17

밑줄 친 '이 법령'이 시행되던 시기에 있었던 사실을 <보기>에서 모두 고르면?

이 법령은 형식상으로는 한국인이나 일본인에게 모두 적용되었다. 조선 총독부는 이를 공포하는 이유로서, 한국인은 법률상·경제상의 지식·경험이 부족하여 사업을 경영할 수 없고, 일본인 자본가 또한 한국 실정을 몰라 예측치 못한 손해를 입을 우려가 있으므로, 이를 미연에 방지하고 조선 산업의 건전한 발달을 기할 필요가 있기 때문이라고 하였다. 하지만 실질적으로 모든 민간인의 투자 방향을 조선총독부가 장악하기 위해 이 법령을 제정하였다.

보기
ㄱ. 연초 전매제가 시행되었다.
ㄴ. 호남선과 경원선이 완공되었다.
ㄷ. 농공 은행이 조선 식산 은행으로 개편되었다.
ㄹ. 조선 소작조정령과 소작료 통제령이 시행되었다.

① ㄱ, ㄴ　　② ㄱ, ㄹ　　③ ㄴ, ㄷ　　④ ㄷ, ㄹ

18

(가) 운동에 대한 설명으로 옳은 것을 <보기>에서 고른 것은?

10년 전 이날에 한양 성중에서는 대한 독립 만세의 고함이 삼각산을 진동하고 한강수를 요탕하였으니 곧 (가) 이 일어난 것이다. 이날이 융희 황제의 인산이었다. 검은 구름은 한양의 하늘을 가리우고 남산의 송림은 긴 한숨을 지었다. 동해의 일광은 빛을 잃었고 한강의 푸른 물도 목이 메었다. 이와 같이 음을 침통한 저기압이 전국에 가득한 때에 떠나가는 그의 길에 한줄기 눈물이라도 뿌리려고 각처에서 모여든 군중이 수10만에 가까웠다. 그러나 이것이 어찌 나라를 잃고서 주저와 원한만 받든 그를 참으로 슬퍼함이랴 오직 그가 지고 가는 그 5천년 역사를 붙들지 못하여 눈물을 흘리는 것뿐이다.

보기
ㄱ. 신간회가 진상 조사단을 파견하였다.
ㄴ. 일제 강점기 최대 규모의 학생 항일 운동이었다.
ㄷ. 조선 학생과학연구회가 사전 준비에 참여하였다.
ㄹ. 조선공산당에 대한 탄압이 강화되는 계기가 되었다.

① ㄱ, ㄴ　　② ㄱ, ㄷ　　③ ㄴ, ㄹ　　④ ㄷ, ㄹ

19

(가) 위원회에 대한 설명으로 옳은 것은?

제9조 반민족 행위를 예비 조사하기 위하여 (가) 을/를 설치한다. 이는 위원 10인으로써 구성한다. (가) 은/는 서울시와 각 도에 조사부, 군에 조사지부를 설치할 수 있다. 위원은 국회위원 중에서 다음과 같은 자격을 가진 자를 국회에서 선임한다.
　1. 독립운동의 경력이 있거나 절개를 건수하고 애국의 성심이 있는 자
　2. 애국의 열성이 있고 학식·덕망이 있는 자
제10조 (가) 은/는 위원장, 부위원장 각 1인을 선호한다.

보기
ㄱ. 제헌헌법에 제정 근거가 명시된 법률에 따라 구성되었다.
ㄴ. 산하에 특별경찰대를 설치하고, 박흥식 등을 체포하였다.
ㄷ. 반민족 행위자를 기소하였으나 실형 선고에 이르지 못했다.
ㄹ. 6·25전쟁 발발로 관련법이 폐지됨에 따라 활동이 중단되었다.

① ㄱ, ㄴ　　② ㄱ, ㄷ　　③ ㄴ, ㄹ　　④ ㄷ, ㄹ

20

다음 보도가 있었던 해에 볼 수 있는 모습으로 가장 적절한 것은?

산을 뚫고 벼랑을 깎기 2년 5개월, 굽이치는 강물 위에 다리를 놓고 험준한 계곡을 흙으로 메워 전장 428㎞, 남북을 가로 지르는 간선 대동맥 경부 고속도로 전 구간이 7월 7일 오전 마침내 개통, 속도 혁명에의 거보를 내디뎠다. 오전 9시 50분 대전 인터체인지에서 가장 어려웠던 대전~대구 간의 개통 테이프를 끊고 시주(試走), 12시 15분 대구 공설 운동장에서 준공식과 시민대회를 가짐으로써 개통식은 절정에 이르렀다.

① 포항종합제철에서 철강 제품을 생산하는 근로자
② 두발과 교복 자율화에 환호하는 중·고등학교 학생
③ 문맹국민 완전퇴치 5개년 계획을 발표하는 정부 관료
④ 지붕 개량 등 마을의 환경 개선 사업에 참여하는 농민

01

(가), (나) 토기를 사용하던 시대에 대한 설명으로 옳은 것은?

> (가) 각형(角形) 토기라고도 불리는데 바닥이 좁은 납작바닥이고, 아가리 부분은 밖으로 말린 이중이며, 동체부는 불룩하여 팽이의 형태를 하고 있다. 아가리 부분에는 짧은 빗금이 새겨져 있고, 바탕흙에는 점토에 모래, 활석, 석면 등을 섞었다.
> (나) 밑이 납작한 항아리 양쪽 옆으로 손잡이가 하나씩 달리고목이 넓게 올라가서 다시 안으로 오므라들고 표면에 집선(集線)무늬가 있는 것이 특징이다. 용도는 머리에 이고 다니는 물 항아리로 추정되고 있다.

보기
ㄱ. 철제농기구의 보급으로 생산력이 발달하였다.
ㄴ. 종교적 요구와 관련된 바위 그림이 제작되었다.
ㄷ. 애니미즘, 토테미즘, 샤머니즘 등이 등장하였다.
ㄹ. 한반도 남부에서는 송국리형 토기가 유행하였다.

① ㄱ, ㄴ　　　② ㄱ, ㄷ　　　③ ㄴ, ㄹ　　　④ ㄷ, ㄹ

02

밑줄 친 '왕'의 재위 기간에 있었던 사실로 옳은 것은?

> 4년　왕이 겨울 이찬 수품과 용수를 보내 주·현을 두루 돌며 위문하게 하였다.
> 5년　왕이 병이 들었는데 의술과 기도로 효과가 없었으므로 황룡사에서 백고좌회를 열어 승려를 모아 인왕경을 강론하게 하고 100명에게 승려가 되는 것을 허락하였다.
> 11년　왕이 고구려에 김춘추를 보내 군사적 지원을 요청하였다.
> 15년　자장이 통도사를 창건하고 계율종을 폈다.
>
> 　　　　　　　　　　　　　　　　　　– "삼국사기" –

① 분황사가 완성되었다.
② 당에게 태평송을 전달하였다.
③ 승려 원광을 통해 걸사표를 전달하였다.
④ 국통·주통·군통 등 교단을 정비하고 팔관회를 개최하였다.

03

다음 자료의 밑줄 친 (가) 왕에 대한 설명으로 옳은 것은?

> 보구 3년 2월　(가)　왕에게 칙서를 내려 말하기를, "천황은 삼가 고려국왕에게 문안한다. …… 신구 4년에 이르러　(가)　왕의 선고(先考)인 좌금오위대장군발해군왕이 사신을 보내어 내조하여 비로소 조공을 닦았다. …… 그런데 이제 보내 온 글을 살펴보니 갑자기 부친이 행하던 법식을 고쳐, 날짜 아래에 관품(官品)과 성명을 쓰지 않고 글의 말미에 거짓되어 천손(天孫)임을 참칭하는 칭호를 써 놓았다. …… 뒷날의 사신은 다시는 그래서는 안 된다. 만약 지난날을 뉘우치고 스스로 새로워진다면 진실로 우호를 이음이 끝이 없을 것이다. ……" 라고 하였다.

① 당이 발해국왕으로 책봉하였다.
② 마도산 전투에서 당군과 격돌하였다.
③ 흑수말갈 등 대부분의 말갈족을 복속시켰다.
④ 수도를 동경용원부에서 상경용천부로 옮겼다.

04

(가), (나) 석탑에 대한 설명으로 옳은 것을 <보기>에서 모두 고르면?

(가)	(나)

보기
ㄱ. (가) – 당시 수도에 건립되었다.
ㄴ. (가) – 내부에서 사리장엄구가 발견되었다.
ㄷ. (나) – 목탑 양식의 석탑이다.
ㄹ. (나) – 현존하는 신라 최고(最古)의 석탑이다.

① ㄱ, ㄴ　　　② ㄱ, ㄷ　　　③ ㄴ, ㄹ　　　④ ㄷ, ㄹ

위 문제의 저작권은 강민성의 정통한국사에 있으므로 무단으로 전재 또는 복제할 수 없습니다.

05

밑줄 친 '적'에 대한 설명으로 옳은 것을 <보기>에서 모두 고르면?

김방경이 홀로 병사를 이끌고 공격하였는데, 적이 전함으로 맞받아치니 관군이 모두 도망갔다. 김방경이 말하기를, "승부를 결정짓는 것은 오늘에 달렸다."라고 하며 적진으로 돌입하자, 적이 배로 그를 에워싸고 진도로 몰고 갔다. 김방경의 배는 화살과 돌이 모두 떨어지고, 또 병사들은 모두 화살을 맞아 일어나지 못하였다. …(중략)… 군사들이 모두 죽을힘을 다해 싸웠다. 김방경은 호상(胡床)에 걸터앉아 군사를 지휘하였다. 장군 양동무가 몽충선(蒙衝船)으로 공격하여 구원하니, 마침내 포위를 무너뜨리고 나왔다.

보기
ㄱ. 도적 방지와 치안 유지 등의 목적으로 설치하였다.
ㄴ. 일본 원정 실패 이후 원의 영향을 받아 설치된 조직이다.
ㄷ. 공동 전선 구축을 위해 일본에 사신과 외교 문서를 보냈다.
ㄹ. 호족의 군대를 연합하여 편성하여 지휘는 호족이 담당하였다.

① ㄱ, ㄴ　　② ㄱ, ㄷ　　③ ㄴ, ㄹ　　④ ㄷ, ㄹ

06

다음 자료의 조직에 대한 설명으로 옳은 것은?

무릇 더할 나위 없는 최고의 묘과(妙果)를 얻으려 한다면 반드시 수행과 서원(誓願)이 서로 도와야 합니다. …… 그러므로 두 가지 업(業)은 함께 이루어야 묘과(妙果)를 얻을 수 있습니다. 빈도(貧道)와 수천 명의 사람들이 함께 커다란 서원을 일으켜 침향목을 묻고 자씨(미륵불)의 하생(下生)과 용화삼회(龍華三會)를 기다리려 합니다. …… 주상전하의 만만세와 나라가 태평하고 백성이 편안하기를 기원합니다.

① 삼한의 노동 조직에 비롯되었다.
② 불상, 석탑, 사찰 건립을 주도하였다.
③ 수령이 민생 안정을 목표로 조직하였다.
④ 고려 전기 향리 세력의 약화를 초래하였다.

07

다음 자료에 나타난 사상의 유행을 배경으로 나타난 사실로 옳은 것은?

이중약은 바다를 건너 송에 들어갔다가 본국에 돌아와서는 예종에게 상소하여 현관(玄館)을 마련해 국가를 위한 재초(齋醮)의 복지(福地)가 되게 하였으니, 지금의 복원궁이 이것이다. 곧 강석(講席)을 베풀고 큰 종을 울려 널리 현묘한 가르침을 듣게 하니, 도를 묻는 인사들로 문전성시를 이루었다.
　　　　　　　　　　　　　　　　　－ 임춘, 『서하집』 －

① 향가인 보현십원가 11수가 지어졌다.
② 초제가 성행하고, 팔관회를 개최하였다.
③ 각종 비록을 수집하여 해동비록을 간행하였다.
④ 묘지 선정에 작용하여 산송 문제가 빈발하였다.

08

다음 자료의 (가) 인물에 대한 설명으로 옳은 것은?

• 유자광은 옥사를 처벌하는 일이 느슨해지자 자기 뜻을 다하지 못할까 걱정해 일을 진전시킬 방법을 궁리했다: 하루는 소매 속에서 책 한 권을 내놓았는데, 바로 (가) 의 문집이었다. 그는 그 문집 가운데서 술주시(述酒詩) 등을 지목해 추관(推官)들에게 보이면서 "이것은 모두 세조를 가리킨 것이다."라고 말하고 스스로 주석을 만들어 글귀마다 풀이해 임금이 쉽게 알도록 했다.

• 임금께서 전지를 내리기를, " (가) 은/는 초야의 선비로 세조 조에 과거에 합격하였고, 성종 조에 이르러 경연관에 발탁하여 시종의 자리에 있었고, 끝에는 형조판서까지 이르러 은총이 온 조정을 기울였다. …… 속으로 불신(不臣)의 마음을 가지고 세 조정을 내리 섬겼으니, 나는 이제 생각할 때 두렵고 떨림을 금치 못하겠다. 동·서반 3품 이상과 대간·홍문관원으로 하여금 형을 의논하여 아뢰도록 하라" 하였다.

① 향약 보급에 기여하였다.
② 예학을 정리한 가례집람을 간행하였다.
③ 초제를 주관하는 소격서 혁파를 주도하였다.
④ 김굉필, 정여창, 김일손 등을 제자로 길렀다.

위 문제의 저작권은 강민성의 정통한국사에 있으므로 무단으로 전재 또는 복제할 수 없습니다.

09

(가) 인물에 대한 설명으로 옳은 것은?

> [가] 은/는 개성 사람으로 자질이 총명하고 뛰어났다. 젊었을 때 과거 공부를 하여 사마시에 합격하였으나, 이내 하던 과거 공부를 버리고 화담(花潭)에 집을 짓고 오로지 궁리(窮理)·격물(格物)만을 일삼았다. [가] 은/는 우주에는 기가 충만하며 기는 끊임없이 응집과 확산의 자기운동을 반복하고 있으며, 기가 응집하면 물이 생기고 확산하면 물은 사라지지만 그 기는 무(無)가 되는 것이 아닌, 기의 총량에는 증감없이 항상 일정하다고 주장하는 장재(張載)의 설을 지지하였기 때문에 정주(程朱)와는 약간 같지 않았으나, 자득(自得)에 대한 [가] 의 즐거움은 사람들이 헤아릴 수 있는 바가 아니었다. 항상 자신의 생활을 만족하게 여겨 기뻐하였고 세간의 득실·시비·영욕은 모두 관심 밖이었다.

① 이황과 편지를 통해 사단칠정 논쟁을 전개하였다.

② 서당에서 교재로 많이 사용되었던 동몽선습을 지었다.

③ 경과 의를 근본으로 하는 실천적 성리학풍을 창도하였다.

④ 독자적인 기철학을 완성하고 태허설 등을 저술하였다.

10

밑줄 친 '왕' 대에 있었던 사실로 옳은 것은?

> 호조가 아뢰기를, "신(臣)들이 만력통보와 조선통보를 가져다 살펴보니, 만력통보는 무게가 한 돈 너 푼인데 조선통보는 그 부피가 너무 작습니다. 그러니 만력통보의 모양새를 따라 조선통보를 만들되 팔분체(八分體)의 글자로 바꾸어서 새 돈과 헌돈을 구분하게 하소서. 그리고 병인년의 사목에는 돈 1문(文)을 쌀 한 되 값에 준하여 그 단위를 정하였는데, 지금 의논하는 자들은 대부분 그 단위가 너무 높으므로 1문당 쌀 반 되 값에 준해서 단위를 정하면 평등할 것" 하니 왕이 답하기를, "아뢴대로 하라." 하였다.

① 전세로 영정과율법이 제정되었다.

② 상평통보가 처음으로 주조되어 유통되었다.

③ 신속이 왕명을 받아 농가집성을 편찬하였다.

④ 수리(水利) 행정을 관장하는 제언사가 복설되었다.

11

다음 자료의 밑줄 친 '임금'에 대한 설명으로 옳은 것은?

> • 임금께서 노산대군의 시호를 추상(追上)하여 '순정 안장 경순 대왕(純定安莊景順大王)'이라 하였고, …… 묘호는 단종(端宗)이라 하니, 예(禮)를 지키고 의(義)를 잡음을 단(端)이라 한다. 능호는 장릉이라 하였다.
>
> • 병조판서 남구만이 폐사군(廢四郡)에 사진(四鎭)을 설치하기를 청하여 이미 변방을 지킬 장수를 뽑아 놓았는데, …… 우의정 김석주가 먼저 두 첨사를 설치하였다가 형세를 보아서 더 설치하기를 청하니, 임금께서 드디어 무창·자성 두 진을 설치하라고 명하였다.

① 창덕궁 후원에 대보단을 건립하였다.

② 왕권 강화를 위해 장용영을 설치하였다.

③ 이조 전랑의 후임자 천거권을 완전 폐지하였다.

④ 동국문헌비고를 간행하여 역대 문물을 정리하였다.

12

(가), (나)를 저술한 인물에 대한 설명으로 옳은 것을 <보기>에서 고른 것은?

> (가) 붕당은 싸움에서 생기고, 싸움은 이해관계에서 생긴다. 이해관계가 절실하면 붕당이 깊어지고, 이해관계가 오래될수록 붕당이 견고해지는 것은 당연한 이치이다. 무엇으로서 그 이유를 밝힐 것인가. 예를 들면 지금 열 사람이 함께 굶주리고 있는데 한 그릇의 밥을 같이 먹게 되면 그 밥을 다 먹기도 전에 싸움이 일어날 것이다.
>
> (나) 실옹(實翁)이 말하기를, "천체가 운행하는 것이나 지구가 자전하는 것은 그 세(勢)가 동일하니 분리해서 설명할 필요가 없소, 다만 9만 리의 둘레를 한 바퀴 도는데 이처럼 빠르며, 저 별들과 지구와의 거리는 겨우 반경(半徑) 밖에 되지 않는데도 몇 천만억의 별들이 있는지 알 수 없소."

> 보기
> ㄱ. (가) - 토지 개혁론으로 둔전론을 주장하였다.
> ㄴ. (가) - 『곽우록』에서 국가 정책에 대해 논하였다.
> ㄷ. (나) - 정조 때 규장각의 초대 검서관으로 임명되었다.
> ㄹ. (나) - 청을 다녀온 뒤 견문록으로 연기를 작성하였다.

① ㄱ, ㄴ ② ㄱ, ㄷ ③ ㄴ, ㄹ ④ ㄷ, ㄹ

위 문제의 저작권은 강민성의 정통한국사에 있으므로 무단으로 전재 또는 복제할 수 없습니다.

13

밑줄 친 ⊙ 궁궐과 ⓒ 궁궐에 대한 설명으로 옳지 <u>않은</u> 것은?

> 태종 때 건립된 ⊙ 궁궐은 처음에는 이궁으로 창건되었지만, 임진왜란 이후 법궁인 경복궁이 복구되지 못하면서 고종 때까지 법궁의 기능을 하였다. ⊙ 궁궐의 정문을 통과하면 외전인 정전과 편전, 내전으로 왕과 왕비의 사적인 공간인 침전이 있다. ⊙ 궁궐은 그 동쪽에 세워진 ⓒ 궁궐과 경계없이 사용되어 마치 하나의 궁궐처럼 인식되기도 하였다. ⊙ 궁궐의 후원에는 정조가 설치했던 2층의 누각이 있다.

① ⊙ – 만천명월주인옹자서라는 현판이 걸려 있다.

② ⊙ – 갑신정변 당시 청군과 일본군이 충돌하였다.

③ ⓒ – 영조가 군포 개혁을 위해 홍화문에 나가 의견을 청취하였다.

④ 순조 때 효명세자 주도로 ⊙과 ⓒ를 그린 기록화 서궐도를 제작하였다.

14

(가), (나) 조약에 대한 설명으로 옳은 것은?

> (가) 제3조 조선국은 5만 원을 내어 해를 당한 일본 관리 유족, 부상자에게 주도록 한다.
> 제5조 일본 공사관에 군인 약간을 두어 경비한다. 비용은 조선국이 부담한다.
> (나) 조선은 오랫동안 제후국에 있었으므로 …… 이 장정은 중국이 속방을 우대한다는 뜻이며, 각국과 똑같은 이득을 보도록 하는 데 있지 않다.

① (가) – 임오군란의 배경이 되었다.

② (가) – 일본 공사관 신축비 보상을 규정하였다.

③ (나) – 갑신정변이 실패한 뒤 체결되었다.

④ (나) – 청에 양화진에서의 개잔 무역을 허용하였다.

15

다음 관제에 대한 설명으로 옳은 것은?

> 제1조 외부(外部) 사무를 의정부에 이속하고 외사국(外事局)으로 개칭한다.
> 제2조 외사국은 일등국이니 의정대신 및 참정대신의 명령을 받아 외국에 관한 교섭통상 사무의 각종 조약서 및 공문 서류의 보존과 종전 외부 소관 관유 재산 및 물품의 관리를 담당한다.
> 제4조 광무 9년 제14호 칙령안인 외부(外部) 관제는 폐지한다.

① 신민회의 강력한 반발을 받았다.

② 순종 황제의 칙령으로 공포되었다.

③ 헤이그 특사 사건이 제정의 배경이 되었다.

④ 통감부 설치에 따른 후속 조치로 발표되었다.

16

다음 법령 발표로 추진되었던 사업에 대한 설명으로 옳은 것은?

> 제1조 구 백동화 교환에 관한 사무는 금고로 처리하도록 하며 탁지부 대신이 이를 감독한다.
> 제3조 구 백동화의 품질, 무게, 인상(印象), 모양이 정화(正貨)로 인정받을 만한 것은 한 개당 금(金) 1전 9리의 비율로 새로운 화폐로 교환한다. 이 기준에 합당하지 않은 부정 백동화는 개당 금 1전의 가격으로 정부에서 사들인다. 만약 매수를 원하지 않는 경우 정부에서 절단하여 돌려준다. 단, 형태나 품질이 조악하여 화폐로 인정할 수 없는 것은 사들이는 대상으로 포함하지 않는다.

① 금본위 화폐 제도를 시행하였다.

② 전환국의 설치를 계기로 시작되었다.

③ 국내 통화량의 급격한 증가를 초래하였다.

④ 신식화폐발행장정의 제정으로 추진되었다.

위 문제의 저작권은 강민성의 정통한국사에 있으므로 무단으로 전재 또는 복제할 수 없습니다.

17

다음 시정 방침에 의해 나타난 사실로 가장 적절한 것은?

조선인의 임용 및 대우 등에 관해서도 역시 고려를 하여 각자 그 소임을 깨닫게 하고, 또한 조선 문화 및 옛 관습으로 진실로 채택할 만한 것이 있다면 그것을 채택하여 통치의 자료로 제공하게 하겠다. 또한 각반의 행정에 쇄신을 가하는 것은 물론 장래 기회를 보아 지방 자치 제도를 실시하여 국민의 생활을 안정시키고, 일반의 복리를 증진시킬 것을 기한다.

① 경찰범 처벌 규칙을 제정하였다.

② 국어 상용(常用) 정책을 실시하였다.

③ 총독 자문기구로 중추원을 설립하였다.

④ 도평의회와 부·면 협의회가 설치되었다.

18

다음 선언문을 발표한 단체가 활동하던 시기에 있었던 사실로 옳은 것은?

조선 여성 운동은 세계 사정 및 조선 사정에 의하여 또 조선 여성의 성숙 정도에 의하여 바야흐로 한 중대한 단계로 진전하였다. 부분 부분으로 분산되었던 운동이 전선적(全線的) 협동 전선으로 조직된다. 그리하여 운동은 비로소 광범하게 또 유력하게 협동할 수 있게 되었다. 이 단계에 있어서 모든 분열 정신을 극복하고 우리의 협동 전선으로 하여금 더더욱 공고하게 하는 것이 조선 여성의 의무이다. 조선 여성에게 얽혀져 있는 각종의 불합리는 그것을 일반적으로 요약하면 봉건적 유물과 현대적 모순이니 이 양 시대적 불합리에 대하여 투쟁함에 있어서 조선 여성의 사이에는 큰 불일치가 있을 리 없다. 오직 반동층에 속한 여성만이 이 투쟁에 있어서 회피낙오할 것이다.

① 진주에서 조선형평사가 조직되었다.

② 민립대학 설립기성회가 모금 운동을 벌였다.

③ 일장기 말소사건으로 조선중앙일보가 폐간되었다.

④ 문평제유공장에서 원산노동연합회를 중심으로 파업을 전개하였다.

19

(가), (나) 인물에 대한 설명으로 옳은 것을 <보기>에서 고른 것은?

(가) 그는 역사 발전 과정을 원시 씨족공산체 사회, 노예 경제 사회, 아시아적 봉건 사회, 자본주의 맹아, 외래 자본주의의 발전 단계로 정리하여 한국사도 세계사와 같이 보편적 발전 경로를 거쳐왔음을 증명하려 했다. 광복 이후 남조선신민당, 근로인민당 등을 조직하였으나 남북협상에 참석한 후 북한 정부 수립에 참여하였다.

(나) 그는 고대 국가의 사회 발전 단계를 해명하는 많은 논문을 발표하여 광복 후 이를 모아『조선상고사감』을 간행하였으며, 우리나라의 전통 철학을 정리하여『불함철학대전』과『조선철학』을 저술하였다. 또한 조선 건국준비위원회의 부위원장으로 선임되었으나 곧 사퇴하였고 1945년 9월 국민당을 창당하였다.

<table>
<tr><td rowspan="4">보
기</td><td>ㄱ. (가) - <조선민족의 진로>에서 연합성 신민주의를 제창하였다.</td></tr>
<tr><td>ㄴ. (가) - 조선 정판사 사건 이후 남조선노동당 창설을 주도하였다.</td></tr>
<tr><td>ㄷ. (나) - 남조선 과도정부의 민정 장관을 역임하였다.</td></tr>
<tr><td>ㄹ. (나) - 5·10 총선거에 참여하여 제헌 국회의원이 되었다.</td></tr>
</table>

① ㄱ, ㄴ   ② ㄱ, ㄷ   ③ ㄴ, ㄹ   ④ ㄷ, ㄹ

20

밑줄 친 '현행 헌법'의 내용으로 옳은 것은?

이제 나는 평화 통일이라는 민족의 염원을 구현하기 위하여 우리 민족 진영의 대동단결을 촉구하면서 오늘의 역사적 과업을 강력히 뒷받침해 주는 일대 민족 주체 세력의 형성을 촉진하는 대전기를 마련하기 위해 다음과 같은 약 2개월간의 헌법 일부 조항의 효력을 정지시키는 비상 조치를 국민 앞에 선포하는 바입니다. 금년 10월 17일 19시를 기하여 국회를 해산하고 정당 및 정치 활동의 중지 등 <u>현행 헌법</u>의 일부 조항을 정지시킨다.

① 헌법 재판소 설치를 규정하였다.

② 대통령의 3선 연임을 허용하였다.

③ 대통령은 선거인단에서 선출되었다.

④ 대통령에게 긴급조치 발동권을 부여하였다.

위 문제의 저작권은 강민성의 정통한국사에 있으므로 무단으로 전재 또는 복제할 수 없습니다.

01

밑줄 친 '그 나라'의 풍습으로 옳은 것은?

그 나라의 지형은 동서가 좁고 남북은 긴데 면적은 사방 천리의 절반쯤 되며, 북으로는 부여와 읍루, 남으로는 예맥과 접하였다. 지역이 좁고 작은데다가 큰 나라 사이에 끼어 있어서 마침내 구려에 신속(臣屬)케 되었다. 구려는 그 지역의 대인을 뽑아 사자(使者)로 삼아 읍락을 토착 거수(渠帥)와 함께 다스리게 하였으며, 조세로 담비의 가죽, 어염(魚鹽) 및 해초류를 징수하게 하고, 미녀를 뽑아 보내게 하여 그 종이나 첩으로 삼았다.

– 후한서 동이열전 –

① 남의 부락을 침범하면 가축이나 노비로 보상하였다.

② 사람이 죽으면 여름에는 얼음을 사용하여 장례를 치른다.

③ 사람이 죽으면 가매장한 후 뼈만 추려 커다란 곽에 안치하였다.

④ 땅을 파서 초가에 토실을 만들어 사는데, 문은 위쪽으로 나 있다.

02

(가), (나) 비석이 건립되었던 왕 대에 있었던 사실로 옳은 것을 <보기>에서 고른 것은?

(가) 이 비석은 현존 백제 유일의 금석문으로, 일본인들이 부여 신궁을 세우기 위해 쌓아놓았던 돌무더기 속에서 1948년 발견되었다. 비문은 사륙변려체의 문장에 인생의 무상함을 적은 내용으로, 도교적인 색채를 지니고 있다.

(나) 이 비석의 전반적인 내용은 울진 지역이 신라의 영토로 들어오게 되면서 주민들의 저항이 일어나자 신라의 중앙에서 6부 회의를 열게 되고, 대인(大人)을 파견하여 처벌을 내리고, 추가적인 저항을 막기 위해 비를 세웠다는 내용이다.

보기
ㄱ. (가) – 미륵사지 석탑이 건립되었다.
ㄴ. (가) – 백제의 공격으로 신라의 대야성이 함락되었다.
ㄷ. (나) – 흥륜사와 황룡사가 완공되었다.
ㄹ. (나) – 가야 왕의 요청으로 결혼 동맹이 성립되었다.

① ㄱ, ㄴ   ② ㄱ, ㄷ   ③ ㄴ, ㄹ   ④ ㄷ, ㄹ

03

밑줄 친 '왕'에 대한 설명으로 옳은 것은?

- 왕이 즉위하였다. 휘는 정명(政明)이며. 어머니는 자의(慈儀) 왕후이다. 왕비 김씨는 소판 흠돌의 딸로 왕이 태자 시절에 궁에 들어왔는데, 오래도록 아들이 없다가, 뒤에 아버지가 난을 일으킨 데 연좌되어 궁에서 쫓겨났다. 흠운의 딸을 새로 왕비로 삼았다.
- 왕 5년 봄에 거열주를 승격하여 청주를 설치하니, 비로소 9주가 갖추어져 대아찬 복세를 총관으로 삼았다.

① 감은사를 창건하였다.

② 독서삼품과를 설치하였다.

③ 96 각간의 난을 진압하였다.

④ 영휘(永徽)라는 당 연호를 사용하였다.

04

(가) 인물에 대한 설명으로 옳은 것은?

예전 우리 태조께서 일어나실 때 [(가)] 은/는 태조가 비상한 인물로 반드시 천명을 받아 나라를 여실 것을 알고 편지를 보내 문안드렸는데, "계림(雞林, 신라)은 누런 잎이고 곡령(鵠嶺, 고려)은 푸른 솔이라"라는 구절이 있었다. 그 제자들이 고려 초기에 임금을 찾아뵙고, 벼슬하여 높은 관직에 이른 자가 하나가 아니었다. 현종께서 왕위에 계실 때 그가 조상의 왕업을 몰래 도왔으니 공을 잊을 수 없다고 하여 명을 내려 내사령(內史令)을 추증하였다. 또한 왕 14년 임술에는 시호를 추증하여 문창후(文昌侯)라고 하고, 문묘에 배향되었다.

① 설화집인 계림잡전을 남겼다.

② 고선사 서당화상비문을 지었다.

③ 불교를 세외교(世外敎)라고 비판하였다.

④ 화엄종 승려의 전기인 법장화상전을 저술하였다.

위 문제의 저작권은 강민성의 정통한국사에 있으므로 무단으로 전재 또는 복제할 수 없습니다.

05

다음 사료에 보이는 제도에 대한 설명으로 옳은 것은?

> ○ 현종 5년 12월에 교서를 내리기를, "양반의 직사(職事) 관원 5품 이 상은 아들·손자나 아우·조카 1명이 입사(入仕)하는 것을 허락한 다." 라고 하였다.
> ○ 숙종 즉위년에 조서를 내리기를, "직사(職事) 관원 4품 이상 및 치사 (致仕)한 관원은 호(戶)당 아들 1명에게 작(爵)을 주라."라고 하였다.

① 과거보다 늦게 실시되었다.

② 한품서용의 규정이 적용되었다.

③ 규정상 20세 이상인 자로 한정하였다.

④ 왕의 즉위와 같은 특별한 시기에만 시행되었다.

06

(가)에 대한 설명으로 옳은 것은?

> 도병마사가 말하기를, "근래에 전쟁이 발생한 것 때문에 창고가 텅 비 어 백관의 녹봉을 지급하지 못하였으므로 선비들을 권면(勸勉)할 수 없 습니다. 청하옵건대 경기 8현에서 품계에 따라 　(가)　을/를 지급하십 시오."라고 하였다. 당시 제왕(諸王) 및 국왕 측근에서 총애를 받는 자 들이 기름진 땅을 널리 차지하고 온갖 방법으로 훼방을 놓으니 왕이 자 못 이들의 말에 현혹되었는데, 우승선 허공 등이 여러 차례 이에 대해 말하였으므로 왕이 마지못해 따랐다.　　　　　　　　　　　－ 고려사절요 －

① 원종 대에 시행된 제도이다.

② 인품과 공훈에 따라 지급하였다.

③ 사패전의 폐단을 극복한 제도이다.

④ 군인과 한인(閑人)도 지급 대상이 되었다.

07

(가), (나) 시기 사이에 있었던 사실로 옳지 않은 것은?

> (가) 천도할 때 예관(禮官)이 다급한 상황에서 미처 그것을 싸 가지고 오지 못했으니, 주자(鑄字)를 사용하여, 28본을 인출한 후 여러 관 청에 나누어 보내니, 모든 유사(有司)들은 잃어버리지 않게 삼가 전하여 나의 통절한 뜻을 저버리지 말지어다.
> (나) 백운화상 경한(景閑)이 입적한 3년 뒤 청주목의 교외에 있었던 흥 덕사에서 금속활자인 주자로 찍어낸 것이 그 초인본(初印本)이다. 이 때 간행된 상하 2권 가운데 현전하는 것은 하권 1책뿐이며, 프랑 스 국립도서관에 소장되어 있다.

① 원의 역법인 수시력이 채택되었다.

② 인각사에서 삼국유사가 편찬되었다.

③ 국학에 경사교수도감이 설치되었다.

④ 구삼국사를 바탕으로 동명왕편이 제작되었다.

08

(가), (나) 약조 체결 사이 시기에 있었던 사실로 옳은 것은?

> (가) 대마도주에게 내려준 세사미두 200섬 중에 100섬을 감한다. 대마 도주가 해마다 파견했던 세견선을 반으로 감하여 25척으로 한다. 삼포 중에서 제포만을 개방한다.
> (나) 세견선(歲遣船)은 25척으로 하되 대선 9척, 중선·소선 각 8척으 로 하고 각 선의 인원수를 초과하면 유포량(留浦糧)을 반감한다. 베에서 쓰는 물품은 일절 지급하지 않는다. 가덕도 서쪽에 도착하 는 자는 적왜(賊倭)로 간주한다.

① 을묘왜변이 일어났다.

② 비변사가 임시기구로 설치되었다.

③ 여진족 니탕개의 난을 진압하였다.

④ 경원과 경성 일대에 무역소를 설치하였다.

09

다음 자료의 (가) 사서에 대한 설명으로 옳은 것은?

우리 동방은 단군으로부터 기자를 지나 삼한까지 고증할 만한 문적이 없었으며, 아래로 삼국에 이르러 역사책이 있었지만 간략함이 매우 심하였고, 게다가 근거도 없고 경전에도 나오지 않는 말들을 더하였습니다. …… 세조께서 …… 좌우에 일러 말하기를, "우리 동방에 비록 여러 역사책이 있지만 가히 자치통감에 비길 만한 장편 통감은 없다고 하면서, 사신(詞臣)에게 명하여 바로잡으려 했으나 일이 마침내 시행되지 못하였습니다. 우리 주상 전하께서 대통을 이어받고 선왕의 계책을 뒤따라서 …… (가) 을/를 찬수해 올리라고 명하였습니다. …… 삼가 삼국 이하 여러 사책에서 뽑아내고, 중국 역사에서 가려낸 것을 더하여서 편년체를 취하여 사실을 기록하였습니다.

① 세가, 지, 열전 등으로 구성되었다.

② 삼국 시대 역사는 고구려를 위주로 서술하였다.

③ 삼한 이전의 역사를 외기(外紀)로 구분하여 서술하였다.

④ 단군조선에서 고려 말까지를 영사체(詠史體) 형식으로 정리하였다.

10

(가)의 진행 과정에서 있었던 사실로 옳은 것은?

프랑스의 동양 함대를 지휘하는 세실(Cecille) 해군 소령은 군함 3척을 이끌고 충청도 홍주 앞바다에 나타났다. 세실은 (가) 때 처형당한 주교 앵베르, 모방, 샤스탕 등 프랑스인 신부의 문제를 거론하며, 당시 책임자에 대한 문책과 프랑스와의 통교를 강력히 요구하였다. 세실은 프랑스 선교사 살해의 책임을 묻는 서한을 정부에 전달하고 이에 대한 회답을 받기 위해 이듬해 다시 올 것을 통고하고 돌아갔다.

① 윤지충이 처형당하고 이승훈이 유배되었다.

② 정약전이 강진을 거쳐 흑산도로 유배되었다.

③ 한국인 최초의 신부인 김대건이 처형되었다.

④ 정하상이 상재상서를 올려 천주교를 변호하였다.

11

다음 제도를 관장한 기구에 대한 설명으로 옳은 것은?

강제(講製) 인원은 반드시 문신으로 과거에 합격한 후 승문원에 배속되어 실무를 익히는 사람들로 한다. 이 가운데 6품 이상 종3품 이하의 참상이나 7품 이하의 참하를 막론하고 모두 의정부에서 상의하여 37세 이하에 한하여 뽑는다. 강제의 시험관은 매달 초하룻날 내각에서 전·현직 제학·직제학 및 일찍이 직각·대교를 지내고 이미 자급(資級)이 승급된 사람들 가운데서 한다. 임금께서 2원(員)을 갖추어 낙점한 다음 그달 안으로 경서를 외우는 고강과 시험지를 작성하는 고권을 맡아서 책임지게 한다.

보기
ㄱ. 급진개화파가 폐지를 주장하였다.
ㄴ. 속대전 등의 편찬 사업을 주도하였다.
ㄷ. 외각에 검서관을 두고 서얼 출신을 등용하였다.
ㄹ. 부설 장서각에 자체 간행한 고금도서집성을 비치하였다.

① ㄱ, ㄴ　　　② ㄱ, ㄷ　　　③ ㄴ, ㄹ　　　④ ㄷ, ㄹ

12

다음 글을 쓴 인물에 대한 설명으로 옳은 것은?

주자의 장구(章句)는 이미 그대로 완성된 글이기에 감히 내 소견대로 인용하고 분열하여 취사선택할 수 없었다. 그뿐만 아니라 큰 줄거리는 이미 다 거론되었기에 지금은 다만 나의 하잘것없는 견해를 대략 수록하여 주자가 미처 드러내지 못한 여운과 유의(遺義)를 밝혀 보려 하였으니, 이름을 『주자장구보록』이라고 하고, 이로써 전현(前賢)을 조술(祖述)한 내 뜻을 밝히는 한편 동지들과 함께 토론하고자 한다. 우리 동지들이 행여 나의 광간(狂簡)을 이해하고 함께 득실을 논해 준다면, 실로 주자가 이른바 "천하의 공변된 의리를 모든 사람과 함께 의논한다."는 뜻이 될 것이다

① 시헌력 채택을 건의하였다.

② 기언, 청사열전 등을 저술하였다.

③ 청의 혼란을 배경으로 북벌론을 주장하였다.

④ 도교에 관심을 가져 『어우야담』을 저술하였다.

위 문제의 저작권은 강민성의 정통한국사에 있으므로 무단으로 전재 또는 복제할 수 없습니다.

13

(가) ~ (라)의 교육 기관에 대한 설명으로 옳은 것을 <보기>에서 고른 것은?

(가) 신라 신문왕 때 경주에 설치되었으며 대사 이하의 관등을 가지고 있거나, 또는 관등을 가지고 있지 못하더라도 장차 가질 수 있는 사람이 입학하였다.

(나) 고려 시대 수도에 설립된 국립 대학으로 중기 이후 사학의 번성으로 위축되었다.

(다) 조선 시대 인재 양성을 위해 서울에 설립한 국립 교육 기관으로 최고 학부의 구실을 하였다.

(라) 개항 이후 정부가 미국인 교사를 초빙하여 상류층 자제에게 영어, 지리학 등 근대 학문을 가르치기 위해 설립하였다.

보기
ㄱ. (가) – 졸업생들은 시험을 통해 관직에 나갈 수 있었다.
ㄴ. (나) – 율학, 서학, 산학 등 기술학도 교육하였다.
ㄷ. (다) – 문묘가 설치되었으며, 봄·가을에 향음주례를 지냈다.
ㄹ. (라) – 조사 시찰단 파견을 계기로 설립되었으며 외국어 교육에 중점을 두었다.

① ㄱ, ㄴ   ② ㄱ, ㄷ   ③ ㄴ, ㄹ   ④ ㄷ, ㄹ

14

다음 보고서 작성의 배경이 되었던 당시 상황으로 가장 적절한 것은?

제가 최근 조선에 대해 보고한 이래로 한반도로부터 주로 평화적인 소식들이 들려오고 있으며, 그곳의 상황은 이제 전환되어 당분간 나아지리라고 여겨집니다. 모든 조선인들은 그들의 머리를 유럽식 양식에 따라서 자르라고 하였던, 얼마 전에 내려진 훈령을 취소하고 옛적의 두발 양식으로 복귀를 승인하는 칙령이 좋은 인상을 주었고, 국민들을 진정하게 하는 데에 많은 기여를 했습니다.

– 오스트리아–헝가리 제국 외교 보고서 –

① 삼국 간섭이 일어났다.
② 아관파천이 단행되었다.
③ 만민 공동회가 개최되었다.
④ 김홍집·박영효 연립 내각이 성립되었다.

15

(가) 단체에 대한 설명으로 옳은 것은?

(가) 제1회 통상회가 계동 김명제 집에서 개회되었다. 이 자리에서 평의장 윤효정은 취지서와 3강 8목 및 원규칙(原規則)을 낭독하여 채택하고 또 통상개회 규칙 및 평의회규를 축조 의결하였다. 취지서에 "나라는 백성으로 이루어지고, 임금은 백성이 있어 세워진 것이니 임금이 나라를 다스릴 때는 백성과 함께 만든 헌법에 따라야 위에서 억지로 강제해서는 안 된다. 그래서 입헌 정치를 하는 나라는 흥하고, 전제 정치 하는 나라치고 쇠퇴하지 않는 나라가 없다."라고 하였다.

① 대한 자강회로 계승되었다.
② 평양과 서울에 태극서관을 운영하였다.
③ 고종 황제의 강제 퇴위 반대 운동을 전개하였다.
④ 일제의 강요로 제정된 보안법에 의해 해체되었다.

16

다음 취지문이 발표되었던 당시 상황으로 옳은 것은?

대략 2,000만 명 중 여자가 1,000만 명이며, 그 중에 반지가 있는 사람이 반은 넘을 것이다. 반지 한 쌍에 2원씩만 해도 1,000만 원이 여인들의 수중에 있다고 할 수 있다. 반지에 대해 생각해 보자. 여인들이 아끼는 것이긴 하지만 자녀에 비할 바이겠는가. 우리나라의 수백 년 풍습에 이렇게 쓸모없는 것을 이렇게 사랑하는 것이 무슨 일인지 알지 못했는데, 오늘날 이 중대한 일을 성취하려고 예비한 것임을 알겠다. 이렇게 국채를 갚고 보면 국권만 회복할 뿐 아니라 우리 여자들이 한 일이 세상에 전파되어 남녀의 동등권을 찾을 것이다.

① 여권통문이 발표되었다.
② 대한매일신보가 창간되었다.
③ 학부에 국문연구소를 설치하였다
④ 궁내부에서 서북 철도국을 설립하였다.

위 문제의 저작권은 강민성의 정통한국사에 있으므로 무단으로 전재 또는 복제할 수 없습니다.

17

밑줄 친 '이 운동' 이 전개되는 기간 중에 있었던 사실로 옳은 것은?

> 학생 여러분, 여러분은 하휴(夏休)의 일부, 가령 1주일간을 비어 고향
> 의 동포를 위하여 공헌하심이 있으려 하지 아니합니까. 가령 글을 모르
> 는 이에게 글을 주고, 위생 관념이 없는 이에게 위생 지식을 주고, 이러
> 한 일을 아니하시렵니까. 학생 여러분, 이 운동은 적은 일이 아닙니다.
> 문자의 보급과 민족 보건 운동의 철저, 이것은 조선의 다 중대사인 동
> 시에 학생 여러분의 공헌을 열망하는 바입니다.

① 흥남 질소비료공장이 건설되었다.

② 조선농회령과 시행규칙을 제정하였다.

③ 면직물과 주류를 제외한 관세를 폐지하였다.

④ 전기, 화학, 기계 등 중화학 공업을 육성하였다.

18

밑줄 친 '본 회의' 에 대한 설명으로 옳은 것은?

> 본 회의는 2천만 민중의 공정한 뜻에 바탕을 둔 국민적 대화합으로 최
> 고의 권위를 가지고 국민의 완전한 통일을 공고하게 하며, 광복 대업의
> 근본 방침을 수립하여 우리 민족의 자유를 만회하며 독립을 완성하기
> 를 기도하고 이에 선언하노라. …(중략)… 본 대표 등은 국민이 위탁한
> 사명을 받들어 국민적 대단결에 힘쓰며 독립운동이 나아갈 방향을 확
> 립하여 통일적 기관 아래에서 대업을 완성하고자 하노라.

① 김구, 이시영 등의 주장에 따라 개최가 모색되었다.

② 독립 운동 노선에 대한 갈등을 해소하기 위해 개최되었다.

③ 국내 조직과 연계를 위해 교통국과 연통제 운영을 결정하였다.

④ 임시정부를 뒷받침할 조직 결성을 위해 한국국민당 창당을 선
포하였다.

19

밑줄 친 '본 위원회' 에 대한 설명으로 옳은 것은?

> 본 위원회는 민주주의 임시 정부를 수립하여 조국의 완전 독립을 촉성
> 할 것이라는 목적을 달성하기 위하여 기본 원칙을 아래와 같이 의논하
> 여 정함
>
> 1) 조선의 민주 독립을 보장한 3상 회의 결정에 의하여 남북을 통한 좌
> 우 합작으로 민주주의 임시 정부를 수립할 것
> 2) 미·소 공동 위원회 속개를 요청하는 공동 성명을 발표할 것

① 김구와 김규식이 주도하였다.

② 미군정의 승인을 받지 못하였다.

③ 한반도 총선거를 감시하기 위해 설치하였다.

④ 미군정이 추진하는 남조선 과도 입법 의원 설치에 동의하였다.

20

다음 취임사를 했던 정부의 정책으로 옳은 것은?

> 우리는 오늘 시련으로 얼룩졌던 구시대를 청산하고 창조와 개혁과 발
> 전의 기치아래 새 시대를 꽃피우는 …… 본인은 지난번 국정지표로 민
> 주주의의 토착화, 복지사회의 건설, 정의사회의 구현, 교육혁신과 문화
> 창달을 제시하였습니다. 이 같은 4대 지표가 앞으로 본인의 재임기간
> 동안에 기초를 더욱 굳게 다져 튼튼한 뿌리를 확실히 내릴 수 있도록
> 본인은 있는 힘을 다할 것입니다. …… 체제 논쟁을 불러 일으켰던 구
> 헌법은 이제 우리의 헌정에서 자취를 완전히 감추었습니다.

① 소련, 중국 등의 사회주의 국가와 수교하였다.

② 학도호국단을 폐지하고 대학학생회를 부활하였다.

③ 가정의례준칙에 관한 법률과 시행령을 제정하였다.

④ 5·18특별법을 제정하는 등 역사 바로세우기를 추진하였다.

위 문제의 저작권은 강민성의 정통한국사에 있으므로 무단으로 전재 또는 복제할 수 없습니다.

01

다음 풍습을 지닌 나라에 대한 설명으로 옳은 것은?

> 그 사람들의 성품은 우직하고 건실하며 욕심이 적어 남에게 구걸하지 않는다. 남녀 모두 곡령(曲領)을 입는다. 동성(同姓) 간에는 결혼하지 않는다. 꺼리는 것이 많아서 병을 앓거나 사람이 죽으면 옛 집을 버리고 곧 다시 새집을 지어 산다. 마(麻)를 심고 누에를 기르며 길쌈을 할 줄 안다. 새벽에 별자리의 움직임을 관찰하여 그 해의 풍흉을 미리 안다.
> – 삼국지 위서 동이전 –

① 신지, 읍차 등의 지배자가 있었다.

② '예왕지인'이라는 국새를 사용하였다.

③ 왕이 사자, 조의, 선인 등을 두어 통치하였다.

④ 대군장이 없고, 읍군·삼로가 하호를 통치하였다.

02

다음 자료의 (가)~(라)를 시대순으로 옳게 나열한 것은?

> (가) 호승 마라난타가 진나라에서 왔다. 왕이 그를 맞이하여 궁궐 안으로 모셔 예우하고 공경하니, 불교가 이로부터 시작되었다.
>
> (나) 고구려가 군사를 일으켜 침입해 왔다. 왕은 이 말을 듣고 패하에 매복하고 그들이 오기를 기다려 공격하니 고구려 군사는 패하여 돌아갔다. 겨울에 왕이 태자와 함께 정예 군사 3만을 거느리고 고구려에 쳐들어가서 평양성을 공격하였다. 고구려왕 사유가 힘을 다해 싸워 막았으나 빗나간 화살에 맞아 죽었다.
>
> (다) 내신좌평을 두어 왕명 출납을 맡도록 하고, 내두좌평을 두어 창고와 재정을 맡게 하고, 내법좌평을 두어 예법과 의례를 맡게 하고, 위사좌평을 두어 숙위 군사를 맡게 하고, 조정좌평을 두어 형벌과 감옥을 맡게 하고, 병관좌평을 두어 지방 군사를 맡도록 하였다.
>
> (라) (북)위에 사신을 보내 예방하고 표문을 올렸다. "저와 고구려는 조상이 모두 부여 출신으로 …… 고구려는 의롭지 못하여 반역하고 간계를 꾸미는 일이 많습니다. …… 지금 그들은 결국 우리를 무시하고 침략하게 되었습니다. …… 만일 폐하(효 문제)께서 인자한 생각이 먼 곳까지 미친다면 속히 장수를 보내어 우리나라를 구해 주소서."

① (가) – (나) – (다) – (라)　　② (가) – (다) – (나) – (라)

③ (나) – (가) – (다) – (라)　　④ (다) – (나) – (가) – (라)

03

밑줄 친 '저희 왕'에 대한 설명으로 옳은 것은?

> 발해는 개원 20년에 천자의 조정을 원망하여 말갈과 함께 군사를 거느리고 바다를 건너 등주(登州, 덩저우)를 갑자기 습격하여 자사 위준을 살해하였습니다. 이에 황제께서 크게 노하여 태복경 김사란에게 귀국하도록 명하여 저희 왕으로 하여금 군사 10만명을 동원하여 발해를 공격하여 토벌하도록 하였습니다. 이어 저희 왕에게 [관작을] 더하여 정태위 지절 충영해군사 계림주대도독으로 삼았습니다. – 삼국사기 –

① 대문의 난을 진압하였다.

② 부여 융과 취리산 회맹을 맺었다.

③ 품주를 집사부와 창부로 개편하였다.

④ 패강 이남 지역의 영유권을 인정받았다.

04

밑줄 친 ㉠, ㉡ 왕 대에 있었던 사실로 옳은 것을 <보기>에서 모두 고르면?

> ○ ㉠왕이 태학박사 이문진에게 명하여 옛 역사를 요약하여 『신집(新集)』 5권을 만들었다. 나라 초기에 처음으로 문자를 사용할 때 어떤 사람이 사실을 100권으로 기록하여 이름을 『유기(留記)』라 하였는데, 이에 이르러 깎고 고친 것이다.
>
> ○ ㉡왕이 겨울 11월에 돌아가셨다. 고기(古記)에 이르기를, "백제는 나라를 연 이래 문자로 일을 기록한 적이 없는데 이때에 이르러 박사(博士) 고흥을 얻어 비로소 『서기(書記)』를 갖추게 되었다."고 하였다.

> **보기**
> ㄱ. (가) – 혜자가 일본 쇼토쿠 태자의 스승이 되었다.
> ㄴ. (가) – 담징이 종이와 먹 등의 제조법을 전하였다.
> ㄷ. (나) – 단양이, 고안무가 일본에 유학을 전해주었다.
> ㄹ. (나) – 사신으로 달솔 노리사치계가 불경과 불상을 전했다.

① ㄱ, ㄴ　　② ㄱ, ㄷ　　③ ㄴ, ㄹ　　④ ㄷ, ㄹ

위 문제의 저작권은 강민성의 정통한국사에 있으므로 무단으로 전재 또는 복제할 수 없습니다.

05

다음 자료와 관련된 국왕의 업적으로 옳은 것은?

> • 예산진에 행차하여 이르기를 "지난날 신라의 정치가 쇠하여 도적들이 일어나고 백성들이 난리 통에 그들의 폭골이 들판에 널렸다. …… 너희 공경장상은 국록을 먹는 사람들이므로 내가 백성을 자식처럼 사랑하는 마음을 헤아려서, 너희들 녹읍의 백성들을 불쌍히 여겨야 할 것이다. ……"라고 하였다.
>
> • 조신 군사들에게 관계(官階)는 논하지 아니하고 그들의 성행(性行)의 선악과 공로의 대소를 보아 토지를 지급하였는데, 차등이 있었다.

① 환구단과 사직을 건립하였다.

② 최광윤의 건의로 광군을 편성하였다.

③ 고창전투와 일리천전투에서 승리하였다.

④ 제위보를 설치하고 귀법사를 건립하였다.

06

다음 정책이 추진되었던 시기에 볼 수 있던 모습으로 가장 적절한 것은?

> • 왕이 명하기를 "백성들을 부유하게 하고 나라의 이익이 되는 데 돈보다 중요한 것은 없다. 송과 요에서 돈을 쓴 지가 오랜데 우리만 아직 실행하지 않았다. 이제 금속을 녹여 돈을 만드는 법령을 제정한다. 돈 15,000 꾸러미를 주조하여 재추와 문무 양반과 군인들에게 나누어 주어 돈 통용의 시초로 삼도록 하라"고 하였다.
>
> • 주, 현에 명령하여 미곡을 내어 주식점(酒食店, 술과 음식을 파는 상점)을 열게 하여 백성들에게 사고 팔고 할 것을 허락하여 화폐의 유리함을 알도록 하였다. 당시 화폐가 통용된 지 3년이나 되었지만 백성들이 가난하여 활발하게 통용시킬 수가 없었으므로 이러한 명령을 내렸다.

① 시전을 감독하는 평시서의 관리

② 해동통보를 받고 물건을 파는 상인

③ 양잠을 위해 농상집요를 참고하는 농민

④ 벽란도에 와서 무역을 하는 원나라 상인

07

다음 자료의 (가), (나)를 주장한 인물에 대한 설명으로 옳은 것은?

> (가) 법회가 끝난 후 마땅히 명리를 버리고 산림에 은둔해서 동사(同社)를 만들자. 그리고 늘 선정(禪定)을 익히고 지혜를 닦는 것을 급선무로 삼고 예불과 경 공부를 하면서 직접 노동으로 울력(여러 사람이 힘을 합쳐 하는 일)하여 각각 맡은 바를 이룩해나가자.
>
> (나) 나는 옛날 공의 문하에 있었고 공은 지금 우리 수선사에 들어왔으니, 공은 불교의 유생이요, 나는 유교의 불자입니다. 서로 손님과 주인이 되고 스승과 제자가 됨은 옛날부터 그러하였고 지금 처음 있는 일은 아닙니다.

> 보 ㄱ. (가) – 무신 집권기를 배경으로 활동하였다.
> 기 ㄴ. (가) – 사상 통합을 위해 성상융회를 제시하였다.
> ㄷ. (나) – 성리학 수용의 사상적 터전을 마련하였다.
> ㄹ. (나) – 목우자 수심결, 원돈성불론 등을 저술하였다.

① ㄱ, ㄴ   ② ㄱ, ㄷ   ③ ㄴ, ㄹ   ④ ㄷ, ㄹ

08

다음 자료의 밑줄 친 (가), (나) 국왕 재위 기간의 일로 옳은 것을 <보기>에서 고른 것은?

> (가) 평양성에 천문도 석각본이 있으나 전란으로 강물 속에 가라 앉아 버리고 세월이 흘러 그 인쇄본마저 희귀해져서 찾아볼 수 없었다. <u>국왕</u>이 즉위한 지 얼마 안되어 그 천문도의 인쇄본을 바친 사람이 있었다. <u>국왕</u>이 그것을 매우 소중히 여겨 돌에 다시 새겨두도록 서운관에 명하였다. 서운관에서는 그 연대가 오래되어 성도에 오차가 생겼으므로 새 관측에 따라 그 오차를 고쳐 새 천문도를 작성하도록 청했다.
>
> (나) 성삼문이 성승 및 박팽년 등과 함께 상왕의 복위를 모의하여 중국 사신에게 잔치를 베푸는 날에 거사하기로 기약하였다. …… 일이 발각되어 체포되자, <u>국왕</u>이 친히 국문하면서 꾸짖기를 "그대들은 어찌하여 나를 배반하였는가?"라니 성삼문이 말하기를 "상왕을 복위시키려 하였을 뿐이오. …… 하늘의 두 개의 해가 없듯 백성에게도 두 임금이 있을 수 없기 때문이오"라고 하였다.

> 보 ㄱ. (가) – 표전과 종계변무 등으로 명과 갈등이 있었다.
> 기 ㄴ. (가) – 도평의사사를 폐지하고 의정부를 설치하였다.
> ㄷ. (나) – 불경의 국역을 관장하는 간경도감을 설치하였다.
> ㄹ. (나) – 함경도 도절제사였던 이징옥이 반란을 일으켰다.

① ㄱ, ㄴ   ② ㄱ, ㄷ   ③ ㄴ, ㄹ   ④ ㄷ, ㄹ

위 문제의 저작권은 강민성의 정통한국사에 있으므로 무단으로 전재 또는 복제할 수 없습니다.

09

다음 자료에 나타난 시기의 경제 상황으로 옳지 <u>않은</u> 것은?

> 최근에 곡식을 매입해 쌓아둔 경강상인들이 심한 가뭄이 든 시기를 놓칠 수 없다며 곡물 시세가 오른 충청도와 전라도 지역으로 곡식을 몰래 내다 팔았다고 합니다. 곡식을 한꺼번에 갈무리한 뒤, 관아에서 알아채고 저지할 것을 우려해 밤에 강 밖 먼 곳으로 옮겨두었다가 배로 실어 날랐습니다. 그렇게 충청도와 전라도로 빠져나간 미곡이 불과 사흘 사이에 몇 천 포에 달합니다.

① 국가에 장인세를 바치는 납포장이 증가하였다.

② 일정 액수를 소작료로 내는 도조법이 확산되었다.

③ 환이나 어음 등의 신용 화폐가 점차 유통되었다.

④ 부산포, 제포, 염포에서 일본인과 통상을 하였다.

10

다음 자료의 (가)에 대한 설명으로 옳은 것을 보기에서 모두 고르면?

> ○ 진휼청에서 아뢰기를 "관직을 더 마련하고, 벼슬을 높여 주는 일 등의 문서를 올봄에 각 도로 나눠 보내서 1만여 석의 곡식을 모아 흉년이 든 백성들을 도와주는 데 보탰습니다. 금년 삼남 지방의 흉년은 작년보다 심하니 벼슬을 임명하는 값을 낮추지 않으면 응모할 사람이 줄어들 것이므로 신 등이 상의하여 각 항목별로 [(가)]의 가격을 줄였으며, 향교의 유생들에게 면강(免講) 가격도 본 도의 풍흉에 따라 차등을 두고 마련하여 별단을 작성하여 올리니 감히 아룁니다" 하니, 윤허한다고 답하였다.
>
> ○ 흉년이 들었으므로 진휼을 베풀기 위하여 가선대부 · 통정대부 · 동지사 · 첨지중추부사 · 판관 · 별좌 · 찰방 · 주부 · 첨절제사 · 만호 · 호군 · 사직 및 승인(僧人) 가선대부 · 통정대부 등의 [(가)] 2만 장을 만들어 팔도에 나누어 보내어 팔도록 하였다.

> 보기
> ㄱ. 경신대기근 등의 자연재해를 계기로 처음 발행되었다.
> ㄴ. 천역 혹은 향역(鄕役) 면제를 내용으로 한 것도 있었다.
> ㄷ. 자손에게 관작(官爵) 세습의 수단으로 이용되기도 하였다.
> ㄹ. 국가 재정 보충 혹은 사찰 중수 비용 마련을 위해 발행하였다.

① ㄱ, ㄴ   ② ㄱ, ㄷ   ③ ㄴ, ㄹ   ④ ㄷ, ㄹ

11

(가) ~ (라) 시기에 있었던 사실로 옳은 것은?

	(가)	(나)	(다)	(라)	
광해군즉위		인조반정	정묘호란	병자호란	효종 즉위

① (가) – 이괄의 난이 진압되었다.

② (나) – 누르하치가 후금을 건국하였다.

③ (다) – 철산의 용골산성에서 정봉수가 의병을 일으켰다.

④ (라) – 두 차례의 나선 정벌이 단행되었다.

12

다음 주장을 펼친 인물에 대한 설명으로 옳은 것은?

> 임금의 자질에는 혼명강약(昏明强弱)의 차이가 있으니, 재상은 임금의 아름다운 점은 순종하고 나쁜 점은 바로잡으며, 옳은 일은 받들고 옳지 않은 것은 막아 임금으로 하여금 대중(大中)의 경지에 들게 해야 한다. 그러므로 '상(相)'이라 함은, 곧 돕는다는 뜻이다. 백관은 제각기 직책이 다르고 만민은 제각기 직업이 다르니, 재상은 공평하게 하여 그들로 하여금 각기 그 마땅함을 잃지 않게 하며, 고르게 해서 그들로 하여금 각기 그 거처할 곳을 얻게 해야 한다. 그러므로 '재(宰)'라 함은, 곧 관리한다는 뜻이다.

① 만권당에서 원의 학자들과 교유하였다.

② 백운소설, 국선생전 등을 저술하였다.

③ 표전 문제로 명에 파견되어 문명(文名)을 떨쳤다.

④ 경제문감을 저술하여 대간 직책의 중요성을 강조하였다.

위 문제의 저작권은 강민성의 정통한국사에 있으므로 무단으로 전재 또는 복제할 수 없습니다.

13

유네스코에 세계문화유산으로 등재된 조선 왕릉에 대한 설명으로 옳지 <u>않은</u> 것은?

① "능역은 한양 사대문 밖 100리 안에 두어야 한다"는 경국대전의 규정에 따라 서울과 경기도에만 분포되어 있다.

② 연산군과 광해군은 폐위되어 능(陵)이 아닌, 묘(墓)로 조성되었기 때문에 포함되지 않는다.

③ 태조 왕비 신의왕후의 제릉과 정종의 후릉은 북한 개성에 소재하기 때문에 포함되지 않았다.

④ 고종의 홍릉과 순종의 유릉은 다른 조선 왕릉과 달리 황제릉의 격으로 조성되었다.

14

다음 조약이 체결된 지역에서 있었던 사실로 옳은 것을 <보기>에서 모두 고르면?

제1관 조선은 자주국이며 일본과 평등한 권리를 갖는다.
제5관 경기·충청·전라·경상·함경 5도 연해 가운데 통상에 편리한 항구 2개를 골라 개항한다.
제7관 조선국은 일본국 항해자가 자유로이 해안을 측량하도록 허가한다.
제10관 일본국 인민이 조선국이 지정한 각 항구에서 죄를 지었거나 조선국 인민에게 관계되는 사건은 모두 일본국 관원이 심판한다.

보기
ㄱ. 신라 문성왕 때 혈구진이 설치되었다.
ㄴ. 조선은 군사적 이유로 조세미를 경창으로 운송하지 않았다.
ㄷ. 조선 후기에는 실록을 보관하기 위해 사고가 설치되었다.
ㄹ. 아관파천 이후 러시아가 삼림 채벌권을 요구하였다.

① ㄱ, ㄴ   ② ㄱ, ㄷ   ③ ㄴ, ㄹ   ④ ㄷ, ㄹ

15

밑줄 친 '개혁'의 내용으로 옳은 것은?

고종은 변법개화파와 갈등을 빚어 온 김병시, 정범조 등 동도서기파를 등용하고 '구본신참'과 '민국 건설'의 국가 통치 이념 아래 교전소(校典所)와 사례소(史禮所)라는 기구를 설치하여 <u>개혁</u>에 나섰다. '구본신참'은 동도서기와 마찬가지로 옛 것을 근본으로 하고 서양 문명을 절충한다는 뜻이요, '민국 건설'은 영·정조 이래 성숙되어 온 소민(小民) 위주의 국가를 건설하겠다는 뜻이다.

① 연무 공원, 광무국, 전보국을 설치하였다.
② 농상아문이 관할하던 상리국을 폐지하였다.
③ 평상시 지방관의 방곡령 선포를 금지하였다.
④ 광제원을 설치하고 전염병 예방 규칙을 선포하였다.

16

다음 자료와 관련된 인물에 대한 설명으로 옳은 것을 보기에서 모두 고르면?

• 옛 사람들이 말하기를 나라는 멸할 수 있으나 역사는 멸할 수 없으니, 나라는 형(形)이나 역사는 신(神)이기 때문이다. 지금 한국의 형(形)은 허물어졌으나 신(神)은 홀로 존재하지 못하겠는가. …… 신(神)이 존재하여 불멸하면 형(形)은 때맞춰 부활한다.

• '우리가 왜, 어떻게 망했는가'를 서술한 것이 통사(痛史)이고, '어떻게, 왜 싸웠는가'를 기록한 것이 혈사(血史)이다. 글자 그대로 통사(痛史)는 나라잃은 눈물의 기록, 통탄의 역사이고, 혈사(血史)는 나라를 되찾기 위한 피어린 투쟁의 기록이다.

보기
ㄱ. 독립신문에 맞서 신대한을 창간하였다.
ㄴ. 역사 지리 교과서인 『유년필독』을 편찬하였다.
ㄷ. 조선광문회를 조직하여 고전 간행에 노력하였다.
ㄹ. 연해주에서 대한국민 노인동맹단을 조직하였다.

① ㄱ, ㄴ   ② ㄱ, ㄷ   ③ ㄴ, ㄹ   ④ ㄷ, ㄹ

위 문제의 저작권은 강민성의 정통한국사에 있으므로 무단으로 전재 또는 복제할 수 없습니다.

17

다음 법령이 공포되었던 당시에 볼 수 있는 모습으로 가장 적절한 것은?

제1조 호적법의 적용을 받지 않는 연령 17년 이상 제국 신민인 남자로서 육군 병역에 복무하기를 지원하는 자는 육군 대신이 정한 바에 따라 전형 후 이를 현역 또는 제1 보충 병역에 편입할 수 있다.
제3조 보충 병역 혹은 국민 병역에 있는 자, 또는 병역을 마친 자로서 전시 또는 사변시 육군 부대 편입을 지원하는 자는 육군 대신이 정한 바에 따라 전형 후 이를 적의한 부대에 편입할 수 있다.

① 황국신민서사를 암송하는 학생
② 학도지원병이라는 이름으로 동원되는 학생
③ 만보산 사건을 보도한 기사에 분노하는 노인
④ 몸뻬를 입지 않아 버스 승차를 거부당하는 여성

18

다음 합의문을 작성한 독립군 부대의 전투로 옳은 것은?

1. 한국군과 중국호로군 양군은 어떤 열악한 환경에 처하더라도 상호 장기 항전을 맹세한다.
2. 중동 철로를 경계로 하여 서부 전선은 중국군이 담당하고, 동부 전선은 한국군이 담당한다.
3. 한·중 연합전 시 후방 교련은 한국군의 장교가 담당하고, 한국군의 소요 일체 군수 물자는 중국군이 공급한다.

① 보천보 전투
② 쌍성보·사도하자·동경성 전투
③ 호가장 전투, 반소탕전
④ 흥경성·영릉가 전투

19

(가), (나) 발표 사이 시기에 있었던 사실로 옳은 것을 보기에서 모두 고르면?

(가) 총회는 한국의 자유와 독립에 관한 문제 심의에 있어 선거로 뽑힌 한국 국민의 대표가 참여할 것을 결의하며, 나아가 한국 대표가 단지 군정 당국에 의하여 지명된 자가 아니라 한국 국민에 의하여 정당히 선거된 자라는 것을 감시하기 위하여 조속히 UN 한국임시위원단을 설치하여 한국에 부임케 한다.
(나) UN 한국임시위원단이 한국 전역 선거의 감시를 진행시킬 것과 만일 그것이 불가능하다면 위원단이 접근할 수 있는 한의 한국 내 지역의 선거 감시를 진행시킬 것이 필요하다고 간주한다.

보기
ㄱ. 남조선 과도입법의원이 구성되었다.
ㄴ. 평양에서 남북지도자회의가 개최되었다.
ㄷ. 김구가 '삼천만 동포에게 읍고함'을 발표하였다.
ㄹ. 소련이 UN 한국임시위원단의 입북을 거부하였다.

① ㄱ, ㄴ　　② ㄱ, ㄷ　　③ ㄴ, ㄹ　　④ ㄷ, ㄹ

20

다음 선언문이 발표된 민주화 운동에 대한 설명으로 옳은 것은?

전국의 학도여, 잠을 깨라! 그대들의 가슴속에 진정한 혁명 열사의 피가 흐르고 있다면, 눈에 총알이 박힌 채 참살된 우리 형제의 시체가 표류하고 있는 마산을 상기하라. 평화적 데모는 우리의 자유이다. 마산 사건에서 총부리 앞에 민주주의를 부르짖고 행방불명이 된 형제들의 살상의 책임을 묻자. 이 참극을 보고 의분에 불타는 우리들은 이제 참을 수 없다.

① 6·29 민주화 선언을 이끌어냈다.
② 허정 과도 정부 수립의 배경이 되었다.
③ 신군부의 비상계엄 확대에 반대하여 일어났다.
④ 민족적 민주주의 장례식을 계기로 시위가 격렬하게 전개되었다.

위 문제의 저작권은 강민성의 정통한국사에 있으므로 무단으로 전재 또는 복제할 수 없습니다.

실전 동형 모의고사 06회

01

다음 유물들이 제작된 시기의 생활 모습으로 적절한 것을 보기에서 모두 고르면?

보기
ㄱ. 돌무지무덤, 돌널무덤 등을 제작하였다.
ㄴ. 환호, 목책 등의 방어 시설을 설치하였다.
ㄷ. 원거리 교역을 통해 흑요석기를 제작하였다.
ㄹ. 씨족공동체가 족외혼을 통해 부족 사회를 형성하였다.

① ㄱ, ㄴ   ② ㄱ, ㄹ   ③ ㄴ, ㄷ   ④ ㄷ, ㄹ

02

(가), (나) 관직에 대한 설명으로 옳은 것을 <보기>에서 고른 것은?

(가) 품주(稟主) 또는 조주(祖主)를 개편하여 설치된 관부의 장(長)이다. 파진찬 죽지를 처음으로 임명하여 기밀 사무를 관장하게 하였다. 관부의 명칭은 후에 성(省)으로 개칭되었다.

(나) 임기는 본래 3년이지만 적격한 자라면 임기에 구애받지 않는다. 교체하는 날에 더러는 순순히 내어놓지 않기도 하므로, 양편이 군사를 이끌고 서로 싸워 이긴 자가 차지하게 된다. 이 때 고구려왕은 궁문을 닫고 스스로 지킬 뿐 제어하지 않는다.

보기
ㄱ. (가) - 상대등보다 먼저 설치되었다.
ㄴ. (가) - 경덕왕 때 명칭이 개칭되었다.
ㄷ. (나) - 귀족 회의에서 선출되었다.
ㄹ. (나) - 정변 이후 연개소문이 차지하였다.

① ㄱ, ㄴ   ② ㄱ, ㄹ   ③ ㄴ, ㄷ   ④ ㄷ, ㄹ

03

다음 지도는 발해의 천도에 관한 내용이다. 지도의 (가) ~ (라) 지역에 대한 설명으로 옳지 않은 것은?

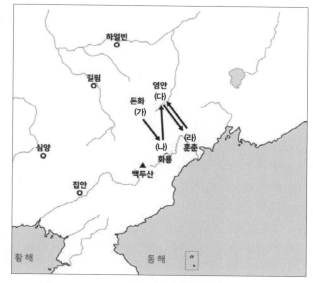

① (가) - 도읍일 당시 당은 발해군왕(郡王)으로 칭하였다.
② (나) - 무왕 이후 설치된 신라도의 핵심 경유지였다.
③ (다) - 조방제를 실시하고 주작대로를 설치하였다.
④ (라) - 고구려의 영향을 받은 이불병좌상이 출토되었다.

04

밑줄 친 '사람들' 의 사회 모습으로 옳은 것은?

• 인세(人稅)는 포 5필과 곡식 5석(石)이다. 유인(遊人)은 3년마다 한 번 세를 내는데, 10인이 함께 세포(細布, 가는 베) 1필을 낸다. 조(租)는 상등호(上等戶)가 1석이고 차등호(次等戶)가 7두(斗)이며 하등호(下等戶)가 5두이다.　　　　　　　　　　　　－수서－

• 나라의 사람들은 학문을 좋아하여 마을 궁벽한 곳의 보잘 것 없는 집에 이르기까지 또한 (학문에) 부지런히 힘써서 거리 모서리마다 큰 집을 짓고 학교를 세웠는데, 자제로 미혼(未婚)인 자를 무리지어 살도록 하고, 경전을 읽으며 활쏘기를 연습한다.　　　－신당서－

① 은력을 사용하였으며 흰 옷 입기를 즐겨하였다.
② 왕족인 계루부, 왕비족인 연나부 등 5부족으로 구성되었다.
③ 관리가 뇌물을 받으면 3배를 배상하고 금고형에 처해졌다.
④ 도둑질한 자는 노비로 삼고 용서를 받으려면 50만전을 내야 한다.

위 문제의 저작권은 강민성의 정통한국사에 있으므로 무단으로 전재 또는 복제할 수 없습니다.

05

다음 자료의 (가)~(라)를 순서대로 바르게 배열하면?

(가) 조위총이 병을 일으켜 정중부·이의방을 치고자 도모하고 격문으로 동북 양계의 여러 성을 소집했다. 10월 중서시랑평장사 윤인첨을 보내 3군을 거느리고 조위총을 치게 했다. 병인일에 윤인첨이 절령에 이르렀으나 병(兵)이 패하여 돌아왔다.

(나) 전주 사록 진대유가 형벌을 혹독하게 해 백성들이 모두 고통스러워하던 중 나라에서 정용·보승군을 보내 관선을 만들게 했는데, 이때 진대유가 이택민 등과 가혹하게 공사를 감독하였다. 죽동 등 6명이 관노와 불평자들을 불러 모아 난을 일으켜, 진대유를 절간으로 쫓아내고 이택민 등의 집을 불태우니 향리들이 도망치고 숨었다.

(다) 공주 명학소의 백성 망이, 망소이 등이 자기 무리를 규합하여 스스로를 산행병마사라 칭하며 공주를 공격하여 무너뜨렸다. …… 장군 박순과 형부 낭중 박인택을 파견하여 남적(南賊)을 타이르게 하였다.

(라) 남적이 봉기했는데 그 중 심한 것이 운문에 웅거한 김사미와 초전에 자리 잡은 효심으로, 이들은 망명한 무리를 불러 모아 주현을 노략질하였다. 왕이 이 소식을 듣고 대장군 전존걸에게 장군 이지순 등을 이끌고 가서 남적을 토벌토록 하였다.

① (가)-(나)-(다)-(라)　　② (가)-(다)-(나)-(라)
③ (나)-(가)-(다)-(라)　　④ (다)-(나)-(가)-(라)

06

다음 자료의 밑줄 친 (가)~(라) 기구는 같은 국가의 사회 제도이다. (가)~(라)에 해당하는 설명으로 잘못된 것은?

- 무릇 여러 주현의 　(가)　 기구는 …… 흉년이 되어 백성이 굶주리거든 이것으로써 급한 것을 구하고 가을에 이르러 환납(還納)하도록 하되 헛되이 소비하지 말라.
- 왕께서 말씀하시기를 "해마다 풍흉에 따라서 조적(糶糴, 물가조절을 위해 쌀을 사들이고 파는 일)을 행하되 백성에게 남음이 있으면 적게 거두고 백성이 부족하면 이를 많이 나누게 하니 　(나)　 기구로 하여금 법에 따라 시행하라."라고 하였다
- 　(다)　 기구는 국초에 선왕이 백성들에게 은혜를 베풀기 위해 설치한 것으로 …… 주관하는 관리들이 마음 다하지 않아 백성들이 왕의 은혜를 받지 못하고 있으니 몹시 민망하다. 늘 관찰하여 의약과 음식을 넉넉히 갖추도록 하여라.
- 왕이 명하기를 "도성 내의 백성들이 역질에 걸렸으니 　(라)　 기구를 설치하여 이들을 치료하고 시신과 유골은 거두어 비바람에 드러나지 않게 매장하라"라고 하였다.

① (가) - 태조가 흑창이라는 이름으로 설치했던 의창
② (나) - 개경과 서경, 12목에 설치되었던 상평창
③ (다) - 서민들의 질병 치료를 관장하였던 제생원
④ (라) - 예종이 임시기구로 설치했던 구제도감

07

밑줄 친 '대장경'에 대한 설명으로 옳은 것은?

심하도다, 달단(達旦)이 환란을 일으킴이여! 그 잔인하고 흉포한 성품은 이미 말로 다할 수 없고, 심지어 어리석음은 또한 짐승보다 심하니, 어찌 천하에서 공경하는 바를 알겠으며, 이른바 불법이란 것이 있겠습니까? 이런 까닭에 그들이 지나간 곳에는 불상과 범서(梵書)를 마구 불태워 버렸습니다. 이에 부인사에 소장된 대장경 판본도 또한 남김없이 태워 버렸습니다.
　　　　　　　　　　　　　　　　　　– 동국이상국집 –

① 판각을 위해 대장도감이 설치되었다.
② 신편제종교장총록에 의거하여 제작되었다.
③ 유네스코 세계 기록 유산으로 등재되었다.
④ 송과 요의 대장경 전래가 제작의 계기가 되었다.

08

다음 자료의 (가)~(나) 사이에 해당되는 사실로 옳지 않은 것은?

(가) 이항 등이 "지금 왕자의 명호를 원자(元子)로 정하는 것은 간사한 마음을 품은 자가 아니라면 다른 말이 없어야 마땅합니다. 송시열은 방자하게도 상소를 올려 민심을 어지럽혔으니, 멀리 유배를 보내소서."라고 상소하였다.

(나) 전하께서 창덕궁에 행차하여 선원전을 참배하고 궁성을 호위한 후 길 위에 진을 치고 나서 …… 세자를 휘녕전 뜰에 세워놓고 자진을 강요하며 실랑이를 벌이다가 마침내 세자를 폐하여 서인(庶人)으로 삼고 뒤주에 가두라는 처분을 내리고, 전교를 내려 이를 중외(中外)에 널리 알렸다.

① 무고의 옥이 발생하여 소론이 처벌을 받았다.
② 쌍거호대(雙擧互對) 방식으로 정국이 운영되었다.
③ 청주에서 소론 강경파를 중심으로 난이 발생하였다.
④ 논쟁 과정에서 기년복(朞年服)을 주장한 남인이 집권하였다.

09

밑줄 친 '이 문제'를 해결하기 위한 방안으로 가장 적절한 것은?

대왕대비가 전지하기를, "사람들이 직전(職田)이 폐단이 있다고 많이 말하기에 대신에게 의논하니, 모두 말하기를, '우리나라 사대부의 봉록(俸祿)이 박하여 직전을 갑자기 고칠 수 없다.' 하므로, 나도 또한 그렇게 여겼었는데, 지금 들으니 조사(朝士)의 집에서 그 세(稅)를 지나치게 거두어 백성들이 심히 괴롭게 여긴다 한다. …(중략)… 이 문제를 경영하여 처리해서 되도록 사의(事宜)에 합당하게 하여야 할 것이다."라고 하였다.
　　　　　　　　　　　　　　　　　　　　　　－ 조선왕조실록 －

① 수신전과 휼양전을 폐지하였다.

② 전분6등법과 연분9등법을 시행하였다.

③ 전객이 전세를 경창에 직접 납부하게 하였다.

④ 과전의 3분의 1을 하삼도에 옮겨 나누어 주었다.

10

밑줄 친 '이 법'에 대한 설명으로 옳은 것은?

판부사 송시열이 아뢰기를, "이경억이 충청 감사로 있을 때 상소하여 공·사노비가 양인 처를 맞이하여 낳은 자녀는 한결같이 어미의 역을 따르도록 청했습니다. 이는 일찍이 이이가 주장한 것인데, 당시 조정에서 막아 시행하지 못했습니다. 빨리 이 법을 만들어 실시하소서."라고 하였다.

① 천인이 늘어나는 요인이 되었다.

② 경국대전에 처음으로 법제화되었다.

③ 양인과 천인 간의 교혼(交婚)을 금지하였다.

④ 남인은 노(奴)·주(主) 간의 분쟁을 이유로 반대하였다.

11

밑줄 친 '새 책력'에 대한 설명으로 옳은 것을 <보기>에서 고른 것은?

관상감 제조가 아뢰기를, "…… 원 초기 곽수경·허형 등이 역법에 밝아서 시각의 차를 정한 것이 정밀하여, …… 후세의 정교한 책력이라 할 만합니다. 그러나 천체의 운행이 매우 활발하여 쌓인 차가 날로 더 많아져서, …… 별자리의 위치가 조금씩 틀립니다. 천체 운행의 수가 이미 다 찼으므로 당연히 책력을 고쳐야 하는데, 서양의 책력이 마침 이러한 시기에 나왔으니 이는 참으로 책력을 고칠 기회입니다. …… 중국이 병자·정축 연간에 이미 역법을 고쳤으니, 내년의 새 책력은 우리나라의 책력과 크게 다를 것입니다. 새 책력 속에 만약 잘 맞아떨어지는 곳이 있다면 당연히 옛것을 버리고 새것을 만들어야 합니다"라고 하였다.

보기
ㄱ. 최초로 1년을 365일로 계산하였다.
ㄴ. 이탈리아 선교사 마테오리치가 제작하였다.
ㄷ. 효종 때 김육의 노력으로 청에서 도입하였다.
ㄹ. 3차 을미개혁 때 태양력으로 대체되었다.

① ㄱ, ㄴ　　　② ㄱ, ㄷ　　　③ ㄴ, ㄹ　　　④ ㄷ, ㄹ

12

밑줄 친 '이 성'에 대한 설명으로 옳은 것은?

고구려의 도성은 평지성과 산성이 하나의 세트로 이루어져 있었다. 졸본에는 하고성자성과 오녀산성, 국내성에는 집안현성과 산성자산성(환도성), 장수왕대에 천도한 평양에는 안학궁성과 대성산성으로 평지성과 산성의 대응 관계를 이루고 있다. 따라서 왕과 귀족들은 평상시에는 평지성에 거주하다가, 위급시에 주민과 더불어 산성으로 들어가 외적을 방어하였다. 그리고 평원왕 대에 축조한 평양의 이 성은 아예 산성과 평지성을 결합한 형태로 축조되었다. 평지성(왕궁)과 산성이 서로 결합되어, 넓은 시가지를 포용하는 나곽(羅廓,나성)이 있었던 것으로 알려져 있다.

① 성곽 인근에 장군총이 남아 있다.

② 내성, 외성, 북성, 중성으로 구성되었다.

③ 화강암과 벽돌을 함께 축성의 재료로 사용하였다.

④ 북한의 신청으로 유네스코 세계문화유산에 등재되었다.

13

유네스코 세계기록유산에 등재된 조선왕조실록에 대한 설명으로 옳은 것은?

① 태조부터 순종까지 27대 519년을 기록한 역사서이다.

② 사초, 시정기, 승정원일기, 비변사등록, 일성록 등을 참고 자료로 활용했다.

③ 왜란 이후 춘추관과 교통 요지인 충주, 성주, 전주의 사고에 보관하였다.

④ 병인양요 때 프랑스에 약탈되었다가 해방 이후 반환되었다.

14

(가) 인물에 대한 설명으로 옳은 것은?

> 방금 수신사 __(가)__ 이/가 가지고 온 황준헌의 '사의조선책략'이라는 1권의 책이 유포된 것을 보니, 저도 모르게 머리털이 곤두서고 가슴이 떨렸으며 이어서 통곡하면서 눈물을 흘렸습니다. 이단으로 사람들을 미혹시킨 자에 대한 처벌은 왕법(王法)에 나타나 있고 그 무리에 가담한 자를 먼저 다스려야 한다는 가르침은 '춘추'에 실려 있으니, 이것을 따르면 다스려지고 이와 반대로 하면 혼란해진다는 사실은 영원히 어길 수 없는 것입니다.

① 군국기무처의 총재관에 임명되었다.

② 의정부 참정대신이 되어 관민공동회에 참석하였다.

③ 제2차 갑오개혁 때 법부대신으로 사법 제도 개혁에 공헌하였다.

④ 보빙사의 전권대신으로 미국에 파견되어 미국 대통령을 접견하였다.

15

다음 격문과 관련된 의병 활동에 대한 설명으로 옳은 것은?

> 아, 저 섬나라 오랑캐(島夷)의 수령은 조약과 신의의 법리로도 애초에 말할 것조차 없거니와, 생각하건대 저 국적(國賊)들의 머리부터 발끝까지의 머리카락이 누구로부터 나온 것인가. 원통함을 어찌 할까. 국모의 원수를 생각하며 이미 이를 갈았는데, 참혹함이 더욱 심해져 임금께서 머리를 깎이시고 의관을 찢기는 지경에 이른데다가 또 이런 망극한 화를 당하였으니, 천지가 뒤집어져 우리가 각기 하늘에서 부여받은 본성을 보전할 길이 없게 되었다. 우리 부모로부터 받은 몸을 금수로 만드니 이 무슨 일인가. 우리 부모로부터 받은 머리카락을 깎았으니 이 무슨 변괴인가.
>
> – 의암집 –

① 전직 관료 민종식이 홍주성을 점령하였다.

② 이소응이 춘천부를 점거하고 관찰사를 처단하였다.

③ 양주에 모인 13도 창의군이 서울진공작전을 전개하였다.

④ 의병을 국제법상 전쟁 단체로 인정해달라는 통문을 보냈다.

16

다음 자료의 밑줄 친 (가) 지역과 관련된 사실로 옳은 것을 보기에서 모두 고르면?

> 의정부 참정 김규홍이 아뢰기를, "시찰 이범윤의 보고서에 의하면 '청국인들의 우리 백성 학대를 낱낱이 진달하기 어려우므로, 즉시 외부(外部)에서 청국 공사와 담판하여 청국 관원의 학대를 막고 관청을 세우고 군사를 두어 많은 백성을 위로하여 교화에 감화되어 생을 즐기도록 해야 할 것입니다.'라고 하면서 우선 호적(戶籍)을 만들어 수보(修報)한 것이 1만 3,000여 호(戶)입니다. ...... __(가)__ 지역은 마땅히 우리나라의 경계로 확정, 결수(結數)에 따라 세(稅)를 정해야 할 것이나 수 백 년 비어두었던 땅을 갑자기 온당하게 작정하기는 어려울 것이므로 우선 보호관을 두어야 할 것입니다."라고 하니 윤허하였다.

보기
ㄱ. 조선은 어윤중을 서북경략사로 파견하였다.
ㄴ. 을사늑약 이후 통감부가 파출소를 설치하였다.
ㄷ. 일본은 러일전쟁 중 일본 영토에 강제 편입시켰다
ㄹ. 한국은 6·25전쟁 중 영유권 수호를 위해 평화선 선언을 발표하였다.

① ㄱ, ㄴ   ② ㄱ, ㄷ   ③ ㄴ, ㄹ   ④ ㄷ, ㄹ

위 문제의 저작권은 강민성의 정통한국사에 있으므로 무단으로 전재 또는 복제할 수 없습니다.

17

(가) 단체에 대한 설명으로 옳은 것은?

> [가] 은/는 군자금을 조달하여 만주의 독립군 기지에서 혁명군을 양성하고 국내에 혁명 기지를 확보한 후, 적시에 무력 투쟁으로 독립 쟁취를 목표했던 혁명 단체였다. 이 단체는 "우리 조국을 광복하고 우리의 대대 원수를 물리쳐서 우리 동포를 구하는 것이 우리 민족의 천명으로 우리가 해야 할 의무이다. 이것이 성패나 이둔(利鈍)을 생각지 않고 죽음을 무릅쓰고 본회를 창립한 소이이다."라는 포고문을 발표하였다.

① 천주교 교인들이 주도적으로 참여하였다.
② 임병찬이 고종의 밀명을 받아 조직하였다.
③ 복벽주의를 배격하고 공화주의를 내세웠다.
④ 파리 강화 회의에 제출한 독립청원서를 작성하였다.

18

다음 자료의 헌법을 운영할 당시 대한민국 임시정부의 활동으로 적절한 것은?

> 제28조 임시정부는 국무위원으로 조직한 국무회의의 의결로 국무를 총판하고 국무위원은 5인 이상 11인으로 함
> 제29조 국무회의는 그 결정을 집행 또는 집행케 하고 임시의정원에 대하야 책임을 짐
> 제31조 국무회의에서 의결할 사항은 아래와 같음
> 　　　 광복운동의 방략, 법률, 명령, 예산, 결산, 예산초과나 예산외의 지출, 조약의 체결, 선전, 강화, 국사파견, 외국대표원의 접수 기타 일체 사건시 공포함
> 제35조 국무위원과 정부위원은 임시의정원과 그 각 위원회에 출석 발언할 수 있음
> 제36조 국무회의는 그 주석 1인을 국무위원이 호선함
> 제37조 국무회의의 의결은 총 위원 과반수의 찬동으로함

① 남만주에 광복군사령부를 설치하였다.
② 이승만 대통령 탄핵안이 통과되었다.
③ 침체를 극복하기 위해 한인애국단을 조직하였다.
④ 3균주의를 채택한 대한민국 건국강령을 선포하였다.

19

밑줄 친 '협정'에 대한 설명으로 옳은 것은?

> 쌍방에 막대한 고통과 유혈을 초래한 한국 전쟁을 정지시키기 위하여 서로 최후적인 평화적 해결이 달성될 때까지 한국에서의 적대 행위와 일체 무력 행위의 완전한 정지를 보장하는 정전을 확립할 목적으로 하기(下記) 협정 조항에 기재된 정전 조건과 규정을 접수하며 또 그 제약과 통제를 받는데 개별적으로나 공동으로나 또는 상호간에 동의한다. 이 조건과 규정의 의도는 순전히 군사적 성질에 속하는 것이며 이는 오직 한국에서의 교전 쌍방에만 적용한다.

① 군사정전위원회의 기능을 규정하였다.
② 미국, 소련, 북한이 서명에 참여하였다.
③ 한미상호 방위조약을 계기로 체결되었다.
④ 협정 체결 이후 반공 포로가 석방되었다.

20

다음 선언이 발표된 정부 시기의 사실로 옳은 것은?

> 1. 남과 북은 나라의 통일문제를 그 주인인 우리 민족끼리 서로 힘을 합쳐 자주적으로 해결해 나가기로 하였다.
> 2. 남과 북은 나라의 통일을 위한 남측의 연합제 안과 북측의 낮은 단계의 연방제 안이 서로 공통성이 있다고 인정하고 앞으로 이 방향에서 통일을 지향시켜 나가기로 하였다.
> 3. 남과 북은 올해 8·15에 즈음하여 흩어진 가족, 친척 방문단을 교환하며, 비전향 장기수 문제를 해결하는 등 인도적 문제를 조속히 풀어 나가기로 하였다.
> 4. 남과 북은 경제협력을 통하여 민족경제를 균형적으로 발전시키고, 사회, 문화, 체육, 보건, 환경 등 제반분야의 협력과 교류를 활성화하여 서로의 신뢰를 다져 나가기로 하였다.

① 남북조절위원회가 설치되었다.
② 북미제네바기본합의서가 체결되었다.
③ 최초로 남북한 이산가족 상봉이 이루어졌다.
④ 최초로 남북한 이산가족 서신 교환이 이루어졌다.

위 문제의 저작권은 강민성의 정통한국사에 있으므로 무단으로 전재 또는 복제할 수 없습니다.

01

(가), (나) 유적지에 대한 설명으로 옳은 것은?

(가) 금강 북안에 위치한 이 유적은 1964년 이후 총 12차례에 걸친 발굴을 통해 전기 구석기 문화층부터 중석기 문화층까지 모두 12개의 문화층이 확인되었다. 최근 정부에서 이곳에 '구석기 교육원' 설립을 추진하고 있다.

(나) 충청북도 단양군 매포읍 상시리에 있는 구석기 시대에서 청동기 시대에 이르는 3개의 바위 그늘 유적이다. 호모 에렉투스와 호모 사피엔스의 뼈가 발굴되어 당시 인류의 진화 과정을 연구하는 데 중요한 자료가 되고 있다.

① (가) - 구석기인의 장례 문화를 확인할 수 있는 유적지이다.
② (가) - 남한 지역에서 발굴된 최초의 구석기 유적지이다.
③ (나) - 한반도 최초로 인골 화석이 발견되었다.
④ (나) - 1960년대에 발굴된 대표적 유적지이다.

02

(가), (나) 칭호를 사용했던 시기에 있었던 사실로 옳은 것을 <보기>에서 고른 것은?

사론(史論, 삼국사기)에 이르기를 "신라에서 거서간과 차차웅으로 부른 이가 하나, (가) (으)로 부른 이가 열여섯, (나) (으)로 부른 이가 넷이다. 신라 말기의 이름난 학자 최치원이 『제왕연대력(帝王年代曆)』을 지으면서 모두 '무슨 왕'이라 불렀고 거서간 등으로 부르지 않았으니 혹시 그 말이 비루하여 부르기에 적당하지 않아서 그렇게 한 것일까?   – 삼국유사, 기이(紀異) –

보기
ㄱ. (가) - 영일 냉수리비가 세워졌다.
ㄴ. (가) - 박·석·김의 3성이 왕위에 올랐다.
ㄷ. (나) - 실직국 등 주변 소국을 병합하였다.
ㄹ. (나) - 왕위의 부자 상속제가 확립되었다.

① ㄱ, ㄴ   ② ㄱ, ㄷ   ③ ㄴ, ㄹ   ④ ㄷ, ㄹ

03

밑줄 친 '왕'의 재위 기간에 있었던 사실로 옳은 것은?

왕이 교서에서 다음과 같이 말하였다. "아룁니다. 산하(山河)가 다른 곳이고 국토가 같지 않지만 어렴풋이 풍교도덕(風敎道德)을 듣고 우러르는 마음이 더할 뿐입니다. 공손히 생각하건대 대왕은 천제의 명을 받아 일본의 기틀을 연 이후 대대로 명군(明君)의 자리를 이어 자손이 번성하였습니다. 저는 황송스럽게도 대국(大國)을 맡아 외람되게 여러 번(蕃)을 함부로 총괄하며, 고려의 옛 땅을 회복하고 부여의 습속을 가지고 있습니다. 그러나 다만 너무 멀어 길이 막히고 끊어졌습니다. 어진 이와 가까이하며 우호를 맺고 옛날의 예에 맞추어 사신을 보내어 이웃을 찾는 것이 오늘에야 비로소 되었습니다."   – 속일본기 –

① 건흥(建興)이라는 독자적 연호가 사용되었다.
② '발해군왕'에서 '발해국왕'으로 승격 책봉되었다.
③ 추격하는 당군을 천문령에서 격파하였다.
④ 당이 신라에게 패강(대동강) 이남의 영유권을 인정하였다.

04

다음 비문이 발견되었던 고분에 대한 설명으로 옳은 것은?

돈 1만매. 이상 1건. 을사년(乙巳年) 8월 12일 영동대장군(寧東大將軍) 백제 사마왕(斯麻王)은 상기의 금액으로 매주(賣主)인 토왕(土王), 토백(土伯), 토부모(土父母), 상하 2000석 이상의 여러 관리에게 문의하여 신지(申地)를 매입해서 능묘를 만들었기에 문서를 작성하여 명확한 증험으로 삼는다. 율령을 따르지 않는다.

① 무덤을 지키는 진묘수가 출토되었다.
② 백제 건국 세력이 고구려계임을 보여준다.
③ 당시 생활 모습을 알려주는 벽화가 그려져 있다.
④ 백제 금동 대향로가 출토된 지역에 위치하고 있다.

위 문제의 저작권은 강민성의 정통한국사에 있으므로 무단으로 전재 또는 복제할 수 없습니다.

05

밑줄 친 '왕'의 업적으로 옳은 것은?

왕이 편찮아 갑오에 정침(正寢)에서 훙서하니, 왕위에 있은 지 26년이며 나이는 51세였다. 왕이 즉위한 처음 8년 동안에 정치 교화가 맑고 상벌이 남발됨이 없고, 빈민을 구휼하고 유학을 중히 여기며 노비를 조사하여 풀어주었다. 중반 이후로는 참소(讒訴)를 믿어 사람들을 많이 죽였고 지나치게 불법(佛法)을 믿었으며 절제함이 없이 사치하였다. 시호를 일러 대성(大成)이라 하였으며, 송악산의 북쪽 기슭에 장사지내고 능호를 헌릉(憲陵)이라 하였다.
　　　　　　　　　　　　　　　　　　　　　　－ 고려사, 세가 －

① 주현공거법(州縣貢擧法)을 제정하였다.

② 문신월과법(文臣月課法)을 시행하였다.

③ 우봉, 토산 등 24현에 감무관을 파견하였다.

④ 귀법사를 창건하고 이곳에 제위보를 설치하였다.

06

밑줄 친 '이들'에 대한 설명으로 옳은 것을 <보기>에서 고른 것은?

고려가 통일 후에 이들에게 직호를 내리고 그 고을 일을 맡게 하니, 주·부·군·현의 이직(吏職)을 개정하여 …… 당대등을 호장으로, 대등을 부호장으로, 낭중을 호정으로, 원외랑을 부호정으로 하였다. 나라에서 지방관을 보내 지방관으로 하여금 통제하게 하고 드디어 강등하여 이들로 만들었다.
　　　　　　　　　　　　　　　　　　　　　　－ 고려사절요 －

보기	
ㄱ. 현종 때 공복(公服)과 정원이 정해졌다.	
ㄴ. 자손의 제술과나 명경과 응시가 모두 불가하였다.	
ㄷ. 최상층인 호장은 사심관이 독자적으로 임명하였다.	
ㄹ. 자신의 근거지를 본관으로 한 토성(土姓)을 받기도 하였다.	

① ㄱ, ㄴ　　　② ㄱ, ㄹ　　　③ ㄴ, ㄷ　　　④ ㄷ, ㄹ

07

(가) 승려에 대한 설명으로 옳은 것은?

선종이 송 황제에게 표문(表文)을 올려 [(가)]의 환국을 간청하자 황제는 조서를 내려 고려로 돌아가는 것을 허락하였다. [(가)]가 예성강에 이르자 선종은 인예태후를 받들고 봉은사까지 나와 기다렸는데, 맞이하고 궁으로 인도하는 의식이 매우 성대하였다. [(가)]는 불전(佛典)과 송의 경서 1,000권을 바치고, …… 요와 송에서 수집한 불교 경전이 4,000권에 이를 정도로 많았는데 모두 목판으로 간행하였다.
　　　　　　　　　　　　　　　　　　　　　　－『고려사』, 열전 －

① 성속무애 사상을 내세워 세속과 통합을 시도하였다.

② 천태종의 입문서가 된『천태사교의』를 저술하였다.

③ 마음을 닦는 비결을 담은『목우자수심결』을 지었다.

④ 원효의 사상을 기반으로 성(性)·상(相)의 대립을 극복하려 하였다.

08

밑줄 친 ㉠의 재위 기간 중에 있었던 사실로 옳은 것은?

신 김종서 등은 진실로 황송하여 머리를 조아리고 또 조아리면서 아뢰옵니다. …… 선왕(先王)께서는 신성(神聖)하신 자질로써 문명의 교화를 밝히시어 신 등에게 명하여 함께 할 관리들을 선임하여 사국(史局)을 열어 편찬하게 하시면서, "전사(全史)를 먼저 편수하고, 그 다음에 편년(編年)을 편수하라" 하셨습니다. 신 등은 공경하고 두려워하면서 명을 받들어 감히 조금도 게을리하지 않았지만 불행히도 글을 올리기도 전 선왕(先王)께서 갑자기 승하하셨습니다. ㉠주상 전하께서 삼가 선왕(先王)의 뜻을 받들어 신들에게 일을 완성하게 하셨습니다.

① 동국병감이 편찬되었다.

② 인보(隣保)제가 시행되었다.

③ 국조보감을 처음 간행하였다.

④ 사가독서제가 처음 시행되었다.

위 문제의 저작권은 강민성의 정통한국사에 있으므로 무단으로 전재 또는 복제할 수 없습니다.

09

(가), (나) 시기 사이에 있었던 사실로 옳은 것은?

> (가) 상(上)이 편전에서 청 사신 한거원을 접견하였는데, 그가 바친 예부의 자문에 "조선에서 포수 1백 명을 선발하여, 회령부를 경유하여 앙방장(昻邦章)의 통솔을 받아 가서 나선(羅禪)을 정벌하되, 3월 초 10일에 영고탑에 도착하시오." 하였다.
>
> (나) 동래 사람 안용복, 흥해 사람 유일부 등이 함께 배를 타고 울릉도에 가서 일본국 백기주(伯耆州)로 들어가 왜인과 서로 송사(訟事)한 뒤 양양현 지경으로 돌아왔으므로, 강원감사 심평이 그들을 잡아가두고 보고하였다.

① 모문룡이 가도에 들어가 주둔하였다.

② 네덜란드인 벨테브레이가 표착하였다.

③ 윤휴 · 허적 등이 도체찰사부를 설치하였다.

④ 청과 국경을 확정하는 백두산정계비가 세워졌다.

10

(가) 제도에 대한 설명으로 옳은 것은?

> 신(臣)이 듣건대, 장차 [(가)] 을/를 시행하려 한다 하지만, 조사(朝士)는 그 녹봉을 받고 또 과전(科田)을 받아 먹고 살게 되는데, 이제부터 나이가 많아 벼슬에서 물러난 신하와 무릇 공경대부의 자손들은 장차 1결의 전지(田地)도 먹을 수 없게 되니, 이른바 대대로 국록(國祿)을 주는 뜻에 어긋나는 듯합니다. 우리나라는 토지가 척박하고 백성은 가난하여 사(士)와 농(農)이 각기 다르니, 만약 녹봉과 조세(租稅)를 받지 않는다면 서민과 다름이 없을 것입니다.

① 수조권 지급 제도가 소멸하였다.

② 수신전과 휼양전이 몰수되었다.

③ 공전이 축소되고, 사전이 확대되었다.

④ 과전의 일부를 하삼도로 이급하는 배경이 되었다.

11

(가) 계층에 대한 설명으로 옳은 것은?

> • 아아, 우리 왕조가 [(가)] 의 벼슬길을 막은 지 300여 년이 되었으니, 폐단이 큰 정책으로 이보다 더한 것이 없습니다. 옛날을 상고해도 그러한 법이 없고, 예법과 형률을 살펴봐도 근거가 없습니다. 이는 건국 초기에 간사한 신하들이 기회를 틈타 감정을 푼 것이 바로 중대한 제한 규정으로 되어 버렸으며, 후대에 요직에 있던 인사들이 공론을 핑계 대어 주장함으로써 명성이 높아지자 오류를 답습하여 하나의 습속을 이루었고, 세대가 차츰차츰 멀어지면서 구습을 따르고 개혁을 하지 못했던 것에 지나지 않습니다.
>
> • 유자광 이후 [(가)] 에 대한 통청을 허락하지 않았는데 이 때에 이르러 여러 [(가)] 들이 통청을 스스로 청하니 조정의 기강이 날로 무너짐을 알 수 있다.

> **보기**
> ㄱ. 『경국대전』의 한품서용 규정을 적용받았다.
> ㄴ. 임진왜란 이후 관직 진출에 대한 차별이 심화되었다.
> ㄷ. 철종 때 간행된 규사에 60여 명의 약전이 기술되어 있다.
> ㄹ. 정조가 발표한 신해허통으로 청요직에 대한 모든 제한이 해제되었다.

① ㄱ, ㄴ   ② ㄱ, ㄷ   ③ ㄴ, ㄹ   ④ ㄷ, ㄹ

12

다음 주장을 펼친 인물에 대한 설명으로 옳은 것을 <보기>에서 고른 것은?

> 의리에 있어서 배우지 않으면 알지 못하고 힘쓰지 않으면 능하지 못하여, 겉으로 행하는 것이 반드시 내면에 진실한 것은 아니다. 그러므로 선(善)을 보고도 선인 줄 알지 못하는 자가 있으며, 선이라는 것을 알고도 마음으로 좋아하지 않는 자가 있으니, 선을 본 때에 이미 스스로 좋아한다고 말할 수 있겠는가. …(중략)… 그러므로 의리의 지행을 합하여 말하면 참으로 서로 필요하고 병행하여 한쪽이 없어서는 안 되지만, 나누어 말하면 지(知)를 행(行)이라 할 수 없는 것은 행(行)을 지(知)라 할 수 없는 것과 같으니, 어찌 합하여 하나라고 할 수 있겠는가.

> **보기**
> ㄱ. 군주 스스로 성학을 따라야 한다는 성학십도를 저술하였다.
> ㄴ. 우리 역사에서 기자의 행적을 주목하여 기자실기를 지었다.
> ㄷ. 이(理)가 운동성이 있다고 파악하여 이의 능동성을 강조하였다.
> ㄹ. 현실 세계를 구성하는 기(氣)를 중시하여 경장(更張)을 주장하였다.

① ㄱ, ㄴ   ② ㄱ, ㄷ   ③ ㄴ, ㄹ   ④ ㄷ, ㄹ

13

다음 사건을 일으킨 국가에 대한 설명으로 옳은 것은?

평안감사 박규수의 장계에, "방금 평양 서윤(庶尹) 신태정이 이달 19일 술시에 보고한 것을 보니, 큰 이양선 1척이 한사정(閑似亭) 상류로 거슬러 올라갔으며, 어제 유시 쯤에는 그들 6명이 작은 푸른색 배를 타고 점점 위로 거슬러 올라갔기 때문에 순영 중군은 그들을 감시하기 위하여 작은 배를 타고 그 뒤를 따랐습니다. 그런데 저들이 갑자기 오더니 중군이 타고 있던 배를 끌어갔고 중군을 그들의 배 안에 억류하였습니다. 그리하여 서윤이 그들의 배 옆에 가서 밤새도록 효유하였지만, 끝내 돌려보내 주지 않았습니다."라고 하였습니다.

　　　　　　　　　　　　　　　　　　　　　　－ 고종실록 －

① 종전을 위해 포츠머스 강화 조약을 중재하였다.

② 조선으로부터 경의선 철도 부설권을 획득하였다.

③ 용암포를 불법 점령하고 한국에 조차를 요구하였다.

④ 순조 때 상선 암허스트호가 조선에 통상을 요구하였다.

14

(가), (나) 시기 사이에 있었던 사실로 옳은 것은?

(가) 정부가 동학 농민군의 폐정개혁 12조를 받아들이면서 화약(和約)이 성립되었다. 이에 따라 동학 농민군은 자진 해산하여 고향으로 돌아갔다.

(나) 일본이 군대를 동원하여 경복궁을 무력 점령하고 흥선 대원군을 섭정으로 하는 새로운 정권을 수립하였다.

① 신식 화폐 발행 장정이 공포되었다.

② 남접과 북접의 농민군이 논산에서 합류하였다.

③ 일본군이 풍도 앞바다에서 청국 군함을 격침시켰다.

④ 정부가 교정청을 설치하고 당상과 낭청을 임명하였다.

15

다음 규정에 따라 운영되었던 학교에 대한 설명으로 옳은 것은?

3. 원(院)은 좌원(左院)과 우원(右院)을 설립하고 각각 학생을 채워서 매일 공부한다.

4. 별도로 과거 급제 출신의 7품 이하 관료로서 젊고 원문(原文)에 밝은 문벌 있는 집안의 재능 있는 사람을 선발하여 10명을 한정해 좌원에 넣어 공부하게 한다. 매일 묘시에 출근하여 신시에 퇴근하게 하되 공부하는 시간은 우원의 규정과 같게 한다.

5. 재주가 있고 똑똑한 나이 15세부터 20세까지의 사람 20명을 선발하여 우원에 넣어 공부하게 한다.

① 우리나라 최초의 근대 학교이다.

② 『사민필지』를 교재로 사용하였다.

③ 교육입국조서 발표를 계기로 설립되었다.

④ 묄렌도르프가 통역관 양성을 위해 설립하였다.

16

(가), (나) 법령 발표 사이에 있었던 사실로 옳지 않은 것은?

(가) 국체를 변혁하거나 사유 재산 제도를 부인하는 것을 목적으로 결사를 조직하거나 또는 사정을 알고 이에 가입한 자는 10년 이하의 징역 또는 금고에 처한다.

(나) 정부는 전시에 국가 총동원상 필요한 경우에는 칙령이 정하는 바에 따라 제국 신민 및 제국 법인, 기타 단체가 국가, 지방 공공 단체 또는 정부가 지정하는 자가 행하는 총동원 업무에 협력하게 할 수 있다.

① 조선 농지령이 공포되었다.

② 조선사상범 보호관찰령이 공포되었다.

③ 총독부가 면양 장려 계획을 발표하였다.

④ 일왕의 칙령으로 국민학교령이 시행되었다.

위 문제의 저작권은 강민성의 정통한국사에 있으므로 무단으로 전재 또는 복제할 수 없습니다.

17

(가), (나)에서 있었던 사실로 옳은 것을 <보기>에서 고른 것은?

> 최근 국내의 한 기자가 『임정로드 4000km』라는 책을 간행하였다. '임정'은 임시 정부의 약칭이고 '로드'는 영어의 '길'을 의미하여 '임시 정부가 이동했던 경로'를 탐방하는 내용이다. 대한민국 임시 정부가 창립 이후 처음 둥지를 틀었던 ▢(가)▢ 에서 최종적으로 정착했던 ▢(나)▢ 까지 이동 거리가 4000km에 달하였으며 그 기간은 만 8년이 걸렸다.

> 보기
> ㄱ. (가) - 국내 운동 지도를 위해 교통국과 연통제를 운영하였다.
> ㄴ. (가) - 민족혁명당에 대항하여 한국국민당을 조직하였다.
> ㄷ. (나) - 민족주의계 3당을 통합하여 한국독립당을 결성하였다.
> ㄹ. (나) - 한국독립군 간부를 주축으로 한국광복군을 편성하였다.

① ㄱ, ㄴ　　② ㄱ, ㄹ　　③ ㄴ, ㄹ　　④ ㄷ, ㄹ

18

밑줄 친 '회의'에 대한 설명으로 옳은 것은?

> 카이로 · 포츠담 선언과 국제 헌장으로 세계에 공약한 한국의 독립 부여는 금번 개최된 회의의 결의로서 수포로 돌아갔으니 다시 우리 3천만은 영예로운 피로써 자주독립을 획득치 아니하면 아니 될 단계에 들어섰다. 동포여! 8 · 15 이전과 이후 피차의 과오와 마찰을 청산하고서 우리 정부 밑에 뭉치자. 그리하여 그 지도하에 3천만의 총역량을 발휘하여서 신탁 관리제를 배격하는 국민운동을 전개하여 자주독립을 완전히 획득하기까지 3천만 전민족의 최후의 피 한 방울까지라도 흘려서 싸우는 항쟁 개시를 선언함.

① 미국, 영국, 중국이 참여하였다.
② 미 군정청의 설치가 결정되었다.
③ 일본군 무장 해제를 위한 38선을 획정하였다.
④ 미 · 소 양국 사령부 대표 회의 소집을 규정하였다.

19

다음 사건의 영향을 받아 나타난 사실로 옳은 것은?

> 게릴라전 특수 훈련을 받은 무장간첩 31명이 1월 13일 청와대 습격 지시를 받고, 우리 국군 복장으로 18일 자정 휴전선 군사 분계선을 넘은 뒤 야간을 이용해 20일 10시경 서울 시내 세검정 고개의 자하문 초소까지 잠입하였다. 초소에서 검문을 받은 그들은 정체가 탄로나자 검문 경찰에게 수류탄을 던지고 기관단총을 난사했으며 지나가던 버스에도 수류탄을 던져 많은 시민을 살상했다. 이날 밤 현장을 지휘하던 최규식 총경이 전사하고 경찰관 2명이 중상을 입었으며 민간인 5명이 살해되었다. 사건 후 곧바로 출동한 군경 합동 수색진에 의해 31일까지 28명이 사살되고 김신조 1명을 생포했으나 2명은 도주하였다.

> 보기
> ㄱ. 한일기본조약이 체결되었다.
> ㄴ. 브라운 각서가 교환되었다.
> ㄷ. 향토 예비군이 창설되었다.
> ㄹ. 고등학교와 대학교에 교련이 시행되었다.

① ㄱ, ㄴ　　② ㄱ, ㄷ　　③ ㄴ, ㄹ　　④ ㄷ, ㄹ

20

(가)~(라)의 화폐에 대한 설명으로 옳지 않은 것은?

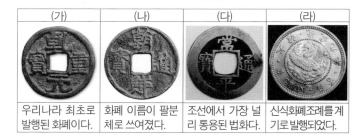

(가)	(나)	(다)	(라)
우리나라 최초로 발행된 화폐이다.	화폐 이름이 팔분체로 쓰여졌다.	조선에서 가장 널리 통용된 법화다.	신식화폐조례를 계기로 발행되었다.

① (가) - 철전으로 주조되었으나, 후에 동전으로도 발행되었다.
② (나) - 세종때 발행한 화폐와 구분하기 위해 인조 때 서체를 바꿔 발행하였다.
③ (다) - 숙종 때 허적의 건의로 중앙 관청과 군영, 각 지방관청에서 주조되었다.
④ (라) - 전환국에서 발행된 최초의 근대 화폐이지만 위조 화폐가 많았다.

위 문제의 저작권은 강민성의 정통한국사에 있으므로 무단으로 전재 또는 복제할 수 없습니다.

01

(가), (나) 시기 사이에 있었던 사실로 옳은 것은?

> (가) 조선 후(侯)의 자손이 점점 교만하고 포학해지자, 연이 장군 진개를 파견하여 그 서쪽 지방을 침공하여 2천여 리의 땅을 빼앗고, 만번한(滿番汗)에 이르러 경계로 삼았으니, 마침내 조선이 쇠약해졌다.
>
> (나) 연나라 사람 위만이 망명하여 오랑캐 복장을 하고 동쪽으로 패수를 건너 준왕에게 와서 항복하였다. 준왕이 그를 신뢰하고 총애하여 규(圭)를 하사하였으며, 1백 리의 땅을 봉해주고, 서쪽 변방을 지키게 하였다.

① 조선 후도 왕을 칭하는 등 체제를 정비하였다.

② 부왕에서 준왕으로 왕위 세습이 이루어졌다.

③ 고조선이 임둔, 진번 등 주변 지역을 정복하였다.

④ 예의 남려가 한(漢)에 투항하자, 한이 창해군을 설치하였다.

02

밑줄 친 '왕'의 재위 기간에 있었던 사실로 옳은 것은?

> 왕이 사신을 북위에 보내 조공하였으며 아울러 송(宋)에도 사신을 보내 조공하였다. 왕이 서거하자 북위의 효문제가 이를 듣고, 흰 위모관(委貌冠)과 베 심의(深衣)를 지어 입고 동쪽 교외에서 애도식을 거행하고, 알자복야(謁者僕射) 이안상을 보내, '거기대장군 태부요동군개국공 고구려왕'을 책립 추증하고, 시호를 강(康)이라 하였다.

① 백제가 신라에 사신을 보내 화친을 청했다.

② 이찬 철부가 처음으로 상대등에 임명되었다.

③ 금관가야가 가야 연맹의 주도권을 상실하였다.

④ 부여의 왕이 고구려에 나라를 들어 항복하였다.

03

(가) 왕의 재위 기간 중에 있었던 사실로 옳은 것은?

> (가) 이 즉위하였다. 휘는 경신(敬信)이고 내물왕의 12세손이다. 선덕왕이 죽고 아들이 없었으니, 군신(群臣)이 후사를 의논하여 왕의 친척 조카인 주원을 세우고자 하였다. 주원은 집이 서울 북쪽으로 20리 떨어진 곳에 있었는데, 때마침 큰 비가 내려 알천의 물이 넘쳐 주원이 건너오지 못했다. 혹자가 말하기를 "인군(人君)은 큰 자리라 본디 사람이 꾀할 수 있는 것이 아니다. 오늘 폭우가 내린 것은 혹여 하늘이 주원을 세우고 싶지 않음이 아닐까. 지금 상대등 경신은 전왕의 아우이며 덕망이 평소에 높아 인군(人君)으로서의 풍체가 있다." 라고 하였다. 이에 의견을 모아 그를 세워 왕위를 잇게 하였다.

① 김헌창의 난이 일어났다.

② 강화도에 혈구진을 설치하였다.

③ 주의 장관이 총관에서 도독으로 개칭되었다.

④ 안승의 조카 대문이 금마저에서 반란을 일으켰다.

04

(가), (나) 시기의 사회 경제 상황으로 옳은 것은?

<신라사의 시기 구분>

삼국유사	상고(上古)		(가)	하고(下古)	
삼국사기	상대(上代)			(나)	하대(下代)

보기

ㄱ. (가) – 수도에 시장을 설치하였다.

ㄴ. (가) – 녹읍과 식읍을 지급하였다.

ㄷ. (나) – 관료전을 지급하고 녹읍을 폐지하였다.

ㄹ. (나) – 청주 거로현을 국학생의 녹읍으로 삼았다.

① ㄱ, ㄴ   ② ㄱ, ㄷ   ③ ㄴ, ㄷ   ④ ㄷ, ㄹ

위 문제의 저작권은 강민성의 정통한국사에 있으므로 무단으로 전재 또는 복제할 수 없습니다.

05

밑줄 친 '왕' 대에 있었던 사실로 옳은 것은?

> 왕 6년 가을에 왜선 300여 척이 전라도 진포(鎭浦)에 침입했을 때 조정에서 최무선의 화약을 시험해 보고자 하였다. 최무선은 부원수에 임명되어 도원수 심덕부·상원수 나세와 함께 배를 타고 화구(火具)를 싣고 바로 진포에 이르렀다. 왜구는 화약이 있는 줄 모르고 배를 한곳에 집결하여 힘을 다하여 싸우려고 하자, 최무선이 화포를 발사해 그 배들을 다 태워 버렸다.

① 과거에 무과(武科)가 설치되었다.

② 이성계가 나하추의 침입을 물리쳤다.

③ 서운관 건의로 한양 천도를 추진하였다.

④ 경상도원수 박위가 쓰시마를 정벌하였다.

06

(가)~(라) 시기에 있었던 사실로 옳은 것은?

	(가)	(나)	(다)	(라)	
역분전 지급	시정전시과 실시	개정전시과 실시	경정전시과 실시	과전법 실시	

① (가) - 개간을 목적으로 사패전이 지급되었다.

② (나) - 지리업자 등에게 별사전이 지급되었다.

③ (다) - 세습이 허용되는 양반공음전시법이 제정되었다.

④ (라) - 지방의 한량관(閑良官)에게 군전(軍田)을 지급하였다.

07

(가) 인물에 대한 설명으로 옳은 것은?

> [(가)] 이/가 학교가 나날이 쇠퇴하는 것을 근심하여 양부(兩府)에 다음과 같이 의론하였다. "재상의 직무로 인재를 교육하는 것보다 우선은 없습니다. 그런데 지금 양현고가 텅텅 비어 선비들을 기를 수 없습니다. 청컨대 6품(品) 이상은 각각 은 1근을 내게 하고 7품 이하는 베를 차등 있게 내도록 한 후, 이를 양현고로 보내어 거둬들인 베는 그대로 두고 이자만 받아서 섬학전으로 삼아야 합니다." 양부가 이를 좇아 아뢰니, 왕이 내고(內庫)의 전곡을 내어 도와주었다.
> – 『고려사』, 열전 –

① 성리학의 대강을 그림으로 설명한 『학자지남도』를 저술하였다.

② '동방 이학의 조(祖)'로 불렸으며 문충(文忠)이란 시호를 받았다.

③ 만권당에서 원의 학자들과 교류하였고 『익재난고』를 저술하였다.

④ 원에서 『주자전서』를 필사하고 공자 화상을 그려 가지고 돌아왔다.

08

(가) 왕 대에 있었던 사실로 옳지 않은 것은?

> 창덕궁은 [(가)] 때 북악산 응봉자락에 경복궁의 이궁으로 지어졌으며 임진왜란 때 소실되어 광해군 때 재건되었는데, 흥선대원군에 의해 경복궁이 중건되기 전까지 조선의 법궁(法宮) 역할을 하였다. 창덕궁은 한국 궁궐 건축의 비정형적 조형미를 대표하고 있으며, 후원은 각 권역마다 정자, 연못, 괴석이 어우러져 비원으로 알려져 있다. 현재 남아있는 조선의 궁궐 중 그 원형이 가장 잘 보존되어 있어 1997년 유네스코 세계유산으로 등록되었다.

① 간쟁을 담당하는 사간원을 독립시켰다.

② 의정부의 상소에 따라 신문고를 설치하였다.

③ 중추원을 폐지하고 삼군부로 군사 업무를 이관하였다.

④ 노비의 종부법(從父法)을 시행하여 양인을 확보하였다.

위 문제의 저작권은 강민성의 정통한국사에 있으므로 무단으로 전재 또는 복제할 수 없습니다.

09

(가)에 대한 설명으로 옳은 것은?

> 비망기(備忘記)로 전교하였다. "오늘의 적세(賊勢)가 매우 염려되는데 전부터 일을 처리하는 것이 이완되어 적의 난리를 겪는 2년 동안 군사 한 명을 훈련시키거나 기계 하나를 수리한 것이 없이, 명나라 군대만을 바라보며 적이 제발로 물러가기만을 기다렸으니 불가하지 않겠는가. 전일에 군대를 훈련시킬 것으로 전교하였으나 내 말이 시행될 수 없었다. 나의 생각에는 따로 __(가)__ 을/를 설치하여 합당한 인원을 차출해서 장정을 뽑아 날마다 활을 익히기도 하고 포를 쏘기도 하여 모든 무예를 훈련시키도록 하고 싶으니, 의논하여 처리하라."

① 후금과의 항쟁 과정에서 설치되었다.

② 척계광의 『기효신서』를 훈련 교범으로 삼았다.

③ 선무군관포 징수로 재정 기반이 마련되었다.

④ 갑오개혁 때 군제 개혁의 일환으로 폐지되었다.

10

(가), (나) 제도에 대한 설명으로 옳은 것을 <보기>에서 고른 것은?

> (가) 선조 41년 5월, 처음에 영의정 이원익이 아뢰었다. "각 고을의 진상과 공물이 각 관청의 방납인에 막혀 물건값이 3~4배에서 수십~수백 배가 되어 폐해가 큽니다. 특히 경기도가 심합니다. 지금 따로 담당 관청을 설치하여 해마다 봄·가을에 백성들에게 토지 1결마다 2번에 걸쳐 각각 8두씩 거두어 들이게 하고, 담당 관청은 때에 따라 물가와 시세를 보아 쌀을 방납인에게 지급하여 수시로 물건을 조달하도록 해야겠습니다." …… 왕이 이를 받아들였다.
>
> (나) 영조 26년 7월, 양역을 절반으로 줄이라고 명하였다. "구전은 한 집안에서 거둘 때 주인과 노비의 명분이 문란해진다. 결포는 정해진 세율이 있어 더 부과하기가 어렵다. …… 호포나 결포는 모두 문제되는 바가 있다. 이제는 1필로 줄이도록 그 대책을 강구하라."

보기
ㄱ. (가) - 흥선 대원군 집권기에 폐지되었다.
ㄴ. (나) - 양반들도 군포를 부담하는 결과를 초래하였다.
ㄷ. (가), (나) - 조세의 전세화 현상을 진전시켰다.
ㄹ. (가), (나) - 선혜청에서 담당 업무를 주관하였다.

① ㄱ, ㄴ　　　 ② ㄱ, ㄷ　　　 ③ ㄴ, ㄹ　　　 ④ ㄷ, ㄹ

11

(가), (나)에 대한 설명으로 옳은 것은 <보기>에서 모두 몇 개인가?

> 이조에서 아뢰기를, "__(가)__ 을/를 혁파하여 없앤 뒤부터 향풍(鄕風), 습속들이 날로 각박해지는 듯하니, 이를 다시 설립하는 것이 좋을 듯합니다. 그런데 이 기구가 작폐(作弊)한 것은 과연 논의된 것과 같습니다. 그러니 여러 군읍의 __(나)__ 로 하여금 향리에 거주하는 자로서 일찍이 현직을 지냈고 사리를 잘 아는 사람을 뽑아서 맡기도록 하고, 부(府) 이상은 정원을 4인으로 하고, 군(郡) 이하는 3인으로 정하여 __(가)__ 의 좌수(座首)와 색장(色掌)을 삼아서 향풍을 규찰하게 하며, 만일 사사로움을 끼고 작폐하는 자가 있으면 관찰사나 __(나)__ 에서 탄핵하여 철저히 징계하게 하소서." 하니, 그대로 따랐다.

보기
ㄱ. (가) - 성종 때 사림 세력에 의해 부활되었다.
ㄴ. (가) - 풍속을 교화하고, 향리를 규찰하였다.
ㄷ. (나) - 임진왜란 이후 기능이 더욱 강화되었다.
ㄹ. (가), (나) - 고려의 사심관 제도에서 유래하였다.

① 1개　　　 ② 2개　　　 ③ 3개　　　 ④ 4개

12

다음 내용이 기록된 사서에 대한 설명으로 옳은 것은?

> 정통은 단군·기자·마한·신라 문무왕 9년 이후·고려 태조 19년 이후를 말한다. 신라는 고구려에 대해 나라를 합병한 예를 썼으므로 통일한 이듬해에 정통을 이었다. 고려는 견훤에게 도적을 평정한 예를 썼으므로 통합한 해에 정통을 이었다. 무통(無統)은 삼국이 병립한 때를 말한다. 구사(舊史)에는 백제가 의자왕에서 그쳤으나, 의자왕 뒤에 왕자 풍이 3년 동안 즉위하였으므로 이제 풍으로 대를 이었다.

① 고구려의 전통을 강조하면서 발해의 고토 회복을 강조하였다.

② 조선의 자연, 풍속, 인성의 독자성을 강조하는 풍토사관이 담겨 있다.

③ 500여 종의 중국 및 일본의 자료를 참고하여 기전체로 서술하였다.

④ 고조선부터 고려말까지의 역사를 성리학적 사관에 따라 기술하였다.

위 문제의 저작권은 강민성의 정통한국사에 있으므로 무단으로 전재 또는 복제할 수 없습니다.

13

(가), (나) 조약에 대한 설명으로 옳은 것은?

(가)	제6칙 이후 조선국 항구에 주류(駐留)하는 일본 인민은 양미(糧米)와 잡곡을 수출입할 수 있다. 제7칙 일본국 정부에 소속된 모든 선박은 항세(港稅)를 납부하지 않는다.
(나)	제37관 만약 조선국에 가뭄, 홍수, 전쟁 등의 일로 인해 국내에 식량이 부족할 것을 염려하여 잠시 미곡 수출을 금지하면 반드시 먼저 1개월을 기약해 지방관이 일본 영사에게 알려 미리 그 기간을 항구에 있는 일본 상인에게 알려 일률적으로 준수하는 데 편리하게 한다.

① (가) – 개항장에서 일본 화폐 유통을 허용하였다.

② (나) – 일본 상인의 간행이정을 제한하였다.

③ (나) – 조선에 대한 일본의 최혜국 대우를 인정하였다.

④ (가), (나) – 조일수호조규의 부속 조약으로 체결되었다.

14

(가) 기관의 설립 배경으로 옳은 것은?

제1조　[(가)]은/는 다음 사항을 심사 의정하는 처소로 할 것
　1. 법률 칙령 제정 폐지 및 개정에 관한 사항. 2. 의정부에서 의논하여 상주하는 일체 사항. 3. 칙령을 인하여 의정부에서 자문하는 사항. 4. 의정부에서 임시 건의에 대하여 자문하는 사항. 5. 인민이 헌의하는 사항.
제3조 의장은 태황제 폐하께옵서 특별히 조칙을 내려 임명하시고 부의장은 중추원이 공천하면 조칙을 내려 임명하시고, 의관은 반수(半數)는 정부에서 국가에 공로가 있는 자로 회의를 통해 추천하고 반수는 인민 협회 중에서 27세 이상 되는 회원들이 정치 법률 학식에 통달한 자를 투표하여 선거할 것.

① 대한국 국제 9조가 반포되었다.

② 관민공동회에서 헌의 6조를 채택하였다.

③ 초정부적 기구인 군국기무처가 설치되었다.

④ 전·현직 관리들이 고종에게 칭제건원을 건의하였다.

15

밑줄 친 '본회'에 대한 설명으로 옳은 것은?

제2절 본회 목적의 실행 방법은 다음과 같다.
　1. 신문, 잡지와 서적을 간행하여 인민의 지식을 계발한다.
　1. 정미(精美)한 학교를 건설하여 인재를 양성한다.
　1. 실업가에 권고하여 영업의 방침을 지도한다.
　1. 본회는 국내, 해외를 논하지 않고 애국심이 있는 동포로 일체 단합한다.
　1. 회원이 산재하는 각 구역에 연락 기관을 분산 배치하여 교통의 방편을 힘쓴다.
　1. 실력을 확장하여 국체(國體)를 완전하게 한다.

① 기회주의 배격을 강령으로 내세웠다.

② 전국에 지회를 설치하고 월보를 간행하였다.

③ 합법적인 외곽 단체로 청년학우회를 결성하였다.

④ 입헌 군주 체제의 근대 국민 국가 수립을 목표로 삼았다.

16

(가), (나) 선언문에 대한 설명으로 옳은 것은?

(가) 융희 황제가 삼보를 포기한 8월 29일은 즉 우리 동지가 삼보를 계승한 8월 29일이니 그동안 순간도 멈춘 적이 없음이라. 우리 동지는 완전한 상속자이니 저 제권 소멸의 시점이 즉 민권 발생의 시점이요, 구한국 최종의 1일은 즉 신한국 최초의 1일이니 …(중략)… 경술년 융희 황제의 주권 포기는 즉 우리 국민 동지에 대한 묵시적 선양이니 우리 동지는 당연히 삼보를 계승하여 통치할 특권이 있고 또 대통을 상속할 의무가 있도다.

(나) 전조선 청년 독립단은 우리 2,000만 조선 민족을 대표하여 정의와 자유의 승리를 얻은 세계 만국 앞에 독립을 기성(期成)하기를 선언하노라. …(중략)… 우리 민족은 정당한 방법으로 우리 민족의 자유를 추구할 것이나, 만일 이로써 성공하지 못하면 우리 민족은 생존의 권리를 위하여 온갖 자유행동을 취하여 최후의 일인까지 자유를 위하는 열혈을 흘뿌릴 것이니 어찌 동양 평화의 재앙의 근원이 아니겠는가.

① (가) – 임시 정부 수립을 주장하였다.

② (가) – 민족 자결주의의 영향을 받았다.

③ (나) – 최남선에 의해 작성되었다.

④ (나) – 중국 지린에서 민족 대표 39인 명으로 발표되었다.

위 문제의 저작권은 강민성의 정통한국사에 있으므로 무단으로 전재 또는 복제할 수 없습니다.

17

다음의 작품이 발표될 당시에 볼 수 있는 모습으로 가장 적절한 것은?

> 지금은 남의 땅 — 빼앗긴 들에도 봄은 오는가?
>
> 나는 온몸에 햇살을 받고,
>
> 푸른 하늘 푸른 들이 맞붙은 곳으로,
>
> 가르마 같은 논길을 따라 꿈 속을 가듯 걸어만 간다.
>
>   …… 중략 ……
>
> 나는 온몸에 풋내를 띠고,
>
> 푸른 웃음, 푸른 설움이 어우러진 사이로,
>
> 다리를 절며 하루를 걷는다. 아마도 봄 신령이 지폈나 보다.
>
> 그러나 지금은 — 들을 빼앗겨 봄조차 빼앗기겠네.

① 화신 백화점에서 물건을 구입하는 신사

② 토막 공연에 출연하는 '극예술 연구회' 회원

③ 경복궁에서 열린 조선물산공진회를 관람하는 여성

④ '카프(KAPF)'에 가입 원서를 제출하는 예술가

18

밑줄 친 '국회'가 활동하였던 기간 중에 있었던 사실로 옳은 것은?

> 국회에서 개헌안을 기립 표결하였다. 이승만 대통령의 재선을 위한 개헌안이 국회에 상정되었으나 부결된 후 계엄령 선포, 국회의원 체포 등 국회가 위축된 상황을 틈타 정부는 재차 개헌을 추진하였다. 이에 대통령 직선제, 상하 양원제를 추구하였던 기존 개헌안에 국무위원에 대한 국회의 불신임 결의권 등을 추가한 개헌안이 국회에 상정되었다. 개헌안은 기립 표결 방식으로 통과되어 제1차 개정 헌법이 공포되었다.

① 진보당 사건이 발생하였다.

② 여당인 자유당이 창당되었다.

③ 귀속재산 처리법이 제정되었다.

④ 야당 의원을 중심으로 호헌동지회를 결성하였다.

19

다음 선언이 발표되었을 당시의 상황으로 가장 적절한 것은?

> 1. 남과 북은 핵무기의 시험·제조·생산·접수·보유·저장·배치·사용을 하지 아니한다.
>
> 2. 남과 북은 핵에너지를 오직 평화적 목적에만 이용한다.
>
> 3. 남과 북은 핵 재처리 시설과 우라늄 농축 시설을 보유하지 아니한다.
>
> 4. 남과 북은 한반도의 비핵화를 검증하기 위하여 상대측이 선정하고 쌍방이 합의하는 대상들에 대하여 남북 핵통제 공동 위원회가 규정하는 절차와 방법으로 사찰을 실시한다.

① 남북 고향방문단 교류가 이루어졌다.

② 남북 고위급 회담이 진행되었다.

③ 남북한 유엔 동시 가입이 추진되었다.

④ 북미 제네바기본합의서가 체결되었다.

20

(가) 지역에서 일어난 사실로 옳은 것은?

>   (가)   에서 적도들이 일어나자 최충헌이 대장군 정언진을 파견하였다. 정언진은 도착하여 환난을 없애는 기도를 한다며 성황사로 가서 무당에게 은밀히 적을 잡을 방법을 알려주었다. 어느 날 적도인 도령(都領) 이비(利備) 부자가 사당으로 와서 몰래 기도를 드리자, 무당이 속이며 자신의 집으로 데려가서 술을 먹여 취하게 하고는 정언진에게 압송하였다. 적(賊)들이 기계현을 노략질하자 부사(副使) 이유성이 군대를 진격시켜 공격하니 적의 우두머리 패좌(孛佐)가 높은 곳에 올라가 멀리 살펴보고는 도망하려 하였다. 장군 방수정이 두 아들을 데리고 먼저 올라 힘을 다해 공격하자, 사졸들도 그 틈을 타 적의 머리 1,000여 급(級)을 베고 250여 명을 사로잡았다.
>
>   – 고려사 –

① 이언적을 배향한 옥산 서원이 건립되었다.

② 조위총이 정중부 타도를 기치로 난을 일으켰다.

③ 도의선사가 선종 9산 선문 중 가지산파를 개창하였다.

④ 현존 세계 최고(最古)의 금속활자본인 직지심체요절이 간행되었다.

위 문제의 저작권은 강민성의 정통한국사에 있으므로 무단으로 전재 또는 복제할 수 없습니다.

01

다음 자료에 해당하는 나라에 대한 설명으로 옳은 것은?

> • 장성의 북쪽에 있는데 현도에서 천여 리쯤 떨어져 있다. 남쪽으로는 고구려, 동쪽으로는 읍루, 서쪽으로는 선비, 북쪽에는 약수와 접해 있다. 영토는 2천리이며 가호는 8만이었습니다. 토질은 오곡을 가꾸기에는 알맞지만, 과일은 생산되지 않았다.
> • 음식을 먹고 마시는 데에 모두 조두(俎豆, 나무로 만든 그릇)를 사용하고, 회합을 할 때에는 술잔을 주고[拜爵] 술잔을 닦는[洗爵] 예(禮)가 있고 출입할 때에는 주인과 손님 사이에 읍양(揖讓)하는 예가 있다.
> — 후한서 동이열전 —

① 서옥제라는 결혼 풍습이 있었다.

② 큰 새의 깃털을 장례에 사용하였다.

③ 철(凸)자 모양과 여(呂)자 모양 집터를 남겼다.

④ 전쟁을 할 때 소를 잡아 그 발굽을 살펴 길흉을 점쳤다.

02

밑줄 친 '왕'에 대한 설명으로 옳은 것은?

> 왕 21년 겨울 11월, 사신을 양(梁)나라에 보내 조공하였다. 이보다 앞서 고구려에게 격파당하여 쇠약해진 지가 여러 해였다. 이때 이르러 표를 올려, "여러 차례 고구려를 깨뜨려 비로소 우호를 통하였으며 다시 강한 나라가 되었다"라고 일컬었다. 12월에 양 고조(高祖)가 조서를 보내 왕을 책봉하여 다음과 같이 말하였다. "행도독백제제군사진동대장군(行都督百濟諸軍事鎭東大將軍) 백제 왕 여융(餘隆)은 해외에서 번병(藩屏)을 지키며 멀리 와서 조공을 바치니 그의 정성이 지극하여 짐은 이를 가상히 여긴다. 마땅히 옛 법에 따라 이 영광스러운 책명을 보내는 바, 사지절도독백제제군사영동대장군(使持節都督百濟諸軍事寧東大將軍)으로 봉함이 가하다." — 삼국사기 백제본기 —

① 신라의 왕녀를 맞아 혼인을 하였다.

② 박사 고흥에게 사기를 편찬하도록 하였다.

③ 지방에 22개의 담로를 두고 왕족을 파견하였다.

④ 효성과 우애가 지극하여 당시에 해동증자라 불렸다.

03

(가), (나) 왕에 대한 설명으로 옳은 것을 <보기>에서 고른 것은?

> [(가)] 때 예부(禮部)의 하위 관청으로 국학(國學)이 설치되어 인재를 교육하고 양성하는 역할을 담당하였다. 경덕왕 대에 국학은 태학감(太學監)으로 이름을 바꾸었으나, 바로 뒤이은 혜공왕 대에 다시 국학이라는 명칭을 회복하였다. [(나)] 때는 유교 경전의 이해 수준을 시험하여 관리를 채용하는 독서삼품과가 설치되었다. 국학에서 수학하던 학생들은 일종의 졸업 시험인 독서삼품과를 거쳐 관직에 나갔던 것으로 보인다.

보기
ㄱ. (가) – 상원사 동종을 제작하였다.
ㄴ. (가) – 감은사지 3층 석탑을 건립하였다.
ㄷ. (나) – 백률사 석당(石幢)을 세웠다.
ㄹ. (나) – 서역인 모습의 무인상이 있는 괘릉(掛陵)에 안장되었다.

① ㄱ, ㄴ   ② ㄱ, ㄷ   ③ ㄴ, ㄹ   ④ ㄷ, ㄹ

04

다음 도표의 신분제에 대한 설명으로 옳지 <u>않은</u> 것은?

등급	관등명	진골	6두품	5두품	4두품
1	이벌찬				
2	이찬				
3	잡찬				
4	파진찬				
5	대아찬				
6	아찬				
7	일길찬				
8	사찬				
9	급벌찬				
10	대나마				
11	나마				
12	대사				
13	사지				
14	길사				
15	대오				
16	소오				
17	조의				

① 4두품은 황색 관복만을 입을 수 있었다.

② 진골은 관등에 따라 관복의 색이 달라졌다.

③ 득난(得難)은 시랑(侍郎)과 경(卿)에 오를 수 없었다.

④ 5두품과 6두품에게는 중위제(重位制)가 적용되었다.

05

(가), (나) 시기 사이에 있었던 사실로 옳은 것은?

> (가) 이자겸과 척준경이 왕을 위협하여 남궁(南宮)으로 거처를 옮기고, 안보린, 최탁, 권수, 고석 및 숙위하던 좌복야 홍관 등 17인을 죽였다.
>
> (나) 묘청과 유참이 분사시랑 조광 등과 함께 서경에서 반란을 일으켰다. 국호를 대위라 하고 연호를 천개로 하였으며 관속을 두었고 그 군대는 천견충의라고 이름하였다.

① 강조가 정변을 일으켜 왕을 폐위시켰다.

② 교장의 목록인 신편제종교장총록을 편찬하였다.

③ 김부식이 왕명에 따라 『삼국사기』를 편찬하였다.

④ 15개조 유신령을 발표하고 대화궁을 건설하였다.

06

밑줄 친 '왕' 대의 사실로 옳은 것은?

> 왕 12년 2월에 양경(兩京)과 12목(牧)에 이것을 설치하고 교서를 내리기를, "『한서(漢書)』 식화지에 '천승(千乘)의 나라에는 반드시 천금(千金)의 돈을 가지고 있어서 그 해가 풍년인지 흉년인지에 따라 곡식을 팔거나 사들이는데, 민(民)에게 여유가 있으면 싼 값에 거두어들이고 민에게 부족함이 있으면 비싼 값으로 내어놓는다.'라고 하였다. 지금 이 법에 의거하여 시행하고 있는데, …(중략)… 이것으로써 가난하고 약한 사람들을 구제하도록 하라."라고 하였다.

① 흥왕사를 건립하고, 한양을 남경으로 승격하였다.

② 혜민국을 세워 백성들의 질병 치료를 담당하게 하였다.

③ 환구단(圜丘壇)을 세워 풍요를 기원하는 제사를 지냈다.

④ 평양에 기자 사당을 세우고 교화지주(敎化之主)로 제사하였다.

07

밑줄 친 '대사'에 대한 설명으로 옳은 것은?

> 무자년 여름 5월 유생 여러 명이 개경에서 내려와 뵈니 대사(大師)가 제자로 받아들여 머리를 깎고 『묘법연화경(妙法蓮華經)』을 가르쳐 통달하게 하였다. 이후 주위에서 높은 소문을 듣고 신행(信行)이 있는 자들이 자주 찾아와 점점 큰 모임이 되었다. 임진년 여름 4월 8일 처음 보현도량(普賢道場)을 결성하고 법화삼매(法華三昧)를 수행하여, 극락정토에 왕생하기를 구하였는데, 모두 천태삼매의(天台三昧儀)를 그대로 따랐다.
>
> – 동문선 –

① 백련결사를 제창하여 탐진현 토착 세력의 호응을 받았다.

② 유불일치설을 주장하였으며 저서로 『선문염송』을 남겼다.

③ 간화선(看話禪)을 수행 방법으로 택한 임제종을 전파하였다.

④ 이통현의 화엄 사상을 수용하여 『원돈성불론』을 저술하였다.

08

다음은 어느 인물의 연보이다. 이 인물에 대한 설명으로 옳지 <u>않은</u> 것은?

> 1548년(13세) 진사과 복시에 합격하다.
>
> 1564년(29세) 식년 문과에 장원 급제하다. 호조 좌랑(정6품)에 임명되다.
>
> 1568년(33세) 천추사(千秋使)의 서장관으로 임명되다.
>
> 1569년(34세) 홍문관 부교리(종5품)가 되다.
>
> 1582년(47세) 이조판서(정2품)에 임명되다.
>
> 1584년(49세) 사망하다.

① 13세에 백패를 받았다.

② 29세에 상참에 참여할 수 있었다.

③ 34세에 근무 일수와 관계없이 임명되었다.

④ 47세에 임명 과정에서 서경의 대상이 되지 않았다.

09

(가), (나) 시기 사이에 있었던 사실로 옳은 것은?

> (가) 명군의 일대(一隊)는 본국의 관군과 더불어 평양성의 함구문으로 들어가고, 일대는 보통문으로 들어가고, 일대는 밀덕(密德)의 적성(赤城)에 올라 기병과 보병이 구름처럼 모여들어 사면으로 공격하며 쳐죽이니 많은 적이 무너졌습니다.
>
> (나) 척후가 계속해서 보고하기를 "적이 좌우익으로 나뉘어 각각 홍기와 백기를 들고 홍제원으로부터 행주를 향해 오고 있다." 하였다. 권율이 즉시 군중에 동요하지 말라는 영을 내리고 대에 올라 바라보니 5리쯤 떨어진 들판에 적의 무리가 가득했다.

① 조·명 연합군이 고양의 벽제관에서 일본군에 패하였다.

② 이순신이 최초로 거북선을 동원하여 왜선 10여척을 격침하였다.

③ 원균이 이끄는 조선 수군이 칠천량 해전에서 처참히 패배하였다.

④ 최경회, 김천일의 분전에도 불구하고 진주성이 왜군에 함락되었다.

10

다음 주장에 동조했던 붕당에 대한 설명으로 옳은 것은?

> 좌참찬 송준길이 상소하기를, "선왕(先王)의 초상을 당하여 그 복제(服制)에 대한 문제는 신(臣)도 참여하여 들은바 있는데, 창황한 즈음이라서 미처 주소(注疏)의 여러 설까지 세밀히 상고하지는 못했으나 그 사이에는 사실 다소의 우여곡절이 있었고, 또 다소 의심스러운 곳이 없었던 것도 아닙니다. 대신들 뜻이 모두, 국조(國朝) 전례(典禮)로는 자식을 위하여 3년복을 입는 제도는 사실 없고 고례(古禮)로 하더라도 명명백백하게 밝혀놓지 않았기 때문에, 혹시 후일 후회스러운 일이 있을지 모를 바에야 차라리 국조 전례를 그대로 따르는 것이 낫다고들 하였습니다. 그리하여 신도 다른 소견 없이 드디어 기년제로 정했던 것입니다." 하였다.

① 경신환국으로 다시 집권하였다.

② 정여립 모반 사건으로 피해를 입었다.

③ 갑술환국을 계기로 정권에서 멀어졌다.

④ 임오화변을 계기로 시파와 벽파로 분화되었다.

11

(가)의 재위 기간 중에 있었던 사실로 옳은 것은?

> [(가)] 께서는 중년에 이르도록 동궁이 오래도록 비어 있었는데, 경술년에 성자(聖子)가 탄생하였으므로 드디어 세자로 정할 것을 명하였습니다. 왕위에 오른 나이는 오히려 주(周)나라 성왕보다도 어렸으며, 상사(喪事)를 당하여 곡읍(哭泣)하는 것을 법도에 맞게 하였고, 전궁(殿宮)에 대해서는 효성을 극진히 하였습니다. 천주교가 윤서(倫序)를 더럽히고 서북의 도적이 반란을 일으키자, 노하지 않고도 위엄이 드날려 어려운 기운이 깨끗이 평정되었습니다.

① 『만기요람』이 편찬되었다.

② 삼정이정청이 설치되었다.

③ 창덕궁에 대보단을 건립하였다.

④ 유배중에 김정희가 세한도를 그렸다.

12

밑줄 친 '변고'의 결과로 옳은 것은?

> 오늘날의 변고를 차마 말할 수 있겠습니까? 승여(乘輿)가 두 번이나 파천(播遷)하고 궁궐이 마침내 전쟁터가 되었으니, 이는 참으로 만고에 없던 변고입니다. 저들이 군부(君父)를 위협하고 속여서 외병(外兵)을 불러들여 궁궐을 짓밟고 정승들을 살해하여 우리 전하로 하여금 그들의 제재를 받게 하여 각전(各殿)과 각궁(各宮)에 이르기까지 일체를 장악하여 하룻밤 사이에 갑자기 하늘까지 닿을 재앙을 이루었습니다.

① 조·일 수호 조규 속약이 체결되었다.

② 내정 개혁을 위해 교정청을 설치하였다.

③ 조선에 주둔하던 청·일 양군이 철수하였다.

④ 대원군을 섭정으로 하는 김홍집내각이 수립되었다.

13

(가) 기관이 추진했던 개혁 내용으로 옳은 것은?

> [(가)]은/는 국내의 크고 작은 일을 전적으로 의논한다. 총재 1원은 총리대신이 겸임하고, 부총재 1원은 의원 중에서 품계가 높은 사람이 겸임하며, 회의원(會議員)은 10인 이상 20인 이하이고, 서기관은 3인인데 1인은 총리대신의 비서관을 겸임한다.　　－ 고종실록 －

① 전국을 23부 337군으로 재편하였다.

② 중앙에 친위대, 지방에 진위대를 설치하였다.

③ 평식원을 설치하여 도량형 규칙을 제정하였다.

④ 왕실에 관한 여러 업무를 총괄하는 궁내부를 설치하였다.

14

다음 주장을 입증하기 위한 근거 자료로 적절한 것은 <보기>에서 모두 몇 개인가?

> 독도는 대한민국의 고유 영토이다. 독도는 지리적으로 울릉도에서 87.4km 떨어져 있어 육안으로 바라 볼 수 있다. 『세종실록지리지』에는 '울릉도와 독도, 두 섬이 서로 거리가 멀지 않아 날씨가 맑으면 바라볼 수 있다' 고 기록하고 있다. 예로부터 울릉도 주민들은 독도를 울릉도의 부속섬으로 인식하고 있었고, 조선 시대 관찬 문서인 『만기요람』에는 '독도가 울릉도와 함께 우산국의 영토였다' 는 내용이 기록되어 있다.

보기

ㄱ. 1667년 저술된 은주시청합기

ㄴ. 1870년 작성한 조선국교제시말내탐서

ㄷ. 1875년 제작된 삼국접양지도

ㄹ. 1877년 시마네현에 하달된 태정관 지령

ㅁ. 1905년 2월 22일 발표된 시마네현 고시 제40호

① 2개　　　② 3개　　　③ 4개　　　④ 5개

15

다음 법령이 시행되고 있었던 시기에 있었던 사실로 옳은 것은?

> 제2조 국어를 상용하는 자의 보통교육은 소학교령, 중학교령, 고등여학교령에 의한다.
> 제3조 국어를 상용하지 않는 자에게 보통교육을 실시하는 학교는 보통학교, 고등보통학교, 여자 고등보통학교로 한다.
> 제5조 보통학교의 수업 연한은 6년으로 한다.

① 함흥에서 조선어학회 사건이 일어났다.

② 조선일보가 문자보급운동을 전개하였다.

③ 사립학교규칙과 서당규칙을 제정하였다.

④ 보통학교령, 고등여학교령을 제정하였다.

16

(가) 단체에 대한 설명으로 옳은 것은?

> 최흥식, 유상근이 치안유지법 위반, 살인 예비, 폭발물 취체 등 죄명으로 일제의 관동주 재판소의 공판에 회부되다. 최흥식, 유상근은 대한민국 임시 정부 주석 김구를 수령으로 하는 애국 단체인 [(가)]의 단원으로 김구의 밀명을 받고 1932년 5월 26일 국제연맹조사단 리튼경 일행이 다롄[大連]에 상륙하는 기회를 이용하여 조사단과 만철 총재, 관동청 장관 기타 일제의 요로(要路) 대관을 암살할 계획을 품고 상하이에서 폭탄과 무기를 휴대하고 다롄에 잠입하여 기회를 노리다가 4월 23일에 일본 헌병에 의하여 검거되어 취조를 받아 왔다.
> 　　　　　　　　　　　　　　　　　－ 동아일보 1933. 4. 9 －

① 강우규의 투탄 의거로 널리 알려졌다.

② 경성 부민관 투탄 의거를 주도하였다.

③ 난징에 조선 혁명 간부 학교를 세웠다.

④ 상하이 사변의 발단이 된 의거를 일으켰다.

위 문제의 저작권은 강민성의 정통한국사에 있으므로 무단으로 전재 또는 복제할 수 없습니다.

17

(가), (나) 인물에 대한 설명으로 옳은 것은?

> (가) 그는 조선민속학회를 창설하고 우리나라 최초의 민속학회지인 『조선민속』을 창간하였다. 또한 신민족주의 사관에 입각해서 『조선민족사개론』을 저술하였다. 이 책은 본격적인 개설서로서 그의 야심적 노작이었으나, 건강 문제로 신라 말까지의 상권밖에 나오지 못하였다.
>
> (나) 그는 광개토왕릉비문을 연구하여 일본인의 잘못된 고대사 연구를 바로잡는데 기여하였고, 양명학에 관심을 가지고 일련의 양명학자들의 학문을 추적하였고, 동아일보에 『양명학연론(陽明學演論)』을 연재하였다.

> 보기
> ㄱ. (가) – 진단학회의 위원으로 선출되어 실무를 담당하였다.
> ㄴ. (가) – 한국사에 중세의 존재를 강조하여 정체성론에 대항하였다.
> ㄷ. (나) – '5천년간 조선의 얼'을 동아일보에 연재하였다.
> ㄹ. (나) – 근대 외교사에 대한 연구를 통해 『대미관계50년사』를 저술하였다.

① ㄱ, ㄴ　　② ㄱ, ㄷ　　③ ㄴ, ㄹ　　④ ㄷ, ㄹ

18

(가), (나) 시기에 있었던 사실로 옳은 것을 모두 고르면?

	(가)	(나)	
인천상륙작전	장진호 전투		1 · 4 후퇴

> 보기
> ㄱ. (가) – 한국과 미국이 대전협정을 체결하였다.
> ㄴ. (가) – 국군과 유엔군이 평양을 탈환하였다.
> ㄷ. (나) – 중국 인민군이 참전하였다.
> ㄹ. (나) – 흥남 철수 작전이 단행되었다.

① ㄱ, ㄴ　　② ㄱ, ㄷ　　③ ㄴ, ㄹ　　④ ㄷ, ㄹ

19

(가), (나)를 발표했던 민주화운동의 결과로 옳은 것은 모두 몇개인가?

> (가) 우리는 왜 총을 들 수밖에 없었는가? …(중략)… 18일 아침에 각 학교에 공수 부대를 투입하고 이에 반발하는 학생들에게 대검을 꽂고 '돌격, 앞으로'를 감행하였고, 이에 우리 학생들은 다시 거리로 뛰쳐나와 정부 당국의 불법 처사를 규탄하였던 것입니다.
>
> (나) 국민 합의 배신한 4 · 13 호헌 조치는 무효임을 전 국민의 이름으로 선언한다. 오늘 우리는 전 세계 이목이 우리를 주시하는 가운데 40년 독재정치를 청산하고 희망찬 민주 국가를 건설하기 위한 거보를 전 국민과 함께 내딛는다.

> 보기
> ㄱ. (가) – 여야 합의에 따라 헌법이 개정되었다.
> ㄴ. (가) – 대통령이 하야하고 과도 정부가 등장하였다.
> ㄷ. (나) – 계엄군의 발포로 많은 시민이 희생되었다.
> ㄹ. (나) – 여야간에 평화적 정권 교체가 이루어졌다.

① 0개　　② 1개　　③ 2개　　④ 3개

20

㉠, ㉡ 궁궐에 대한 설명으로 옳은 것을 <보기>에서 고른 것은?

> 고종은 1896년 2월 11일 은밀히 ㉠궁궐을 떠나 정동에 있는 러시아 공사관으로 이어(移御)하였다. 이후 고종은 만 1년간 이곳에서 머물렀는데 이 기간 동안 관료들은 고종의 재가를 받기 위해 러시아 공사관으로 향해야 했다. 이 사건은 국가 체면에 손상을 주었지만 러시아가 일본을 견제함으로써 국왕의 운신의 폭은 그만큼 넓어질 수 있었다. 그러나 시간이 경과하자 환어(還御)를 청하는 소리가 국민들 사이에서 거세게 일어났다. 결국 고종은 1897년 2월 20일 마침내 러시아 공사관을 떠나 ㉡궁궐로 돌아왔다.

> 보기
> ㄱ. ㉠ – 후원 일대에 최초로 전등이 가설되었다.
> ㄴ. ㉠ – 중명전에서 을사늑약이 체결되었다.
> ㄷ. ㉡ – 역대 임금의 어진을 봉안하던 선원전이 있다.
> ㄹ. ㉡ – 석조전을 미 · 소공동위원회 회담장소로 사용하였다.

① ㄱ, ㄴ　　② ㄱ, ㄹ　　③ ㄴ, ㄹ　　④ ㄷ, ㄹ

위 문제의 저작권은 강민성의 정통한국사에 있으므로 무단으로 전재 또는 복제할 수 없습니다.

01

밑줄 친 '그 나라'에 대한 설명으로 옳은 것은?

> 그 나라는 풍속이 음란하여 남녀가 재혼하면 곧 죽어서 입고 갈 수의를 조금씩 만들어 둔다. 장례를 성대하게 지내니 금·은의 재물을 모두 장례에 소비하며, 돌을 쌓아서 봉분을 만들고 소나무, 잣나무를 그 주위에 벌려 심는다. 말은 모두 몸이 작아서 산에 오르기에 편리하다.
> – 삼국지 위서 동이전 –

① 왕의 장례에 옥갑을 사용하였다.

② 사람이 죽으면 옛 집을 버리고 새 집을 지어 산다.

③ 국동대혈에서 수신을 맞아 모시고 제사를 지냈다.

④ 옹기솥에 쌀을 담아 목곽 무덤의 한편에 매달아 두었다.

02

(가), (나) 전투 사이에 있었던 사실로 옳은 것은?

> (가) 보장왕은 남산을 보내 수령 98명을 거느리고 흰 기를 들고 이적에게 나아가 항복하였다. 이적이 예로써 접대하였다. 남건은 오히려 문을 닫고 항거하여 지키면서, 자주 군사를 내보내 싸웠으나 모두 패하였다. …… 남건은 스스로 찔렀으나 죽지 않았다. 당나라 군사가 왕과 남건 등을 사로잡았다.
>
> (나) 이근행이 군사 20만 명을 이끌고 매소성에 진을 쳤다. 우리 군사가 공격하여 쫓아버리고 전마(戰馬) 30,380필을 얻었으며 당의 군사들이 남겨놓은 병기도 그 정도 되었다.

보기
ㄱ. 안승을 고구려왕(후에 보덕왕)으로 봉하였다.

ㄴ. 당이 신라 왕을 계림주 대도독으로 임명하였다.

ㄷ. 소부리주를 설치하고 아찬 진왕(眞王)을 도독으로 삼았다.

ㄹ. 당이 고구려 유민을 달래기 위해 보장왕을 요동주도독 조선왕에 임명하였다.

① ㄱ, ㄴ   ② ㄱ, ㄷ   ③ ㄴ, ㄹ   ④ ㄷ, ㄹ

03

(가) 왕에 대한 설명으로 옳은 것은?

> ○ (가) 이/가 바다 북쪽의 여러 부락(불녈, 월희, 흑수)을 토벌하여 큰 영토를 여는 데에 공이 있었다.
> – 신당서 –
>
> ○ 흥료현(興遼縣)은 본래 한나라 평곽현(平郭縣)이 있던 곳으로서, 발해 때에 장녕현(長寧縣, 현재의 요동)으로 고쳤다. 당나라 원화(元和) 연간에 발해 왕 (가) 이/가 남쪽으로 신라를 평정하고 북쪽으로 여러 부락을 공략하여 군과 읍을 설치함에 따라 지금의 이름이 생기게 되었다.
> – 요사(遼史) –

① 처음으로 발해를 정식 국호로 삼았다.

② 인안(仁安)이란 독자적 연호를 사용하였다.

③ 5경 15부 62주의 지방 행정 조직을 마련하였다.

④ 황상이란 칭호를 사용하며 전륜성왕을 자처하였다.

04

다음 시의 대상이 되었던 승려에 대한 설명으로 옳은 것은?

> 찬(讚)하여 말한다.
> 각승(角乘)은 비로소 삼매경(三昧經)을 열고
> 표주박 가지고 춤추며 온갖 거리 교화했네.
> 달 밝은 요석궁(瑤石宮)에 봄잠 깊더니
> 문 닫힌 분황사엔 돌아보는 모습만 허허롭구나.
> – 삼국유사 –

① 중관파와 유식파의 대립을 해소하였다.

② 부석사, 낙산사 등 화엄 10찰을 조성하였다.

③ 현장에게 수학한 후 독자적 유식학파를 세웠다.

④ 금산사를 창건하고 미륵 신앙 확산에 기여하였다.

위 문제의 저작권은 강민성의 정통한국사에 있으므로 무단으로 전재 또는 복제할 수 없습니다.

05

(가) 인물에 대한 설명으로 옳은 것은?

> 고종 21년, 왕이 천도(遷都)한 공을 논하여 ［ (가) ］을/를 후(候)로 책봉하고 부(府)를 세워주려고 하였다. 백관들이 모두 그의 집으로 가서 축하하려고 했지만, 그는 조서를 가지고 오는 사신을 영접할 예물이 갖추어지지 않았다고 사양하였다. 이에 주군(州郡)마다 앞 다투어 선물을 보내자, 결국 진양후(晉陽侯)로 책봉되었다.

① 정혜결사에 수선사로 사액하였다.

② 김보당의 난과 조위총의 난을 평정하였다.

③ 사병 집단인 도방을 처음으로 설치하였다.

④ 상정고금예문을 활판 인쇄로 추가 제작하였다.

06

밑줄 친 '왕' 대의 경제 상황으로 옳은 것은?

> 왕이 교서를 내리기를, "시중 한언공이 상소하기를, '지금 선왕을 계승하여 철전(鐵錢)을 사용하게 하고 추포(麤布) 사용을 금지함으로써 풍속을 소란스럽게 하였으니, 나라의 이익이 되지 못하고 오히려 민의 원망만을 일으킵니다.' 라고 하였다. 짐이 근본에 힘쓰는 마음을 다시 살려 이를 사용하는 것을 쓰임에 따라 중단하고자 한다. 차와 술, 음식 등 여러 점포에서 교역할 때는 전과 같이 철전을 쓰도록 하고, 백성 등이 사사로이 서로 교역할 때는 토산물을 임의로 사용하게 하라." 라고 하였다.

① 시전을 관할하는 경시서가 설치되었다.

② 한외과를 설치하고 군인전을 지급하였다.

③ 지원보초가 대량으로 유입되어 통용되었다.

④ 송의 제도를 본받아 주전도감이 설치되었다.

07

(가), (나) 사서의 편찬 시기 사이에 간행되었던 서적은 <보기>에서 모두 몇 개인가?

> (가) 송나라 사신으로 고려에 왔던 서긍이 개성에 한 달 남짓 머무르는 동안 보고 들은 견문을 바탕으로 저술되었다. 그릴 수 있는 것은 먼저 글로 설명하고 그림을 덧붙이는 형식을 취했다.
>
> (나) 민지가 왕명으로 저술하였는데 현재 전해지지 않지만 문헌 기록을 통해 그 실재를 확인할 수 있는 우리나라의 역사서 가운데 최초의 강목체 사서였다는 점에서 큰 의의를 지닌다.

> **보기**
> ㄱ. 해동비록   ㄴ. 해동고승전
> ㄷ. 향약구급방   ㄹ. 제왕운기
> ㅁ. 7대실록   ㅂ. 사략

① 3개   ② 4개   ③ 5개   ④ 6개

08

(가), (나) 시기 사이에 있었던 사실로 옳은 것은?

> (가) 영의정 한치형 등이 아뢰기를, "듣건대, 강도 홍길동을 잡았다 하니 기쁨을 견딜 수 없습니다. 백성을 위하여 해독을 제거하는 일이 이보다 큰 것이 없으니, 청컨대 이 시기에 그 무리들을 다 잡도록 하소서." 하니, 그대로 좇았다.
>
> (나) 선전관 이용준 등이 급히 전주에 내려갔다가, 정여립이 그 아들 옥남 및 같은 무리 두 사람이 진안 죽도에 숨어 있다는 말을 듣고 군관들을 동원시켜 포위 체포하려 하자, 정여립이 스스로 목을 찔러 자살하므로, 그 아들 옥남만을 잡아 왔다.

① 황해도 일대에서 임꺽정이 활동하였다.

② 이괄의 반군이 한때 도성을 점령하였다.

③ 함길도의 토호 이시애가 반란을 일으켰다.

④ 평안도 양덕에서 장길산 체포에 실패하였다.

위 문제의 저작권은 강민성의 정통한국사에 있으므로 무단으로 전재 또는 복제할 수 없습니다.

09

자료의 ☐(가)☐ 서적이 간행될 당시의 사실로 옳은 것은?

지금 전하께서는 성군으로서 성군을 이으셔서, 성헌(成憲)을 준수하여 전성(前聖)이 개발하지 못한 것을 개발하셨으니, 예악으로 태평 시절을 일으키실 때가 바로 지금이다. 장악원 소장의 의궤와 악보가 오랜 세월이 지나서 해어졌고, 요행히 보존된 것 역시 모두 소략하고 오류가 있으며 빠진 것이 많다. 이에 무령군 유자광 및 성현, 주부 신말평, 전악 박곤 · 김복근에게 명하여 다시 교정하게 하였다. 이들은 먼저 율(律) 만드는 원리를 말하고 다음에는 율 쓰는 법을 말하였으며, 악기 · 의물(儀物)의 형체 · 제작하는 일과, 무도(舞蹈) · 철조(綴兆)하는 진퇴(進退)의 절차에 이르기까지 모두 기재하였다. 책이 만들어지자 ☐(가)☐ 라고 명명하였다.

① 천상열차분야지도가 돌에 새겨졌다.
② 혼일강리역대국도지도가 제작되었다.
③ 국례(國禮)를 정비한 국조오례의가 편찬되었다.
④ 한양의 화재 예방을 위해 금화도감이 설치되었다.

10

밑줄 친 '상'의 재위 기간 중에 있었던 사실로 옳은 것을 <보기>에서 고른 것은?

상(上)이 경연에서 신하에게 이르기를, "이번 만년제(萬年堤) 공사는 백성 한 사람의 힘도 쓰지 않고서 며칠 만에 완성했으니, 참으로 큰 다행이다. 원침(園寢)의 수구(水口)에 이 방죽물을 저장해두면 현륭원 밑의 백성들 토지에 이것으로 물을 대게 될 것이니, 이것이 마치 저 장안문 밖에 만석거(萬石渠)를 만들고 여의동(如意坰)을 쌓고 대유둔(大有屯)을 설치한 것과 같은 뜻이다." 하였다.

보기
ㄱ. 문체반정이 일어났다.
ㄴ. 한구자와 정리자가 주조되었다.
ㄷ. 신경준이 동국여지도를 제작하였다.
ㄹ. 청계천 준천(濬川) 사업이 전개되었다.

① ㄱ, ㄴ　　② ㄱ, ㄹ　　③ ㄴ, ㄷ　　④ ㄷ, ㄹ

11

(가), (나) 주장에 대한 설명으로 옳은 것은?

조선 후기 성리학에서는 ☐(가)☐ 와 ☐(나)☐ 논쟁이 전개되었다. ☐(가)☐ 은/는 대개 『중용』 경(經) 1장의 주희 주(註)의 "인(人)과 물(物)이 각각 그 부여된 바의 이(理)를 얻어서 건순오상(健順五常)의 덕(德)이 되었다."에 근거해 인(人)과 물(物)이 모두 균등하게 오상을 가지고 있다고 주장한다. 이에 대해 ☐(나)☐ 은/는 대개 『맹자』 생지위성장(生之謂性章) 주(註)의 "이(理)로써 말하면 인의예지(仁義禮智)의 품수(禀受)가 어찌 물(物)이 얻은 바가 전(全)하리오?"에 근거해 인(人)은 오상의 온전함을 얻었지만 물(物)은 오상의 온전함을 얻은 것이 아니라고 주장한다.

① (가)는 주로 충청도 지역 학자들의 지지를 받았다.
② (나)는 화이론과 연결되어 조선 중화주의의 사상적 기반이 되었다.
③ (가)는 기(氣)의 차별성을, (나)는 이(理)의 보편성을 강조하였다.
④ (가), (나)는 이황의 학통을 계승한 붕당의 분화를 배경으로 나타났다.

12

다음 자료의 글을 올린 인물에 대한 설명으로 옳은 것은?

나랏일을 보면 폐단이 없는 곳이 없습니다. 특히 심한 것을 보면 만동묘 철거로 임금과 신하 간의 윤리가 썩게 되었고, 서원 철폐로 스승과 제자 간의 의리가 끊어졌습니다. 오늘의 급선무는 만동묘를 다시 설치하고 서울과 지방의 서원을 흥기시킬 것이며, 토목 공사와 원납전의 경우를 그대로 두어서는 안 될 것입니다. 전하께서 어린 나이라 정사를 전담하지 못하여 생긴 일이니 종친의 반열에 속하는 사람은 지위는 높이되 나라의 정사에는 간섭하지 못하도록 하소서.

① 화서아언을 저술하여 척화주전론을 주장하였다.
② 만언척사소를 올려 고종의 개화 정책을 공격하였다.
③ 연해주에서 결성된 13도 의군의 도총재(都總裁)로 추대되었다.
④ 을사조약 이후 청토오적소(請討五賊疏)를 올리고 의병을 일으켰다.

위 문제의 저작권은 강민성의 정통한국사에 있으므로 무단으로 전재 또는 복제할 수 없습니다.

13

다음 사업에 대한 설명으로 옳은 것은?

> 개항 이후 급격히 증대한 재정 지출을 충당하기 위한 세수의 확보, 그리고 토지 거래 확대에 따른 소유권 이동에 대한 국가 보증 제도의 필요성이 제기되었다. 이에 대한 제국은 1898년 양지아문을 설립하여 전국적인 토지 조사에 나섰고, 이를 토대로 1901년 11월 지계아문을 세워 토지 문권인 지계(地契)를 발급하기 시작하였다.

① 지계 발급에 신고주의를 채택하였다.

② 측량을 담당하는 기사는 외국인을 고용하였다.

③ 개항장에서 외국인의 토지 소유를 금지하였다.

④ 토지 이외의 가옥과 산림은 대상에서 제외되었다.

14

(가), (나) 건물 완공 시기 사이에 볼 수 있는 모습으로 적절하지 <u>않은</u> 것은?

(가)	(나)
고종의 황제 즉위식이 거행되었던 제단	우리나라 최초의 근대식 극장

① 손탁 호텔에서 커피를 마시는 관료

② 덕수궁 석조전에서 담소하는 외국 외교관

③ 대한천일은행에서 저금을 하는 서울 상인

④ 명동 성당에서 미사에 참여하는 천주교 신도

15

(가) 단체에 대한 설명으로 옳은 것은?

> [(가)]은/는 중국의 지원을 받아 일본군에 의해 함락 직전에 놓인 한커우에서 조직되었다. 동포와 파시스트 압제 하의 민중을 연합하여 무장 투쟁을 통해 일제를 타도하고 세계의 영원한 평화를 완성하는데 그 임무와 목표를 두었다. 성립 초기에 약 120명의 대원으로 이루어졌고, 인원이 가장 많았을 때 약 340명에 이르렀는데, 그 대다수는 민족혁명당 소속이었다. 본부는 진국빈이 지휘하여 대적 심리전과 첩보 활동, 요인 암살과 시설 파괴 등의 후방 공작 활동을 전개하였다.

① 중국 공산당의 지원으로 조직되었다.

② 흥경성, 영릉가 전투를 승리로 이끌었다.

③ 만보산 사건으로 활동에 큰 타격을 입었다.

④ 대원들의 일부가 한국광복군에 편입되었다.

16

(가), (나)를 발표했던 민족 운동에 대한 설명으로 옳은 것은?

> (가) 사회의 근본이고 애정은 인류의 근본 강령이다. 그런 고로 우리는 계급을 타파하고 모욕적 칭호를 폐지하여 교육을 장려하며, 우리도 참다운 인간이 되는 것을 기대하는 것이 본사의 큰 뜻이다. 지금까지 조선의 백정은 어떠한 지위와 어떠한 압박을 받아 왔던가? 과거를 회상하면 종일토록 통곡하여도 피눈물을 금할 길이 없다.
>
> (나) 부유한 자와 가난한 자 모두, 우리가 우리의 손에 산업의 권리, 생활의 제1조건을 장악하지 않으면 우리는 도저히 우리의 생명, 인격, 사회의 발전을 기대하지 못할 것이다. 우리는 이와 같은 견지에서 …… 조선 사람은 조선 사람 지은 것을 사 쓰도록 하고, 조선 사람은 단결하여 그 쓰는 물건을 스스로 제작하여 공급하는 것을 목적으로 한다.

① (가) - 백정에 대한 법적 차별을 반대하였다.

② (가) - 대구에서 시작하여 서울로 본부가 이전되었다.

③ (나) - '한 민족 1천만이 한 사람이 1원씩'이라는 구호를 내세웠다.

④ (나) - 민족을 앞세운 중산 계급의 이기적 운동이라는 비판을 받았다.

17

밑줄 친 '본 법'에 대한 설명으로 옳은 것을 <보기>에서 고른 것은?

제1조 본법은 헌법에 의거하여 농지를 농민에게 적정히 분배함으로써 농가 경제의 자립의 목적과 농업 생산력의 증진으로 인한 농민 생활의 향상 내지 국민 경제의 균등과 발전을 기함을 목적으로 한다.
제5조 정부는 아래에 의하여 농지를 취득한다.
　　1. 아래의 농지는 정부에 귀속한다. (가) 법령 내지 조약에 의하여 몰수 또는 국유로 된 농지, (나) 소유권의 명의가 분명치 않은 농지
　　2. 아래의 농지는 적당한 보상으로 정부가 매수한다. (가) 농가 아닌 자의 농지, (나) 자경하지 않는 자의 농지, (다) 본법 규정의 한도를 초과하는 부분의 농지

> **보기**
> ㄱ. 농지 보유 상한은 5정보로 정해졌다.
> ㄴ. 신한 공사가 보유하고 있던 농지도 대상이 되었다.
> ㄷ. 분배받은 농지는 상환 완료까지 매매, 증여 등이 금지되었다.
> ㄹ. 농지를 분배받은 농민은 평년 생산량의 30%를 5년간 상환해야 했다.

① ㄱ, ㄴ　　　② ㄱ, ㄷ　　　③ ㄴ, ㄹ　　　④ ㄷ, ㄹ

18

다음 헌법이 발효되고 있었던 시기에 있었던 사실로 옳은 것은?

제53조 대통령은 양원 합동회의에서 선거하고 재적 국회의원 3분지 2 이상의 투표를 얻어 당선된다.
제55조 대통령의 임기는 5년으로 하고 재선에 의하여 1차에 한하여 중임할 수 있다.
제68조 행정권은 국무원에 속한다. 국무원은 국무총리와 국무위원으로 조직한다. 국무원은 민의원에 대하여 연대책임을 진다.

① 미국으로부터 점령지 행정 구호 원조를 받았다.
② 유엔의 지원을 받아 충주에 비료 공장을 설립하였다.
③ 외자 도입과 경제 원조 확대를 통한 경제 개발 계획을 추진하였다.
④ 외국인의 직접 투자를 유치하기 위해 수출 자유 지역을 설치하였다.

19

밑줄 친 '정부' 시기에 있었던 사실로 옳은 것은?

미군 경비 장교 2명이 판문점에서 북한군에 의해 살해되었다. 북한군은 18일 오전 10시 45분쯤 판문점 공동 경비 구역 유엔군 측 제3 초소 부근에 나타나 유엔군 장병들에게 생트집을 걸어 습격, 도끼와 쇠꼬챙이, 그리고 도끼자루 등을 휘둘러 무참히 살상하는 만행을 저질렀다. 이 북한군의 도발에서 한국군 사병 1명이 중상, 서울 미 육군 병원으로 후송되었으며, 다른 한국군 장교와 사병 3명, 그리고 미군 4명도 경상을 입었다. 미국과 우리 정부는 이에 강경 항의하고 강력한 대응 조치를 예고하였다.

① 아웅산 묘소 폭파 사건이 발생하였다.
② 한민족 공동체 통일 방안이 발표되었다.
③ 북·미 제네바 기본 합의서가 채택되었다.
④ 6·23 평화통일 외교정책 선언이 발표되었다.

20

다음 연혁을 지닌 지역을 답사하기 위해 조사할 내용으로 가장 적절한 것은?

백제 의자왕이 이곳에서 항복한 이후 당나라 고종은 도독부를 두어 군병을 주둔시켰는데, 당나라 군사가 철수하자 신라에서 이곳을 모두 점유하게 되었다. 신문왕이 웅천주로, 경덕왕이 다시 웅주로 바꾸었으며, 고려 태조 때 지금의 이름으로 고쳤다.　　　－ 신증동국여지승람 －

① 창왕명 석조사리감에 새겨진 명문을 해석한다.
② 통일 신라 때 민정문서가 제작된 곳을 파악한다.
③ 김윤후의 공적으로 현으로 승격한 지역을 조사한다.
④ 이괄의 난 당시 어영청이 인조를 호송한 지역을 조사한다.

대한민국 한국사 **압도적 1위**
cafe.naver.com/kmshistory

합격형

실전 동형 모의고사 정답 및 해설

01 ②	02 ④	03 ②	04 ③	05 ②
06 ③	07 ①	08 ④	09 ③	10 ①
11 ①	12 ④	13 ②	14 ②	15 ③
16 ②	17 ①	18 ④	19 ②	20 ④

01 변한   ②

해설

제시된 자료는 〈삼국지〉 위서 동이전의 변한에 관한 내용이다. 변한에서는 아이가 태어나면 돌로 아이의 머리를 납작하게 만드는 편두의 풍습이 있었으며 왜와 가까워 그 영향으로 문신을 하였다.

② 변한에서는 철이 많이 생산되어 낙랑과 대방에까지 공급하였다.

바로 알기

① 고구려의 지배층은 집집마다 부경이라는 창고를 가지고 있었으며 피정복민에게서 획득한 곡식과 소금 등을 저장하였다.

③ 민며느리제는 옥저의 혼인 풍속이다.

④ 동예의 집의 기본구조는 움집으로 주거면이 땅밑으로 20~50cm 정도 들어가 있는데 평면으로 보면 장방형 집자리와 함께 呂자형, 凸자형 집자리가 있다.

02 백제 성왕의 업적   ④

해설

제시된 자료에서 겸익을 인도에 파견하고 일본에 노리사치계를 파견하여 불교를 전파하였다는 사실을 통해 밑줄 친 '왕'이 백제 성왕임을 파악할 수 있다.

④ 성왕 대에 22부사(部司), 즉 22부의 중앙 관부가 만들어지면서 중앙 관제가 정비되었으며, 지방 통치 조직으로 5방제를 실시하였다. 5방제는 웅진 시대까지 백제의 통치 조직인 담로제를 대체하는 제도였다.

바로 알기

① 사비의 왕흥사 건립은 위덕왕(창왕), 법왕, 무왕 설이 존재한다.

② 백제 무령왕은 단양이, 고안무 등의 5경 박사를 일본에 파견하였다.

③ 개로왕은 고구려에서 도망 온 승려 도림과 바둑을 두며 가까워졌는데 도림의 말을 듣고 대규모 토목 공사를 벌였다. 이로 인해 백제의 재정이 악화되고 백성들이 곤궁해지자 고구려 장수왕은 한성을 공격하여 점령하였다.

03 대가야의 변천   ②

해설

제시된 자료에서 (가) 국가는 대가야이며, 자료에 등장하는 '왕'은 진흥왕이다. 이사부와 함께 사다함이 참전한 것을 통해 대가야 멸망 당시의 상황임을 파악할 수 있다. 사다함은 화랑으로 추대되어 1,000여명의 낭도를 거느렸으며, 진흥왕 23년(562) 9월 이사부가 대가야를 정벌할 때 어린 나이로 종군을 신청하였다. 자료에서 귀당(貴幢)은 신라가 통일 이전에 설치했던 6정 가운데 하나이다.

② 대가야는 안정된 농업 기반과 철광 개발을 바탕으로 급속하게 성장하였으

데 소백산맥 너머 지금의 전라북도 지역까지 세력을 확장하였다. 이 시기에 대가야는 중국 남조의 제에 조공하기도 하였고 신라를 공격한 고구려 군대와의 전쟁에 참여하기도 하였다.

바로 알기

① 김해 대성동 고분군은 금관가야의 대표적 문화유산이며, 대가야의 문화유산으로는 고령 지산동 고분군이 있다.

③ 가락국기에는 금관가야의 시조인 김수로왕의 탄생 설화와 허황후와의 혼인 설화, 2대 거등왕부터 10대 구형왕(구해왕)까지의 금관가야 왕력이 기록되어 있다. 가락국기는 고려 문종 연간에 금관주지사를 역임한 인물이 편찬한 가야의 역사서로 현재 전해지지 않으며, 일연의 〈삼국유사〉 기이편에 간략하게 초록되어 전하고 있다.

④ 5c 초 금관가야를 중심으로 한 전기 가야 연맹은 신라를 후원하는 고구려의 공격을 받아 금관가야의 맹주 지위도 붕괴되었다.

04 신라 민정문서   ③

해설

제시된 자료는 신라 민정문서이다. 이 문서에는 서원경 부근의 4개 촌 가운데 첫 번째 촌인 사해점촌에 관한 기록으로, 다른 촌의 경우와 마찬가지로, 촌의 이름, 촌의 지형과 넓이, 연(烟)으로 표현된 호구, 인구, 소와 말, 토지, 유실수 등의 현황이 자세히 기록되어 있다.

① 자료에서 알 수 있듯이 민정문서에는 3년 동안 태어난 아이, 이사 온 사람 등이 기록되어 있어 3년마다 새로 작성했음을 알 수 있다.

② 자료에서 연수유답은 연(烟)이 국가로부터 받아서 소유한 전답이라는 뜻으로, 일반 백성의 토지였다. 신라는 성덕왕 21년(722) 백성들에게 정전을 지급했다는 기록이 있는데 연수유답이 정전으로 추정된다.

④ 민정문서는 일본 나라의 도다이지[東大寺] 쇼소인[正倉院]에 소장되어 있는 것으로, 1933년 10월 〈화엄경론질〉을 수리하던 중 질(帙) 내부에 있던 포심(布心)에 배첩된 상태로 발견되었다.

바로 알기

③ 자료에서 인구를 구분할 때 남자는 소자, 추자, 조자, 정, 제공으로, 여자는 소여자, 조여자, 정녀, 제모, 노모로 구분되었음을 알 수 있다. 따라서 남녀를 소(여)자, 추(여)자, 조(여)자, 정남·녀, 제공·모, 노공·모로 구분하였으므로 6등급으로 구분한 것이다. 자료에는 없지만 호는 상상에서 하하까지 9등호제를 시행하였다.

05 고려 숙종 대의 상황   ②

해설

제시된 자료는 고려사 병지의 기록으로 숙종 9년(1104)의 상황이다. 자료에서 설명하고 있는 군대는 별무반이며 윤관의 건의로 여진 정벌을 목적으로 설치되었다.

② 문종 21년(1067) 남경이 설치되었는데 몇 년 뒤 폐지되었다가 숙종 9년(1104) 다시 설치되었다. 숙종 1년(1096) 김위제의 상서에 따라 남경의 재설치가 논의되었고, 숙종 6년(1104) 남경개창도감이 설치되어 남경 건설 사업을 담당하였다.

위 문제의 저작권은 강민성의 정통한국사에 있으므로 무단으로 전재 또는 복제할 수 없습니다.

바로 알기

① 예종 2년(1107) 윤관이 별무반을 이끌고 여진을 정벌한 후 동북 9성을 축조하였다.

③ 현종 때 무신 김훈과 최질의 난이 일어났다.

④ 문종 때 향리의 9단계 승진 규정을 마련하였다.

06 팔관회 ③

해설

제시된 자료는 〈고려사〉 정종 때 기록으로 (가)는 팔관회이다. 팔관회는 성종 대부터 현종 대에 다시 설치될 때까지 폐지되기도 하는 등 변동이 있었다. 정종 때 팔관회가 정례화되었다.

③ 〈삼국사기〉와 〈삼국유사〉에는 네 번의 팔관회 기록이 있어 팔관회가 신라 때부터 시작되었음을 알 수 있다. 고려에서는 태조가 훈요십조에서 팔관회를 강조하여 개창 직후부터 팔관회가 개최되었다.

바로 알기

① 팔관회는 성종 때 일시 폐지되었다가 현종 때 다시 거행되었다. 성종은 최승로의 시무 28조를 받아들여 팔관회를 폐지하였다.

② 팔관회는 개경은 11월 15일, 서경에서는 10월 15일에 열렸다.

④ 연등회에 대한 설명이다.

07 삼국유사 ①

해설

제시된 사료는 일연의 〈삼국유사〉 기이편(紀異篇) 서문이다. 〈삼국유사〉에는 지은이 일연의 서문이 따로 전하지 않기 때문에, 기이편 앞에 붙은 '머리말'이 〈삼국유사〉 전체를 통틀어 일연의 목소리가 개입한 유일한 부분이다.

① 〈삼국유사〉에는 기이(紀異)편 마지막에 가락국기가 수록되어 있어 가야 역사 연구에 귀중한 자료를 제공해준다.

바로 알기

② 고구려 건국 영웅인 동명왕의 업적을 칭송한 영웅 서사시로, 고구려 계승의식을 반영하고 고구려의 전통을 노래한 것은 이규보의 〈동명왕편〉이다.

③ 〈삼국유사〉에는 중국의 역사는 기록되어 있지 않다. 이승휴의 〈제왕운기〉가 중국과 우리나라의 역사를 함께 다루고 있다.

④ 〈삼국유사〉는 단군 조선에서 후삼국, 즉 고려 성립까지의 시기를 다루고 있다.

08 외적의 침입 ④

해설

(가)는 고려 현종 때 거란의 3차 침입과 관련된 사실이고, (나)는 몽골의 침략으로 정부가 강화 천도를 단행한 이후의 사실이다. (다)는 임진왜란 때의 사실이고, (라)는 후금의 침입으로 인한 병자호란 때의 사실이다.

④ 1636년 병자호란이 발발하자 김상용은 왕족을 시종하면서 강화로 피란하였다가, 이듬해 강화성이 함락되자 화약에 불을 질러 자결하였다.

바로 알기

① 조선 세종 때 김종서와 최윤덕은 여진을 정벌하고 4군과 6진을 개척하였

다.

② 서희는 거란 장수 소손녕과 담판을 벌여 강동 6주를 획득하였다.

③ 강홍립은 후금과의 사르후 전투에서 조·명연합군의 패색이 짙어지자 '형세를 봐서 항배를 정하라'고 한 광해군의 뜻에 따라 투항하였다.

09 세종의 업적 ③

해설

제시된 자료는 세종 11년(1429) 12월 원악향리(元惡鄕吏)에 대한 처벌 조항을 제정하는 내용이다. 원악향리란 문자 그대로는 자신의 지위를 이용하여 악한 일을 하는 향리를 말하며, 구체적으로는 중앙의 지방 통치 정책에 반발하던 토호적 향리를 가리킨다.

③ 세종은 사형수에 대해 금부삼복법(禁府三覆法)을 도입하여 의금부에서 사형수를 결정할 때 반드시 3심을 거쳐 판결하도록 하였다.

바로 알기

① 태종 1년(1401) 백성들의 억울한 일을 해결하기 위해 대궐 밖에 신문고를 설치하고, 태종 14년(1414) 의용순금사를 의금부로 개칭하였다. 고려 시대 치안 유지를 위한 군사 조직으로 순마소를 설치하였는데 이것이 조선 왕조에서 의용순금사로 개칭되었다가 태종 때 다시 의금부가 된 것이다.

② 세조 때 노비문서와 노비에 관한 소송을 담당한 장례원을 설치하였다.

④ 세조 3년(1457) 육전상정소를 설치하여 경국대전 편찬 작업을 시작하였으며 호전과 형전을 완성하였다.

10 영조의 정치 ①

해설

제시된 자료는 영조가 탕평비에 새긴 글귀이다. 영조는 1742년(영조 18) 성균관의 반수교 위에 탕평비를 세워 유생들에게 서로 편을 나누지 않고 당을 나누지 않아야 한다는 내용을 알리게 하였다. 영조는 〈논어〉 위정편 14장에 있는 구절을 활용하여 "두루 원만하고 편향되지 않음이 군자의 마음이고, 편향되고 원만하지 못함이 소인의 사사로운 마음이다(周而弗比 乃君子之公心 比而弗周 寔小人之私意.)"라고 재구성하여 친서하고 비에 새겼다.

① 수성절목은 영조 22년(1746) 유사시 한양 도성 방어 절차를 규정한 규정이며, 수성윤음은 영조 27년(1751) 도성 수비에 대하여 내린 교서이다. 그 내용은 한성부 5부의 백성들은 누구를 막론하고 수도방위를 맡고 있는 훈련도감·어영청·금위영의 3군문에 소속되어 평시에는 훈련을 받고, 유사시에는 조총이 있는 사람은 조총을 가지고 총이 없는 사람은 활이나 돌을 가지고 도성의 지정된 위치에 올라가서 수도를 방어하도록 한 것이다.

바로 알기

② 경종 때 왕세제인 연잉군(훗날 영조)의 대리청정 문제로 신임사화(1721~22)가 발생하였다.

③ 〈자휼전칙〉은 정조 7년(1783) 흉년을 당해 걸식하거나 버려진 아이들의 구호 방법을 규정하여 반포한 법제서이다.

④ 대보단은 임진왜란 당시 원병을 보낸 명나라의 신종에게 제사지내기 위해 세운 제단으로 창덕궁 후원에 세워졌으며 숙종 30년(1704) 완성되었다. 또 숙종 33년(1707) 충청도 아산의 이순신 사우(祠宇)에 현충이란 호를 내렸다.

11 대동법 실시 이후의 변화　　　　①
해 설

제시된 자료는 대동법 실시 이후의 경제 및 사회 변화상에 대한 내용이다. 대동법은 1608년 경기도에 처음 실시된 이후 1623(인조 1)에 강원도에 확대 실시되었다. 1708년(숙종 34) 황해도에서 실시될 때까지 100여 년에 걸쳐 진행되었다. 따라서 이 시기는 대동법 실시 이후의 상황인 조선 후기이므로 강독사(전기수)가 대중에게 소설을 읽어주는 모습을 볼 수 있다.

바로 알기

② 고대 신라시대에는 독립된 인물상 혹은 동물상을 표현하거나 풍요와 다산을 기원하는 주술적 신앙을 표현한 토우 제작 기술을 볼 수 있다.

③ 협률사는 1902년 서울에 세워졌던 우리나라 최초의 국립 극장이다.

④ 구제도감은 고려시대에 병자의 치료와 빈민의 구제를 목적으로 설치한 임시기관이다.

12 이이의 주기론　　　　④
해 설

제시된 자료는 이이의 〈율곡전서〉 권 14에 나오는 '인심도심설' 내용 중 하나이다. 이이는 마음의 작용을 설명하는 가운데 정신적인 것이든 물질적인 것이든 모든 변화는 기가 움직여 드러나면 이가 그곳에 담기게 될 뿐이라는 입장을 주장하였다. 이러한 생각은 기대승의 주장을 좀 더 분명하게 체계화한 것으로, 이나 기가 모두 작용의 주체가 될 수 있으며 이는 선의 근원이고 기는 악의 근원이라는 이황의 견해를 부정하였다.

④ 이이는 16c 후반의 조선 사회에 대해 '중쇠기(中衰期)'로 인식하고 경장(更張), 즉 사회적 개혁이 요구되는 시대라고 표현하였다.

바로 알기

① 조식은 경(敬)으로 마음을 수양하고 의(義)로써 외부 생활을 처리해 나간다는 생활 철학을 표방하고 이를 중시하였다.

② 이황의 성리학은 일본에 전해져 일본 성리학 발전에 기여하였다.

③ 〈오경천견록〉과 〈입학도설〉은 권근의 저술이다.

13 과학 기술의 발달　　　　③
해 설

제시된 자료에서 (가)는 최한기, (나)는 정약용이다. 〈지구전요〉는 최한기가 청나라의 〈해국도지〉, 〈영환지략〉 등을 기초로 1857년에 편찬한 세계지리서이다. 정약용이 마진의 병증과 치료법을 수록한 책은 〈마과회통(麻科會通)〉이다.

③ 정약용은 인간과 사물의 차이가 기예이며, 기술 발달이 인간을 풍요롭게 한다고 인식한 기예론을 주장하였다.

바로 알기

① '곤여만국전도'가 우리나라에 전해진 것은 마테오리치에 의해 명에서 간행된 그 이듬해인 1603년이었다. 베이징에 사신으로 갔던 이광정과 권희가 '구라파국여지도', 즉 '곤여만국전도'를 가지고 왔다고 이수광의 〈지봉유설〉에 기술되어 있다.

② 〈오주연문장전산고〉는 이규경이 조선과 청나라의 여러 책들의 내용을 정리하여 편찬한 백과사전적 저서이다.

④ 홍대용은 우리나라와 중국, 서양의 수학 연구 성과를 정리한 〈주해수용〉을 저술하였다.

14 오페르트 도굴 사건　　　　②
해 설

제시된 자료는 고종실록 고종 5년(1868) 4월 23일 기록으로 독일인 오페르트가 영종 첨사에게 대원군에게 보내는 편지를 전달하자 이에 대한 답신으로 보낸 것이다. 당시 오페르트는 남연군 묘 도굴에 실패하고 영종진에서 편지를 보냈다.

② 독일 부영사인 부들러는 갑신정변 직후 조선의 영세중립론에 대해 조선 정부에 권고하였다.

바로 알기

① 미국은 신미양요 때 초지진에서 어재연 부대와 격전을 벌였으며 어재연 수(帥)자기를 약탈하였다.

③ 영국은 1885년 거문도 사건을 일으켜 거문도에 불법적으로 해군이 주둔하며 포대를 구축하였다.

④ 프랑스는 병인양요 때 강화도 외규장각에 있는 의궤를 약탈하였는데, 2011년 임대 형식으로 반환하였다.

15 독립 협회의 활동 시기　　　　③
해 설

제시된 자료는 독립 협회 초대 회장으로 추대되었던 안경수의 '독립협회서(序)'의 일부 내용이다. 자료의 내용에서 '독'. '립', '협'. '회'의 글자 뜻을 풀어 독립 협회의 목적을 설명하고 있다. 독립 협회는 1896년 7월 2일 독립문과 독립 공원을 조성하기 위해 창립 총회를 열고 그해 7월 설립되었으며 1898년 12월 해산되었다.

ㄴ. 고종은 1897년 10월 환구단에서 황제 즉위식을 거행하였다.

ㄹ. 황국중앙총상회는 1898년 10월 독립협회와 함께 상권수호운동을 전개하였으나 12월에 수구파 정부에 의해 독립협회와 함께 해산 당하였다.

바로 알기

ㄱ. 독립신문은 독립협회 창립 이전인 1896년 4월에 창간되었다.

ㄷ. 대한국 국제 9조는 1899년 법규교정소에서 제정되어 황제명으로 발표되었다.

16 일제의 황무지 개간권 요구 저지 운동　　　　②
해 설

제시된 사료는 1904년 7월 조직된 보안회가 일본의 황무지 개간권 양여 반대를 위해 각 관청에 호소한 내용을 7월 23일 황성신문에 게재한 것이다. 일본의 황무지 개간권 요구가 알려지자 각계각층에서 격렬한 반대 운동이 일어났다. 반대 운동을 조직적이고도 더욱 강력하게 전개하고자 전 의관 송수만, 심상진 등은 7월 13일 보안회를 조직하였다.

② 일제가 황무지 개간권을 요구하자 이에 반대 여론이 고조되는 가운데 일본인에게 개간 사업을 넘길 것이 아니라 우리가 직접 농광회사를 설립, 자주적으로 이 사업을 행하자는 여론이 비등하였다. 그리하여 중추원 부의장 이

도재 등이 중심이 되어 개간 사업 허가를 요청하였다. 정부에서는 1904년 7월 광업에 관한 것은 보류하고 황무지 개간만을 사업 대상으로 한다는 전제로 농광 회사 설립을 허가하였다. 사장에는 이도재가 선임되었다.

바로 알기

① 황국중앙총상회는 1898년 서울에서 창립된 시전 상인의 단체로 외국 상인들의 한성 진출에 반발하여 상권 수호 운동을 전개하였다.

③ 동양척식 주식회사는 1908년 설립되었다.

④ 방곡령 사건은 1889년 황해도와 함경도, 1890년 황해도에서 일어났다. 일본은 정부에 압력을 가해 방곡령을 취소하고 배상금을 요구하여 결국 거액의 배상금을 지불하였다.

17 신채호의 활동   ①
해 설

제시된 자료는 신채호의 〈독사신론〉의 서론 가운데 일부이다. 〈독사신론〉은 1908년 신채호가 민족주의 사관에 입각하여 저술한 한국 고대사에 관한 사론으로 대한매일신보에 1908년 8월 27일부터 12월 13일까지 연재되었다.

① 낭가사상은 신채호가 1920년대에 한국 고대사 연구를 통해 이론적으로 체계화한 전통적인 민족 사상이다. 신채호는 〈조선사연구초〉의 '조선 역사상 일천년래 제일 대사건'이라는 논문에서 화랑도의 사상을 낭가사상이라고 하였고, 그것을 한국의 고유사상으로 보았다.

바로 알기

② 박은식에 대한 설명이다. 박은식은 장지연 등과 더불어 1909년 대동사상을 핵심으로 하는 대동교를 창시하여 유교 개혁 운동을 펼쳤다.

③ 백남운에 대한 설명이다. 백남운은 〈조선봉건사회경제사〉에서 우리 역사도 세계사적인 일원론적 역사 법칙에 따라 발전하였다고 주장하여 일제 식민사관의 정체성론을 비판하였다.

④ 문일평에 대한 설명이다. 문일평은 〈대미관계 50년사〉를 저술하여 냉혹한 국제 현실 속에서 우리의 처지를 명확하게 인식하려 하였다.

18 민족혁명당   ④
해 설

제시된 자료에서 (가)는 민족혁명당이다. 만주사변 이후 독립운동 단체들의 통합 운동이 전개되어 김규식은 광복동지회 대표로서 조선혁명당, 의열단, 한국독립당과 협의하여 1932년 한국대일전선통일동맹을 결성하였다. 이 동맹은 보다 효과적인 항일 투쟁을 위해 1935년 7월 5일 한국독립당, 의열단, 신한독립당, 조선혁명당, 미주대한인독립당 등 5당 대표가 난징에서 민족혁명당을 결성함으로써 대당(大黨) 조직으로 발전하게 되었다.

④ 조선 민족전선 연맹은 1937년 12월 '조선 민족해방자 동맹', '조선 혁명자 연맹' 등 중국 관내의 좌파 단체들을 규합하여 '조선 민족전선 연맹'을 결성하였다.

바로 알기

① 김구는 민족혁명당 창당 때 참여하지 않고 대신 이에 대항하여 1935년 한국국민당을 창당하였다.

③ 조선 민족전선 연맹은 1938년 산하 무장 단체로 조선의용대를 창설하였

다. 조선의용군은 1942년 조선독립동맹 산하에 창설된 무장 투쟁 단체이다.

19 조선 건국 준비 위원회   ②
해 설

제시된 자료는 광복 직후인 1945년 9월 2일 조선 건국 준비 위원회가 발표한 선언문의 일부이다. 1945년 8월 15일 여운형은 조선 총독부와 "정치범과 경제범 석방, 3개월 동안의 식량 확보, 치안 유지와 건국 운동을 위한 정치 운동에 총독부가 간섭하지 않는다."는 조건으로 행정권 이양에 합의하고 조선 건국 준비 위원회를 조직하였다.

② 조선 건국 준비 위원회는 미국과의 교섭력을 높이기 위해 국가 형태의 조직을 갖출 필요가 있다고 판단하여, 9월 6일 조선 인민 공화국 수립을 선포하였다. 조선 인민 공화국의 주석에는 이승만, 부주석 여운형, 내무부장에 김구, 외무부장에 김규식 등이 선임되었다.

바로 알기

① 미군정청은 "남한에는 미군정만 있을뿐 다른 정부는 존재할 수 없으므로 정부를 참칭하는 일이 있어서는 안 된다"며 조선 인민 공화국을 인정하지 않았다.

③ 좌우 합작 위원회에 대한 설명이다. 좌우 합작 7원칙에는 "친일파 민족반역자를 처리할 조례를 본 합작 위원회에서 입법 기구에 제안하여 입법 기구로 하여금 심리 결정하여 실시케 할 것"이라는 조항이 있다.

④ 모스크바 3상 회의의 결정에 따라 미·소 공동 위원회가 결성되었다.

20 김영삼 정부의 정책   ④
해 설

제시된 자료는 1993년 8월 12일 금융 실명제 실시에 관한 김영삼 대통령의 담화문으로 밑줄 친 '저'는 김영삼 대통령이다. 금융실명제는 모든 금융거래를 실명으로 하도록 함으로써 금융 거래와 부정부패·부조리를 연결하는 고리를 차단하여 깨끗하고 정의로운 사회를 구현하고자 하는 데 뜻이 있었다.

④ 김영삼 정부는 초·중·고등학교 교과서에서 국민교육헌장을 삭제하였다.

바로 알기

① 노무현 정부 때 2003년의 사스(SARS·중증급성호흡기증후군) 발생을 계기로 국립보건원이 2004년 1월 질병관리본부로 확대 개편됐다.

② 노태우 정부 때 전국민주노동조합총연맹(민주노총)의 산하 조직으로서 전국교직원 노동조합이 출범하였다.

③ 김대중 정부 때 UN의 요청을 받아 상록수 부대가 동티모르에 파병되었다.

위 문제의 저작권은 강민성의 정통한국사에 있으므로 무단으로 전재 또는 복제할 수 없습니다.

본문 11p~15p

01 ②	02 ②	03 ③	04 ①	05 ④
06 ④	07 ②	08 ③	09 ③	10 ②
11 ②	12 ②	13 ③	14 ④	15 ③
16 ③	17 ③	18 ④	19 ①	20 ④

01 위만 조선 ②
해 설

제시된 자료에서 '조선'은 위만 조선이다. 위만은 중국의 진·한 교체기에 고조선으로 망명하여 왕이 되었는데 이후부터를 위만 조선이라 한다. 위만 조선은 3대 87년간 지속되다가 한 무제의 공격으로 기원전 108년 멸망하였다.
② 위만 조선은 지리적 이점을 이용하여 동쪽의 예, 남쪽의 진이 중국의 한과 직접 교역하는 것을 막으면서 중계 무역을 통해 부를 축적하였다.

바로 알기

① 〈삼국유사〉에는 단군 조선이 중국의 요임금과 같은 시기에 건국되었다고 기술하고 있다.
③ 위만 조선의 세력권을 보여주는 유물로는 세형 동검과 잔무늬 거울 등이 있다.
④ 안정복의 〈동사강목〉에서는 단군조선과 기자조선을 정통으로 보았으며 그 이후 마한을 정통으로 보아 위만조선은 정통으로 보지 않았다.

02 고구려의 변천 ②
해 설

(가)는 〈삼국사기〉 고구려 본기의 동천왕 20년(246) 기록으로 위나라의 관구검이 수도를 함락하여 왕이 죽령으로 피난하였는데 여기서 죽령은 황초령으로 비정되고 있다. (나)는 〈삼국사기〉 고구려 본기 고국원왕 12년(342년) 기록으로 전연의 모용황이 침략하여 수도가 함락되었던 상황이다.
② 미천왕 14년(313) 10월 낙랑군을 공격하여 점령하였다.

바로 알기

① (가) 이전 시기에 해당한다. 고국천왕 13년(191) 좌가려 등이 일으킨 반란을 진압하고 을파소를 국상에 임명하여 국정을 담당하게 하였다. 을파소는 진대법을 실시하고 관리하였다.
③ (가) 이전 시기에 해당한다. 태조왕 4년(56) 동옥저를 복속시켜 중국과의 투쟁에 필요한 후방 기지를 얻게 되었다.
④ (나) 이후 시기에 해당한다. 소수림왕 5년(372) 전진의 황제 부견이 순도를 통해 불상과 불경을 전하고, 2년 후 진(晉)에서 아도가 입국하였다. 이에 소수림왕 5년(375) 초문사를 창건하고 순도를 두었고, 이불란사를 창건하고 아도(阿道)를 두었다. 이것이 우리나라 불교의 시초가 된다.

03 신라 무열왕 대의 정치 상황 ③
해 설

제시된 자료에서 (가)는 김춘추이다. 선덕여왕 당시 김춘추를 고구려에 파견하여 연합을 시도하였으나 고구려의 한강 유역 반환 요구로 인해 실패하자 진덕

여왕 때 당나라에 파견되어 당 태종으로부터 백제를 공격하기 위한 군사지원을 약속받고 돌아왔다. 한편 진덕여왕이 후사가 없이 죽자 당시 상대등이었던 알천이 왕으로 천거되었으나 알천이 이를 사양하고 김춘추를 추천함으로써 그가 태종 무열왕으로 즉위하였다.
③ 무열왕은 백관을 감찰하는 기능을 가진 사정부를 설치하는 등 관제를 정비하였다.

바로 알기

① 신문왕은 귀족 세력 억제와 왕권 강화를 위해 689년 도읍을 달구벌로 옮기려 하였으나 귀족들의 반발과 막대한 비용 문제로 실현하지 못하였다.
② 선덕여왕 16년(647) 비담과 염종 등이 "여자 임금은 나라를 잘 다스릴 수 없다."는 명분을 들어 반역을 꾀하고 군사를 일으켰다. 이는 선덕여왕이 진덕여왕에게 왕위를 계승한 데 대한 반감이 작용하였는데 김유신과 김춘추에 의해 진압되었다.
④ 문무왕 때 임해전을 건립하고 임해전지(안압지)를 축조하였다.

04 발해 정혜공주 묘의 특징 ①
해 설

제시된 자료는 발해 문왕의 둘째 딸인 정혜공주의 묘지이다. 정혜공주는 문왕의 넷째 딸인 정효공주의 언니로 정효공주보다 먼저 죽었다. 자료에서 정혜공주가 죽은 보력 4년은 777년이고 정효공주는 792년 죽었다.
ㄱ. 정혜공주의 묘는 굴식돌방무덤 양식으로 축조되었으며 암수의 돌사자상이 출토되었다.
ㄴ. 정혜공주묘는 온전히 사면으로 돌을 쌓아 방을 만들었고, 각을 줄여 쌓은 모줄임 천정이었다. 이를 통해 발해가 건국 초기에는 고구려 전통을 강하게 지녔음을 알 수 있다.

바로 알기

ㄷ. 정효공주묘에 대한 설명이다. 정효공주묘의 네 벽에는 벽화가 남아 있다. 벽화는 모두 12명의 인물을 다양한 색을 활용하여 그렸다. 남쪽의 동서 벽에는 무사가 한 명씩 그려져 있는데, 호위무사를 나타내고자 한 것으로 보인다. 동쪽과 서쪽에는 네 명의 사람이 그려져 있는데, 내시와 시위, 악사 등을 그렸다. 북쪽에는 두 명의 사람을 그렸는데, 이들은 망자를 보필하는 시종으로 보인다. 이 무덤 벽화는 현전하는 발해 무덤 가운데 유일한 벽화로서, 당시 발해인들의 모습을 알 수 있게 해준다.
ㄹ. 정효공주묘에 대한 설명이다. 정효공주묘는 중국 길림성 화룡현의 용두산 고분군에서 1949년 발견되었다. 화룡현은 발해의 두 번째 수도인 중경 현덕부 인근에 있다.

05 충목왕 대의 사실 ④
해 설

제시된 자료에서 '이 탑'은 개성 경천사지 10층 석탑으로 이맛돌에 '지정(至正) 8년 무자(戊子) 3월일'이라 새겨진 명문(銘文)이 있어 그 건립 연대가 충목왕 4년(1348)임을 알 수 있다.
④ 충목왕 3년(1347) 정치도감을 설치하였다. 정치도감은 부원 세력을 척결하면서 권세가들이 빼앗은 토지와 노비를 본주인에게 돌려주었다.

위 문제의 저작권은 강민성의 정통한국사에 있으므로 무단으로 전재 또는 복제할 수 없습니다.

바로 알기

① 충선왕 원년(1309) 충선왕이 복위한 후 원나라에서 전지로 국정을 수행하면서도 각염법을 제정하여 한해에 포(布) 4만 필의 국고 수입을 올렸다.

② 충숙왕 5년(1318)에 제폐사목소를 고쳐서 찰리변위도감이라고 하였는데, 권세가들이 탈점한 전민(田民)을 대대적으로 색출하여 본래 주인에게 되돌려주었다.

③ 충렬왕 5년(1279)에 도병마사를 도평의사사로 개편하여 운영하였다.

06 고려의 토지 제도   ④

해 설

제시된 자료는 고려 시대 토지 제도의 시행 과정과 특징을 설명하고 있다. (가)는 경종 때 시행되었던 시정 전시과, (나)는 목종 때의 개정 전시과이다. 시정 전시과는 광종 때 제정된 관복을 기준으로 하고 있으며, 개정 전시과의 제1과는 내사령과 시중인데 내사령은 문종 때 중서령으로 개칭되었다. 경정 전시과에서는 제1과가 중서령, 상서령, 문하시중으로 규정되었으며, 전지는 100결로 같지만 시지가 50결로 줄었다.

ㄷ. 시정 전시과에서는 "이 해의 과등(科等)에 미치지 못한 자는 모두 전지 15결을 지급하였다."라고 규정하여 한외과를 두고 있으며, 개정 전시과에서도 "이 한계에 미치지 못하는 자는 모두 전지 17결을 지급하는 것을 통상의 규칙[常式]으로 한다."라고 하여 한외과를 두고 있다. 이 한외과는 경정 전시과에서 폐지되었다.

ㄹ. 시정 전시과나 개정 전시과 모두 과전의 지급 대상은 전 · 현직 관리이다. 문종 때 시행되었던 경정 전시과 대 현직 관리에게만 과전이 지급되었다.

바로 알기

ㄱ. 승려 등에게 별사전을 지급한 것은 경정 전시과 때이다.

ㄴ. 경기 지역을 대상으로 지급된 토지제도는 고려 후기의 녹과전과 고려말~조선초의 과전법 제도가 있다. 녹과전에서는 신진관료를 대상으로 녹봉을 대신하여 경기 8현의 토지를 지급하였으며, 과전법에서는 수조권을 전국이 아닌 경기를 대상으로 지급하였다.

07 상감청자   ②

해 설

제시된 자료에서 밑줄 친 ㉠ '새로운 청자'는 상감청자이며, 여기에 적용된 기술은 상감 기법이다. 상감 기법은 그릇 표면에 음각의 무늬를 새기고 여기에 흑토나 백토를 메워 무늬를 내는 기법이다.

② 상감 청자는 무신집권기에 해당하는 12c 중엽에 개발되어 강화에 도읍한 13c 중엽까지 주류를 이루었으나 원 간섭기 이후에 퇴조해 갔다.

바로 알기

① 나전칠기는 통일 신라 때부터 유행했던 목공예 기법으로 이를 응용하여 상감 기법이 탄생하였다.

③ 조선 후기에는 백자의 안료가 다양화되어 회회청 또는 토청 등의 코발트 안료를 사용한 청화와 철화, 진사 등이 유행하였다.

④ 북방 자기 기술의 도입으로 청자의 화려한 빛깔을 상실하고 그에서 변모 및 발전한 분청사기가 등장하여 15~16c의 주류를 이루었다. 16c 이후에는 무늬보다는 백토분장이 주가 되면서 차츰 백자가 주류를 이루었다.

08 불교 종파의 변천   ③

해 설

제시된 자료에서 (가)는 의상의 화엄종, (나)는 선종, (다)는 고려 중기 의천에 의해 개창된 천태종, (라)는 무신 집권기 지눌에 의해 개창되었던 조계종이다.

③ 의천은 화쟁을 강조한 원효를 존경하였으며, 원효 사상의 전통을 기반으로 '성(性)'과 '상(相)'의 대립을 뛰어넘으려 하였다. 또한 의천의 청원에 의해 낙성된 국청사는 천태종의 종찰이 되었다.

바로 알기

① 원효는 파계 이후 스스로를 소성거사라 자처하며 무애사상을 강조하였다.

② 선종은 중국에서 성립된 중국화된 종파로 선덕여왕 무렵 전래된 것으로 추정되는데 선종이 번성한 것은 신라 말 호족 세력과 결탁한 이후이다.

④ 공민왕 때 국사였던 보우는 원에 건너가 임제종의 18세 법손 석옥청공 밑에서 수학한 후 그 법을 받아 귀국하였으며, 태고종의 종조로 인정받고 있다.

09 대간의 역할   ③

해 설

제시된 자료는 첫 번째가 세종실록 세종 10년 3월 23일 기사로 (가)는 사간원이다. 두 번째 자료는 명종실록 명종 8년 5월 22일 기사로 (나)는 사헌부이다. 사간원은 간쟁, 서경, 봉박 등을 담당하였고, 사헌부는 관리들의 감찰과 함께 서경, 간쟁, 봉박 등도 담당하였다.

③ 이조 전랑은 언론 기관인 3사의 관리를 추천하는 통청권(通淸權)을 가지고 있었다. 영조 때 이러한 관행이 없어졌다.

바로 알기

① 고려 충렬왕 때 사헌부라는 명칭이 사용되고 그 뒤 여러 번 이름이 바뀌었으나 공민왕 때 사헌부로 굳혀져 조선시대로 이어졌으며, 사간원은 조선 태종 때 문하부의 낭사를 독립시켜 사간원으로 만들었다.

② 6조의 하나인 호조에 대해 지관(地官) · 지부(地部)라고도 하였다.

④ 서경(署經)의 경우 고려에서는 1품에서 9품까지의 모든 관리에게 적용시켰으나 조선은 5품 이하로 한정시켰다.

10 남인   ②

해 설

유성룡과 윤국형 등에게 붙는 자라는 것과 뜻을 달리하는 자를 북인이라 했다는 등의 내용을 통해 (가) 붕당이 남인임을 알 수 있다.

② 2차 예송은 효종비가 죽었을 때 시어머니인 자의대비의 상복 기간을 두고 벌어진 논쟁이다. 이때 남인은 1년설인 기년복을 주장하였고, 서인은 9개월설인 대공복을 주장하였다.

바로 알기

① 노론에 대한 설명이다. 경종이 즉위하자 노론은 경종이 병약하다는 이유로 연잉군을 세제로 책봉할 것을 요구하였다. 하지만 소론에 의해 노론이 역모를 꾸미고 있다는 반역으로 몰려 신임사화를 겪게 되었다.

위 문제의 저작권은 강민성의 정통한국사에 있으므로 무단으로 전재 또는 복제할 수 없습니다.

③ 북인이 서경덕과 조식의 학문을 계승하였다. 남인은 이언적과 이황의 제자들이 주류를 이루었다.

④ 소론은 성혼의 학문을 승계하여 성리학에 대해 탄력적인 이해를 보였으며 실리를 중시하고 적극적인 북방 개척을 주장하였다.

11 진주 농민 봉기　　②

해 설

진주 양민이 우병사 백낙신의 탐욕 때문에 소동을 일으켰다는 내용을 통해 밑줄 친 '소동'이 1862년 일어난 진주 농민 봉기임을 알 수 있다.

② 도결의 폐해를 비판하며 진주의 잔반 유계춘이 봉기를 주도하여 일어났다.

바로 알기

① 홍경래의 난은 서북 지방에 대한 차별대우에 반발하여 청천강 이북을 중심으로 전개되었다.

③ 숙종 때 광대 출신 장길산이 승려 운부, 서얼 이영창과 함께 일으킨 난으로 서울 공격도 계획하였다.

④ 임꺽정의 난은 황해도를 중심으로 경기ㆍ강원ㆍ평안ㆍ함경도 일대에서 일어났는데, 백정 거주지 및 공물의 운송과 사신의 왕래가 많아 백성의 부담이 큰 곳을 중심으로 활동하였다.

12 4부학당과 향교　　②

해 설

제시된 자료에서 세종이 학교 교육이 번성하지 못함을 지적하는 내용으로 자료에서 (가)는 5부학당, (나)는 향교이다. 세종 즉위년이기 때문에 5부학당으로 기록되어 있는데 실제 5부학당 가운데 북부학당은 끝내 설립되지 못해 세종 27년(1445)경 4부학당이 되었다.

ㄱ. 4부학당은 국가에서 교수와 훈도를 파견하여 국비로 실시한 교육이다.

ㄹ. 향교의 교생에게는 군역의 의무를 면해주었으나, 양인 교생이 늘어나자 시험에 떨어지면 곧바로 다시 군역에 충당하는 낙강정군법(落講定軍法)이 생겨나기도 했다.

바로 알기

ㄴ. 5부학당 중 북부학당은 끝내 설립되지 못해 4부학당이 되었다.

ㄷ. 향교의 성적우수자는 생원시ㆍ진사시의 초시를 면제 받았다.

13 양명학의 특징　　③

해 설

제시된 자료는 왕양명의 전습록에 실려 있는 내용이다. 왕양명은 무심(無心)이면 무리(無理)라고 주장하였는데 이는 주자의 마음이 없더라도 이(理)는 있다는 주장과 대치된다. 이를 바탕으로 주자는 대상적으로 존재하는 이를 탐구하는 것이 격물(格物)이라고 주장하고, 왕양명은 주체적으로 얻은 이를 실현하는 것이 격물이라고 강조하는 것이다.

ㄴ. 강화학파는 강화도에 은퇴해 학문을 닦은 정제두의 양명학적 학풍을 가리키는 학파로 주로 소론 출신 학자들이 많았다.

ㄹ. 조선에 전래된 양명학은 18c 초 정제두에 의해 강화학파로 발전하였으며, 이의 영향을 받은 학자로 이광사는 동국진체를 확립하였고, 이긍익은 〈연

려실기술〉을 저술하였으며, 그 외에 〈매천야록〉을 저술한 황현, 〈역사집략〉을 저술한 김택영 등이 있다.

바로 알기

ㄱ. 조선에 왕수인의 〈전습록〉이 전해진 것은 중종 16년(1521) 이전이다. 〈눌재집〉 연보에 박상이 48세(1521)에 "왕양명의 전습록을 변론한다"고 한 것이 있고, 김세필도 〈십청헌집〉에서 "양명 노선생이 심학을 다스렸다"고 했으니, 이를 볼 때 양명학이 우리나라에서 전해진 것은 적어도 그 이전으로 추정된다. 〈지봉유설〉은 광해군 6년(1614) 이수광이 지은 백과사전적 저서로 마테오리치의 〈천주실의〉를 처음으로 소개하였으며, 선도(仙道)와 방술(方術)의 유래를 소개하였다.

ㄷ. 왕양명은 주자가 백성을 대상으로 하여 가르치고 깨우치게 한다는 의미로 이해한 '신민설(新民說)'을 반대하고, 백성을 주체로 인식하여, 〈대학〉의 자의(字義)대로 친민(親民)의 의미를 '친애하고 기른다'는 뜻으로 해석하였다.

14 통리기무아문　　④

해 설

제시된 자료는 고종실록 고종 17년(1880) 12월 21일 기사로 통리기무아문을 설치하고 의정부에서 올린 절목의 일부이다.

④ 통리기무아문은 1882년 6월 임오군란을 계기로 대원군이 재집권하자 폐지되었다.

바로 알기

① 법규교정소에 대한 내용으로 1899년 교전소에서 분리되어 황제국에 맞도록 법률 및 칙령을 개정하는 역할을 담당하였다.

② 3차 을미개혁 때 군제 개혁을 실시하여 친위대와 진위대를 설치하였다.

③ 동학농민군과 전주화약을 체결한 정부는 일본의 내정개혁 강요에 대응해 교정청을 설치하여 자주적 개혁을 시도하였다.

15 유길준　　③

해 설

제시된 주장은 보빙사의 일원이었던 유길준이 갑신정변 이후 귀국하여 밝힌 것으로, 그는 열강이 보장하는 중립국 구상을 하였다.

ㄴ. 유길준은 갑오개혁 때 군국기무처의 회의원으로 활약하였다.

ㄹ. 유길준은 〈조선문전〉, 〈대한문전〉 등의 문법서를 편찬하였다.

바로 알기

ㄱ. 갑신정변의 주요 인물로는 김옥균, 박영효, 서광범, 서재필 등이 있다.

ㄷ. 독립협회의 주요 지도부에 서재필, 윤치호, 이상재, 남궁억 등의 근대적 지식인이 있었고, 안경수, 이완용 등의 정부 관리가 포함되었다.

16 일제의 국권 침탈 과정　　③

해 설

제시된 사료에서 (가)는 1904년 8월 일본의 강요로 체결된 제1차 한ㆍ일 협약으로, 공식 명칭은 '고문 용빙에 관한 협정서'이고, (나)는 1905년 11월 17일 일본의 강압에 의해 체결된 을사늑약이다.

③ 제1차 한ㆍ일 협약에 의해 재정 고문으로 파견된 메가타는 1905년 화폐 정

위 문제의 저작권은 강민성의 정통한국사에 있으므로 무단으로 전재 또는 복제할 수 없습니다.

리 사업을 추진하였다.

바로 알기

① 군대 해산은 (나) 이후인 1907년 체결된 한·일 신협약의 부속 각서에 의해 이루어졌다.

② 러시아는 (가) 이전 시기인 1903년 용암포를 불법으로 점령하고 조차를 요구하였다.

④ (나) 이후인 1909년 일제는 1905년 체결된 을사늑약을 근거로 한국의 외교권을 행사하며 청과 간도협약을 체결하였다.

17 회사령 ③

해 설

제시된 자료에서 '이 법령'은 회사령이다. 회사령은 1910년 12월 조선 총독부가 공포한 회사 설립에 관한 제령으로 조선 총독의 허가를 받아야 회사를 설립할 수 있도록 규정하였다. 1920년 일본의 자본주의가 발달하면서 회사령이 폐지되어 회사 설립에 대하여 신고를 하면 회사를 설립할 수 있도록 법령이 바뀌면서 일본 자본이 본격적으로 조선에 진출하였다.

ㄴ. 호남선과 경원선 모두 1914년에 완공되었다.

ㄷ. 1906년 일본 정부의 출자로 설립되었던 농공은행은 1918년 일본의 금융 자본 확대에 따라 '조선식산은행령'이 공포되면서 조선식산은행으로 개편되었다.

바로 알기

ㄱ. 회사령 폐지 이후에 해당한다. 일제는 1921년 연초 전매령을 발표하고 그 해 7월 1일부터 본격적인 연초 전매를 실시하였다.

ㄹ. 회사령 폐지 이후에 해당한다. 조선 소작조정령과 소작료 통제령 시행은 1932년부터 시작된 농촌 진흥 운동과 관련 있다.

18 6·10 만세 운동 ④

해 설

제시된 자료는 1936년 6월 10일 한국 국민당이 6·10 만세 운동 10주년을 기념하여 발표한 선언서이다. 6·10 만세 운동은 순종 인산일을 기해 일제의 강제 병합과 식민 지배에 항거해 자주독립 의지를 밝힌 독립만세 운동이다.

ㄷ. 6·10 만세 운동은 조선 공산당 계열과 고려 공산 청년회와 민족주의 계열의 천도교 구파 세력, 그리고 조선 학생과학연구회를 비롯한 학생 세력이 연계하여 추진되었다.

ㄹ. 만세 운동 준비 과정에서 조선 공산당의 주요 인물들이 사전 검거되었고, 만세 운동 이후 7, 8월에 공산당에 대한 탄압이 강화되었다.

바로 알기

ㄱ. 신간회는 6·10 만세 운동 이후 일제 탄압으로 인한 사회주의 세력의 약화와 자치 운동 전개로 인한 민족주의 세력의 분열을 배경으로 일어난 민족 유일당 운동 결과 창립되었다.

ㄴ. 일제 강점기 최대 규모의 항일 학생 운동은 광주 학생 항일 운동이다.

19 반민족행위 특별조사위원회 ①

해 설

제시된 자료는 반민족 행위 조사법의 제2장 특별조사위원회의 일부 조항이다. 제헌 국회에서 1945년 9월 7일 친일 행위자를 처벌하는 '반민족행위처벌법'이 국회에서 통과되었다. 이어 10월에 반민족행위특별조사위원회가 구성되었고, 법원에 반민족행위특별재판부가, 검찰에 반민족행위특별검찰부가 설치되었다.

ㄱ. 반민족행위처벌법은 제헌 헌법의 특별 규정에 의해 제정된 소급법이다. 제헌 헌법 제101조는 "이 헌법을 제정한 국회는 단기 4278년 8월 15일 이전의 악질적인 반민족행위를 처벌하는 특별법을 제정할 수 있다."라고 규정하여 반민족행위처벌법 제정의 근거가 되었다.

ㄴ. 국회 내에 반민특위가 설치되었으며, 국회 외에 특별 재판부·검찰부·경찰대를 설치하고 박흥식, 최남선, 이광수, 최린, 노덕술 등 친일파를 체포하였다.

바로 알기

ㄷ. 반민특위는 8개월 동안 682건의 친일 행위를 조사하여 영장 발부 408건, 검찰 송치 559건, 기소 221건을 기록하였다. 하지만 조사받은 이들은 대부분 풀려났고, 재판이 종결된 것은 38건이었으며, 실형을 받은 사람은 7명에 불과하였다.

ㄹ. 반민특위는 1948년 10월 22일에 설치되었으나 이승만 정부의 반대 입장과 경찰의 반민특위 습격 사건 등 방해 공작에 부딪혀 1949년 10월에 반민특위, 특별검찰부, 특별재판부 등이 해체되었다.

20 1970년의 상황 ④

해 설

제시된 자료는 1970년 7월 7일 동아일보 기사로 경부 고속도로 준공을 보도하고 있다. 고속도로 건설은 1967년 대선에서 박정희 대통령이 공약한 사항으로 대통령 당선 이후 1968년 2월 1일 착공한 지 2년 5개월 만에 경부 고속도로를 완공했다.

④ 박정희 정부 당시 1970년부터 전개된 새마을 운동에서 지붕·담장 개량, 주택개량, 상수도 설치, 종자개량 등 사업이 실행되었다.

바로 알기

① 포항 종합 제철은 1973년 7월 3일 준공식을 갖고 생산을 시작하였다. 포철은 1965년 한·일 협정 타결 후 일본이 한국에 제공한 대일청구권 자금 7000여 만 달러와 일본은행 차관 5000만 달러를 합친 1억 2000여 만 달러를 투입해 설립되었다.

② 두발과 교복 자율화는 전두환 정부 당시의 일이다.

③ 이승만 정부 당시 문맹국민 완전퇴치 5개년 계획(1954~1958)이 수립되었다.

위 문제의 저작권은 강민성의 정통한국사에 있으므로 무단으로 전재 또는 복제할 수 없습니다.

실전 동형 모의고사 03회 | 본문 16p~20p

01 ③	02 ①	03 ①	04 ③	05 ②
06 ②	07 ①	08 ④	09 ④	10 ①
11 ①	12 ③	13 ④	14 ④	15 ④
16 ①	17 ④	18 ④	19 ②	20 ②

01 청동기 시대 ③

해 설

제시된 자료에서 (가)는 팽이형 토기, (나)는 미송리식 토기이다. 팽이형 토기는 청천강 유역, 대동강 유역, 황해도 지방에 분포되어 있는데, 대부분 주거지에서 출토되지만 지석묘에서 출토되기도 한다. 미송리식 토기는 평안북도 의주군 미송리 유적에서 처음 발견되어 붙여진 이름이다. 미송리식 토기의 형태는 밖으로 벌어진 긴 목을 가진 항아리인데, 몸체 중간에 띠를 말아 붙인 것 같은 한 쌍의 손잡이를 붙였다. 청동기시대의 대표적인 토기로 팽이형 토기, 미송리식 토기, 붉은 간토기 등이 있다.

ㄴ. 청동기 시대에는 울주 대곡리 반구대 암각화, 고령 장기리 암각화 등 종교적 요구와 관련된 바위 그림이 제작되었다.

ㄹ. 부여 송국리형 토기는 청동기 시대의 토기로 팽이형 토기와 미송리식 토기와 같은 시대에 제작되었으며, 한반도 서남부 지방과 영남 서부 등에서 발견된다.

바로 알기

ㄱ. 철기 시대에는 보습, 괭이, 낫, 호미 등의 철제 농기구가 보급되면서 농업 생산력이 발달하여 인구의 증가에도 영향을 주었다.

ㄷ. 신석기 시대에 애니미즘, 토테미즘, 샤머니즘 등 초기 형태의 종교가 등장하였다.

02 선덕여왕 때의 사실 ①

해 설

제시된 자료의 밑줄 친 '왕'은 신라의 선덕여왕이다. 선덕왕 4년에 이찬 수품과 용수(용춘)를 보내 주·현을 두루 돌며 위문하게 하였고, 5년에 병이 들어 황룡사에서 백고좌회를 열어 승려들을 모아 〈인왕경〉을 강설하게 하고, 도첩을 주었다. 11년에는 김춘추를 고구려에 보내 군사적 지원을 요청하고 당에도 사신을 보내 원병을 요청했으나 실현되지 않았다. 15년에는 승려 자장이 대국통이 된 이후 왕명에 따라 통도사를 창건하였다.

① 선덕여왕 재위 기간 중 634년에 분황사, 635년 영묘사 등을 완성하였다.

바로 알기

② 진덕여왕은 당의 군사적 지원을 얻기 위해 김춘추의 아들 법민(문무왕)을 통해 당 고종에게 비단에 수놓은 태평송을 전하였다.

③ 608년 진평왕은 수나라의 군사를 청해 고구려를 치기 위하여 원광에게 '걸사표'를 짓도록 청하고 610년 수나라에 '걸사표'를 보냈다.

④ 진흥왕은 국통(승통)─주통─군통으로 불교 교단을 정비하고 팔관회를 개최하였다.

03 발해의 문왕 ①

해 설

제시된 자료의 (가)왕은 발해의 문왕이다. 일본에 보낸 국서에서 '천손임을 참칭하는 칭호를 써놓았다.'는 내용을 통해 알 수 있다.

① 당은 발해 문왕 때 이전까지 '발해군'이라 부르던 것을 762년(대흥 25)에 '발해국'으로 호칭을 바꾸고 문왕을 '발해국왕'으로 책봉하였다.

바로 알기

② 발해 무왕 때 장문휴의 당의 산둥반도(등주) 공격이 있었는데, 이에 당 현종이 발해를 공격하기 위해 군대를 일으킴에 따라 요서 지역의 마도산에서 충돌하였다.

③ 선왕 때 흑수말갈과 당의 조공 관계를 단절시키고, 대부분의 말갈족을 복속하였다.

④ 성왕 때 수도를 동경용원부에서 상경용천부로 천도하였다.

04 삼국 시대의 석탑 ③

해 설

왼쪽 탑은 백제의 미륵사지 석탑, 오른쪽 탑은 신라의 분황사 모전석탑이다. 미륵사지 석탑은 백제 무왕 때 건립된 우리나라 현존 최고(最古)의 탑이며, 분황사 모전석탑은 선덕여왕 때 건립된 신라에서 가장 오래된 석탑이다. 미륵사지 석탑은 국보 제11호로 지정되었고, 분황사 모전석탑은 국보 제30호로 지정되었다. 모전석탑은 돌을 벽돌 모양으로 잘라 건립한 탑으로 재료가 돌이므로 석탑이다.

ㄴ. 미륵사지 석탑에서는 2009년 1월 해체 수리 중에 초층 탑신 내부 심주(心柱)에서 완전한 형태의 사리장엄구가 발견되었다. 분황사 모전석탑에서는 일제강점기인 1915년에 석탑을 해체·수리하는 과정에서 2층 탑신 중앙부에 있던 방형 석함(方形石函) 안에서 사리장엄구가 발견되었다.

ㄹ. 분황사 모전 석탑은 7c에 제작된 현존하는 신라 최고(最古)의 석탑이다.

바로 알기

ㄱ. 미륵사지 석탑은 익산에 건립되었는데 건립 당시인 무왕 때 수도는 사비였다. 분황사 모전석탑은 당시 수도인 경주에 건립되었다.

ㄷ. 미륵사지 석탑은 목탑 양식의 석탑이고, 분황사 모전 석탑은 석재를 벽돌 모양으로 만든 전탑 양식의 석탑이다.

05 삼별초의 활동 ②

해 설

제시된 자료는 고려사절요 원종 11년(1270) 12월 기사로 진도에서 김방경 부대가 삼별초와 전투를 벌인 내용이다. 삼별초는 고려 정부가 개경 환도를 결정하자 이에 반발하여 배중손의 지휘하에 봉기하였으며, 장기 항전을 계획하고 진도로 옮겼다. 이후 배중손이 죽자 다시 김통정의 지휘로 제주도로 이동하며 끝까지 항전하였다.

ㄱ. 삼별초는 최우 정권 때 치안 유지 등의 목적으로 설치된 야별초에서 비롯된 것으로, 뒤에 야별초가 좌·우별초로 나뉘고, 몽골에 잡혔던 포로들로 구성된 신의군이 합하여져 삼별초 조직이 구성되었다.

ㄷ. 삼별초는 진도에서 일본에 사신을 보내 공동 전선 구축을 꾀했으나 실패하

위 문제의 저작권은 강민성의 정통한국사에 있으므로 무단으로 전재 또는 복제할 수 없습니다.

였다.

바로 알기

ㄴ. 만호부는 고려 후기에 원에서 들여온 군사조직 중 하나의 관직으로 원의 일본 정벌 실패 직후 처음 고려에 설치되었다.

ㄹ. 광군에 대한 설명으로 고려 정종 때 거란의 침입을 막기 위해 농민들로 예비군사조직을 편성하였으며 지방 호족의 지휘 아래 있었다.

06 향도의 역할　　　②

해 설

제시된 자료에 나타난 조직은 향도(香徒)이다. 향도는 매향(埋香) 활동을 하는 단체를 의미하는데 매향이란 향나무를 묻는 것을 말한다. 불교의 신앙 활동을 목적으로 조직된 신도들의 결사체로 고려 전기에는 공동으로 불상이나 탑, 사찰 건립 등을 조성하였다. 고려 후기에는 조직원들의 상호부조를 목적으로 하는 촌락 공동체의 성격을 띠게 되었다.

바로 알기

① 두레에 대한 설명으로 정확한 기원은 확인할 수 없지만 삼한의 공동 노동 조직에서 비롯된 것으로 보는 견해가 많다.

③ 향도는 관 중심의 조직이 아니라 지방 사람들이 만든 자치 조직이다.

④ 고려 전기 향도는 향리들이 주도하였다. 향리의 주도 아래 지역민들을 동원하여 불상이나 탑 등을 조성하였고, 산천 신앙 활동이나 염불과 같은 불교 의례 등을 행하기도 하였다.

07 도교의 발달　　　②

해 설

제시된 자료는 임춘의 〈서하집〉에 나오는 기록으로 예종 때 복원궁을 건립한 내용이다. 이중약은 도교에 심취하였고, 의술에도 밝았던 인물로 예종 때 궁중에 머물며 예종이 도교에 심취하는 데 영향을 끼쳤다. 복원궁은 개경의 북쪽 태화문(太和門)에 있었던 도교 사원이다. 이를 통해 자료에서 알 수 있는 사상은 도교가 된다.

② 고려 궁중에서는 도교사상에 따라 하늘에 제사를 지내는 초제가 성행하고, 토속신에게 제사를 지내는 팔관회를 개최하였다.

바로 알기

① 보현십원가는 균여가 지은 향가이다. 균여는 〈균여전〉에 인용된 글에서 화엄경 보현행원품(普賢行願品)의 어려운 종취(宗趣)를 향가를 빌려 중생을 교화하고자 한다고 창작 동기를 밝히고 있다.

③ 〈해동비록〉은 고려 예종 때 김인존·최선 등이 왕명에 따라 편찬한 도참서로 전래되는 여러 종류의 음양지리서를 정리하여 만들었다.

④ 산송은 묘지 소송으로 풍수도참설의 유행이 배경이 되었다. 상(喪)을 당하면 지사(地師)를 동원하여 길지를 찾아 헤매고, 이미 장례를 치룬 분묘라도 길지를 찾아 이장하는 일이 다반사였다. 그 과정에서 다른 사람의 묘지에 불법적으로 투장(偸葬)하는 부작용들이 속출하였는데 이는 산송의 주요 배경이 되었다.

08 김종직　　　④

해 설

유자광이 문집 가운데 술주시 등을 지목해 추관들에게 보이며 "이것은 모두 세조를 가리킨 것"이라는 내용과 세조 조때 과거에 합격, 성종 조에 중용되었다는 내용을 통해 (가) 인물이 조의제문과 술주시 등을 지은 김종직임을 알 수 있다.

④ 영남 출신의 사림 김종직은 김굉필, 정여창, 김일손 등을 제자로 길렀다.

바로 알기

① 조광조 등에 해당하는 설명이다. 조광조는 1517년 향촌 사회를 교화시키기 위해 여씨향약을 전국에 실시하는데 기여하는 등 향약 보급에 힘썼다.

② 김장생은 예학을 조선의 현실에 맞게 정리한 〈가례집람〉을 저술하였다.

③ 조광조는 미신 타파를 내세우며 초제를 주관하는 소격서 폐지를 주장하였다.

09 서경덕의 사상　　　④

해 설

제시된 자료는 선조실록 선조 8년(1575) 기록으로 선조가 서경덕에게 우의정을 추증하면서 그에 대해 평가한 내용이다.

④ 서경덕은 주기론의 선구자로서 이보다는 기를 중심으로 세계를 이해하였다. 우주 자연은 미세한 입자인 기로 구성되어 있으며, 기는 영원불멸하면서 생명을 낳는다고 보았다. 그는 말년에 『이기설』, 『태허설(太虛說)』 등의 저서를 편찬하였다.

바로 알기

① 기대승에 대한 설명이다. 기대승은 이황과 1558년부터 1570년까지 13년 동안 학문과 처세에 관한 편지를 주고받았는데 그 가운데 1559년에서 1566년까지 8년 동안에 이루어진 사칠논변(四七論辯)은 조선 유학사상 깊은 영향을 끼친 논쟁이다.

② 동몽선습은 중종 38년(1543) 박세무와 민제인이 초학 아동들의 학습을 위하여 저술한 교재이다. 내용은 크게 유학의 핵심 윤리인 오륜에 관한 부분과 중국과 우리나라 역사에 대한 서술로 구성되어 있다. 우리나라 역사는 단군으로부터 시작하여 삼한과 삼국, 고려, 조선까지 서술하였다.

③ 척신 정치에 벼슬을 사양하고 초야의 처사로 지냈던 조식은 내면의 수양을 뜻하는 '경'(敬)과 도의 적극적인 표출을 의미하는 '의'(義)를 동시에 추구하는 '경의학'을 학문의 핵심으로 삼았다. 이황이 주로 순수한 학문적 관심에서 성리학의 이론 공부에 심취했던 반면 조식은 이론 논쟁을 비판하면서 실천 문제에 관심을 집중했으며, 노장 사상 등 이단에 대해서도 포용적이었다.

10 인조 때의 경제 상황　　　①

해 설

제시된 자료는 인조실록 인조 11년(1633) 11월 4일 기록으로 호조가 돈의 주조 및 유통 방법에 대해 건의하는 내용이다. 이 건의에 따라 주조되었던 화폐가 팔분체 조선통보이다.

① 영정법은 정식 명칭이 영정과율법으로 인조 13년(1635) 제정되었다.

위 문제의 저작권은 강민성의 정통한국사에 있으므로 무단으로 전재 또는 복제할 수 없습니다.

② 숙종 4년(1678) 영의정 허적의 건의로 상평통보가 주조되어 유통되었다.

③ 『농가집성』은 효종 6년(1655) 신속이 왕명에 의해 편찬한 종합 농서이다. 이 책은 『농사직설』, 『금양잡록』, 『사시찬요초』의 세 농서와 부록으로 『구황촬요』가 덧붙어 있는 합편이지만 각 부분의 내용은 시대에 따른 개수와 보충이 있어 당시로서는 내용과 체재를 갖춘 종합 농서라고 할 수 있다.

④ 현종 3년(1662) 정월 제언사가 복설되고 『진휼청제언사목』이 마련되었다. 진휼청 산하에 제언사를 두어 황폐해진 수리 시설을 복구 또는 개발하는 한편, 그 공사에 기민(飢民)을 동원하여 먹을 것을 제공하였다.

11 숙종 대의 사실 　　　　　①

해　설

노산군의 묘호를 단종으로 추숭하고 폐사군에 진을 설치한다는 내용을 통해 밑줄 친 '임금'이 숙종임을 알 수 있다.

① 숙종에 대한 설명이다. 숙종은 임진왜란 때 원군을 보낸 신종의 은의를 기리기 위한다는 명분으로 1704년 창덕궁 금원 옆에 대보단을 설치하였다.

바로 알기

② 정조에 대한 설명이다. 정조는 친위 부대인 장용영을 설치하여 각 군영의 독립적 성격을 약화시키고 병권을 장악함으로써 왕권을 뒷받침하는 군사적 기반을 갖추었다.

③ 영조는 붕당의 기반을 약화시키기 위해 이조 전랑의 후임자 천거권과 3사 관리의 선발권한을 폐지하여 이조 전랑의 권한을 축소하였으며 이어 정조는 후임자 천거권을 완전히 폐지하였다.

④ 한국의 문물제도를 분류 · 정리한 『동국문헌비고』는 1769년 영조의 명으로 편찬이 시작되어 1770년에 완성되었다. 체제는 중국 『문헌통고』를 따라 상위(象緯), 여지, 예, 악, 병, 형, 전부, 재용, 호구, 시적, 선거, 학교, 직관의 13고로 나누어 수록하였다.

12 실학의 발달 　　　　　③

해　설

제시된 자료에서 (가)는 이익의 '붕당론'으로 이익은 붕당이 생겨난 이유를 관직에 나가려는 사람은 많은데 관직이 한정되어 있기 때문이라고 하였다. '붕당론'은 그의 저서 『곽우록』에 실려 있다. (나)는 홍대용의 『의산문답』으로 연행(燕行)의 체험을 포함한 스스로의 학문적 성취와 자신의 철학을 집대성하여 엮은 책이다. 이 책은 허자(虛子)와 실옹(實翁)의 대화 형식으로 이루어져 있는데, 허자는 성리학만을 공부한 사람, 실옹은 새로운 학문을 터득한 사람으로 묘사된다. 허자가 묻고 실옹이 대답하거나, 실옹이 물어 허자의 어리석음을 깨우치면서 진행된다.

ㄴ. 『곽우록』은 이익의 저서로 국가적 당면 문제의 해결책을 제시한 정책서이다. 내용은 국가에서 해결해야 할 시급한 문제를 19항목으로 나누어 조목별로 자신의 견해를 밝혔다.

ㄹ. 홍대용은 청의 북경 방문 뒤 견문록으로 『연기』를 작성하였으며, 이는 후에 박지원의 『열하일기』에도 영향을 주었다.

바로 알기

ㄱ. 둔전론을 주장한 인물은 서유구이다. 그는 지주제의 철폐가 불가능하다고 보고, 부농층이 토지가 없는 농민을 고용해 일종의 농장을 경영하게 하자는 둔전론을 주장하였다.

ㄷ. 규장각 검서관은 정조 3년(1779) 규장각 외각인 교서관에 처음 설치되었다가 2년 후 내각인 규장각으로 옮겨졌다. 정조 3년 초대 규장각 검서관으로 임명된 인물은 서얼 출신인 박제가, 유득공, 이덕무, 서이수이다. 홍대용은 서자 출신이 아니다.

13 창덕궁과 창경궁 　　　　　④

해　설

자료의 ㉠ 궁궐은 창덕궁, ㉡ 궁궐은 창경궁이다. 창덕궁은 태종 때 창건되었으며 정궁인 경복궁의 동편에 있다고 해서 동궐이라는 이름이 붙여졌다. 창덕궁의 존덕정에는 정조의 절대 군주에 대한 의지를 표현한 만천명월주인옹자서라는 현판이 걸려 있고, 갑신정변 당시에는 청군과 일본이 충돌한 곳이기도 하다. 창경궁은 성종 때 창덕궁이 비좁아 건축된 궁궐로 이곳에서 영조는 군포 개혁을 하기 위해 정문인 홍화문에 나아가 백성들의 여론을 청취하기도 하였다.

바로 알기

④ 동궐도는 순조 때 효명제사의 주도로 제작한 창덕궁의 구조를 그린 그림으로 창덕궁과 연결되어 있는 창경궁도 함께 그려져 있다. 동궐도에는 창덕궁과 창경궁 안에 실재하던 모든 전당과 누정, 교량, 연못, 담장, 나무, 주변의 경관들이 약간 옆에서 비껴 내려다본 평행투시도법의 시점과 계화 기법에 의해 입체적으로 정밀하게 묘사되어 있다.

14 제물포 조약과 조청 상민 수륙 무역 장정 　　　　　④

해　설

(가)는 일본과의 제물포 조약, (나)는 청과의 조청 상민 수륙 무역 장정이다.

④ 청은 임오군란을 진압한 뒤 조청 상민 수륙 무역 장정을 체결하였는데, 북경과 한성의 양화진에서의 개잔 무역을 허락하되 양국 상민의 내지 채판을 금하고, 다만 내지 채판과 유력(遊歷 : 돌아다니는 일)이 필요할 경우 지방관의 허가서를 받아야 한다는 규정을 두었다.

바로 알기

① 제물포 조약은 임오군란으로 인해 발생한 일본측의 피해보상 문제를 다루기 위해 조선과 일본 사이에 체결된 조약이다.

② 갑신정변 이후 체결된 한성조약에서 일본인에 대한 조선인의 배상금 지불과 일본 공사관 신축비 부담 등을 규정하였다.

③ 갑신정변 이전에 체결되어 청의 조선 침략을 심화시켰으며, 이는 갑신정변의 배경이 되었다.

15 을사늑약의 영향 　　　　　④

해　설

제시된 자료는 1906년 1월 17일 반포되었던 '외부(外部) 관제 개정 안건'으로 외교 업무를 담당하던 외부를 없애고 대신 의정부에 외사국을 설치하여 이를 대행하도록 하는 것이 핵심이다. 외사국은 외교 문서의 보관만을 담당함으

위 문제의 저작권은 강민성의 정통한국사에 있으므로 무단으로 전재 또는 복제할 수 없습니다.

로서 사실상 정부에서 외교 업무를 배제하였다.

④ 외부 폐지는 을사늑약 체결로 외교권이 박탈 당한 이후의 후속 조치이며 이후 외교 업무는 통감부에서 담당하였다.

바로 알기

① 신민회는 1907년 서울에서 조직된 비밀결사단체이다.

②, ③ 1907년 헤이그 특사 사건 결과 고종이 강제 퇴위당하고 순종이 즉위하였으며 한일신협약이 체결되었다.

16 화폐 정리 사업   ①

해 설

제시된 자료는 1905년 6월 24일 탁지부령 제1호로 반포된 '구 백동화 교환에 관한 건'이다. 이 탁지부령 발표를 계기로 화폐 정리 사업이 시작되었다. 화폐 정리 사업은 대한제국에서 유통되던 화폐를 정리하고 새로 일본 화폐를 유통하는 것을 골자로 시행되었다.

① 화폐 정리 사업의 추진으로 일본과 같이 대한제국에서도 금본위 제도가 시행되었다.

바로 알기

② 화폐 정리 사업의 첫 단추는 백동화를 발행하던 전환국을 폐지하는 것이었다.

③ 화폐 정리 사업 결과 백동화를 갑·을·병종으로 구분하여 을종은 액면가보다 낮은 가격으로 매수하고 병종 화폐는 매수하지 않아 국내 총 통화량이 감소하였다.

④ 일본은 1894년 청·일 전쟁 수행에 소요되는 자국 화폐의 한국 진출을 합법화시킬 목적으로 은본위제의 채용을 골자로 하는 '신식화폐발행장정'을 조선 정부로 하여금 제정, 실시하게 하였다. '신식화폐발행장정'은 1901년에 이르러 화폐권의 자주 독립성을 지키려는 정부와 지식 계층의 저항, 일본과 대립 갈등하고 있는 러시아 세력의 영향력 증대로 폐지되었다.

17 문화 통치의 시행   ④

해 설

제시된 자료는 1919년 9월 조선 총독으로 부임한 사이토 마코토가 조선 통치의 근본을 '문화 통치'로 변경하겠다고 선언한 유고(諭告)이다. 유고란 국가의 정책을 일반에게 공지하는 것을 말한다.

④ 1920년 7월 '민의의 창달'이란 명분 아래 새로운 자문 기관인 도평의회, 부협의회, 면협의회를 설치하였다. 이 가운데 도평의회는 임명제로 구성되었으나 부협의회와 면협의회는 선거를 통해 구성하게 되어 있었다.

바로 알기

① 경찰범 처벌 규칙은 재판을 거치지 않고 조선인을 처벌 가능하도록 한 것으로 1912년에 제정되었다.

② 1938년부터 시작된 일제의 3차 조선교육령 당시 일제는 일상에서 조선어 사용을 금지하도록 한 국어 상용 정책을 펼쳤다.

③ 총독부는 국권 강탈에 대한 공로로 일본 작위를 받은 친일파로 구성된 총독부의 자문 기구로서 중추원을 운영하였다.

18 근우회   ④

해 설

제시된 자료는 1927년 발표된 '근우회 선언'의 일부이다. 근우회는 신간회의 자매 단체로 1927년 창립되어 1931년 해소되었다.

④ 원산노동자총파업은 문평제유공장의 노동자 파업이 발단이 되어 1929년 1월 13일부터 4월 6일까지 원산노동연합회를 중심으로 산하의 노동조합원 2,200여 명이 참여한 대규모 파업이었다.

바로 알기

① 형평운동은 1923년부터 일어난 백정들의 신분 운동으로 조선형평사 조직을 통해 백정들의 신분에 대한 불만이 구체화 될 수 있었다.

② 민립 대학 설립 운동은 윤치호·남궁억·박은식·양기탁 등이 600만 원을 모금해 민립대학기성회를 조직한 것에서 비롯되었다.

③ 1936년의 일장기 말소사건으로 조선중앙일보의 사장 여운형이 사퇴하고 폐간되었으며, 동아일보는 무기 정간되었다.

19 백남운과 안재홍   ②

해 설

제시된 자료에서 (가)는 백남운, (나)는 안재홍이다. 백남운은 유물사관에 입각해 '한민족의 역사가 원시 씨족 공동사회에서 출발해 삼국 시대의 노예 경제사회를 거쳐 통일 신라와 고려의 아시아적 봉건 사회에 이르렀으며 현재에 와서 상품생산제 사회가 진행되고 있다'고 보았으며, 식민사관의 정체성론을 정면으로 비판하였다. 안재홍을 위원장으로 하여 1945년 9월 결성된 국민당은 일제 강점기 비타협적 민족주의자들이 주요 간부를 맡았다.

ㄱ. 연합성 신민주주의는 백남운에 의해 제창되었다. 그는 1946년 간행된 〈조선 민족의 진로〉에서 계급적 민주주의보다는 민족적인 연합성 민주주의만이 민주적 통일과 자주 독립을 수행할 수 있다고 하였다.

ㄷ. 안재홍은 1947년 과도입법의원의 의원이 되고, 미군정청의 민정장관을 역임하였다.

바로 알기

ㄴ. 박헌영에 대한 설명이다. 광복 이후 정판사 사건 등으로 인해 공산당의 활동이 침체되자 박헌영 등은 남한에서의 세력을 재정비하기 위해 남조선노동당 창설을 주도하였다.

ㄹ. 안재홍은 1대 총선에는 불참하였고, 2대 국회의원이 되었으나 6·25 전쟁 도중 납북되었다.

20 3선 개헌에 의한 헌법   ②

해 설

제시된 자료는 1972년 10월 17일 발표한 대통령 특별 선언으로 10월 유신을 선포한 내용이다. 이 담화문 발표로 현행 헌법의 일부 조항의 기능을 정지시키는 비상조치와 이를 위해 전국 일원에 비상계엄을 선포했다. 이를 배경으로 1972년 12월 21일 국민투표를 통해 유신 헌법이 확정되었고 12월 23일 통일주체 국민회의에서 박정희가 대통령에 당선되었다. 제시된 자료에서 '현행 헌법'은 유신 헌법으로 폐기된 1969년의 3선 개헌 헌법이다.

② 3선 개헌에 의해 대통령의 연임 횟수가 3번으로 늘어났다.

위 문제의 저작권은 강민성의 정통한국사에 있으므로 무단으로 전재 또는 복제할 수 없습니다.

바로 알기

① 헌법 재판소는 장면 내각 헌법에서 헌법위원회 제도로서 인정되었다가 1963년 개정된 헌법에서 폐지되었다. 이후 1987년 10월 29일 공포된 헌법에서 부활되었다.

③ 1980년 개정된 헌법에서 대통령 선거인단에 의한 대통령 간선제가 규정되었다.

④ 1972년 개정된 유신 헌법은 대통령이 긴급조치를 발동할 수 있도록 규정하였다.

01 옥저　　③

해설

제시된 자료는 삼국지 위서 동이전의 옥저에 관한 내용이다.

③ 옥저에서는 사람이 죽으면 시체는 모두 가매장을 하되 겨우 형체가 덮일 만큼만 묻었다가 가죽과 살이 다 썩은 다음에 뼈만 추려 곽 속에 안치하였는데 온 집안 식구를 모두 하나의 곽 속에 넣어 두었다.

바로 알기

① 동예는 다른 부락민이 남의 부락을 침범하면 책화라고 하여 소·말로 보상하도록 하거나 노비로 삼았다.

② 부여는 여름에는 얼음을 써서 장례를 치르고 시체의 부패를 방지하고자 하였다.

④ 삼한 중 마한은 땅을 파서 초가에 토실(움집)을 만들어 사는데, 그 모양이 무덤 같고 출입문이 위쪽으로 나 있었다.

02 사택지적비와 울진 봉평 신라비의 건립 시기　　③

해설

제시된 자료에서 (가)는 의자왕 때 건립되었던 백제의 사택지적비, (나)는 법흥왕 때 건립되었던 울진 봉평 신라비이다.

ㄴ. 의자왕은 642년 7월에 친히 군사를 거느리고 신라의 40여 성(城)을 빼앗았으며, 8월에는 신라의 수도인 경주로 가는 요충지인 대야성(大耶城)을 함락시킴으로써 신라를 위기에 빠뜨렸다.

ㄹ. 법흥왕 9년(522) 가야국의 왕이 사신을 보내 혼인을 청하므로, 왕이 이찬 비조부의 누이를 보냈다. 이 때 가야의 왕은 대가야의 이뇌왕(異腦王)이다.

바로 알기

ㄱ. 미륵사지 석탑은 미륵사를 창건한 무왕 때 건립되었다.

ㄷ. 진흥왕 때의 사실이다. 진흥왕은 544년 흥륜사(興輪寺)를 완성하고, 사람들이 출가해 봉불(奉佛)하는 것을 허락해주었다. 553년 월성(月城) 동쪽에 왕궁을 짓다가 황룡이 나타나자 왕궁을 고쳐서 불사(佛寺)로 삼고 566년 황룡사(皇龍寺)를 완공하였다. 황룡사는 신라 최대의 사찰로서 574년 신라 최대의 불상인 장륙상(丈六像)이 주조되어 모셔져 있다.

03 신문왕 대의 사실　　①

해설

제시된 자료에서 밑줄 친 '왕'은 신문왕이다. 신문왕은 장인인 김흠돌의 난을 진압하고 그 딸인 왕비를 퇴출시켰다. 신문왕은 9주 5소경의 행정 제도를 마련하고, 9서당 10정의 군사제도를 편성하였다.

① 감은사는 신문왕 2년(682) 부왕 문무왕의 뜻을 이어 창건하였으며, 절 터의

위 문제의 저작권은 강민성의 정통한국사에 있으므로 무단으로 전재 또는 복제할 수 없습니다.

부근인 동해바다에는 문무왕의 해중릉인 대왕암(大王巖)이 있다. 문무왕은 해변에 절을 세워 불력으로 왜구를 격퇴시키려 하였으나, 절을 완공하기 전에 위독하게 되었다. 문무왕은 승려 지의에게 "죽은 후 나라를 지키는 용이 되어 불법을 받들고 나라를 지킬 것"을 유언하고 죽자 이에 따라 화장한 뒤 동해에 안장하였으며, 신문왕이 부왕의 뜻을 받들어 절을 완공하고 감은사라 하였다.

바로 알기

② 독서삼품과 신라의 관리선발제도로 국학 학생들을 독서 능력에 따라 상·중·하로 구분하여 관리 임용에 참고하였는데 원성왕 때 시행되었다.

③ 96각간(角干)의 난은 신라 혜공왕 시대에 발생한 전국적인 대규모 반란으로 일명 대공(大恭)의 난이라고도 한다. 각간은 신라 최고위 관등인 이벌찬을 가리키므로 96각간이라는 표현은 각간 96명을 가리킨 것이 아니라, 당시 반란에 동조한 인원과 이를 진압하는 인원을 상징적으로 표현한 것으로 추정된다.

④ 진덕여왕은 즉위와 함께 태화라는 연호를 사용하였다. 이후 김춘추의 노력으로 나당 동맹이 맺어지자 650년부터 영휘라는 당의 연호를 사용하였다. 영휘는 당 고종의 첫 번째 연호로 650년부터 655년까지 6년 동안 사용되었다.

04 최치원의 활동　　　　　　　　　　　　　④

해　설

제시된 자료는 〈삼국사기〉 열전 최치원에 대한 기록으로 고려 태조에게 최치원이 글을 보내 고려 태조가 새 왕조를 개창할 것을 예견하여 고려 현종 때 내사령에 추증되고 문창후라는 시호를 받았다는 내용이다. 자료에서 '계림'은 경주에 있는 숲으로 신라를 의미하고, '곡령'은 개성의 송악산의 다른 이름으로 고려를 의미한다.

④ 법장화상전은 효공왕 8년(904) 최치원이 지은 당나라 고승 법장의 전기로, 우리나라 화엄종과 화엄십찰(華嚴十刹)에 관한 내용도 포함되어 있다. 이 책은 고려 때 의천이 저술한 '신편제종교장총록'에 수록되었고, 교장의 일부로 조판되었다.

바로 알기

① 김대문에 대한 설명이다. 김대문은 고구려, 백제, 신라의 설화를 모은 설화집인 계림잡전을 저술하였다.

② 고선사 서당화상비는 원효의 비석으로, 신라 애장왕 때 원효의 후손인 설중업이 후일 헌덕왕이 되는 당시 실권자인 각간 김언승의 후원으로 원효를 추모하기 위하여 건립한 비석이다. 비문을 쓴 사람은 알 수 없으며, 원효의 전기에 관한 가장 오래된 자료이다.

③ 강수에 대한 설명이다. 강수는 어렸을 때 아버지가 그에게 "불도를 배우겠는가, 유도(儒道)를 배우겠는가?"하고 묻자 "제가 듣기로는 불도는 세외교라고 합니다. 저는 속세의 사람이온데 어찌 불도를 배우겠습니까?"라고 답하였다고 한다.

05 음서　　　　　　　　　　　　　　　　　①

해　설

제시된 자료는 『고려사』 선거지의 규정으로 모두 음서(蔭敍)에 대한 내용이다. 음서제는 문음(門蔭) 혹은 공음(功蔭)이라고도 하였는데, 대체로 가문에 기준을 두고 아버지와 할아버지의 공과 지위에 따라 과거를 거치지 않고 자손을 관리로 임용하는 방식이었다.

① 과거제도는 고려 광종 때 중국 후주에서 귀화한 쌍기의 건의에 의해 처음으로 실시되었으며 음서제도는 그보다 후대에 실시되었다. 고려의 음서 시행에 관한 최초의 기록은 목종 즉위년 기사에서 찾아볼 수 있지만 이미 성종 때부터 음서제가 제도적으로 정비되었으리라 짐작할 수 있다.

바로 알기

② '한품서용'은 일정 품계 이상의 관직에 승진할 수 없도록 한 규정으로, 고려 시대 음서는 이 규정을 적용하지 않았다. 음서로 관직에 나간 많은 사람들이 재상으로 승진하였다.

③ 『고려사』 선거지 음서의 규정에 의하면 음서는 18세 이상으로 제한되었다.

④ 음서를 베푸는 시기는 포상이나 특사처럼 비정기적인 면이 있었다. 예컨대 국왕의 즉위나 왕태후 및 왕태자의 책봉, 태묘에서의 국왕 친제, 가뭄 발생에 대한 대책 등이 이에 해당하였다. 이와 달리 고려의 정기 인사가 행해지는 매년 12월 도목정(都目政) 때 음서를 시행하기도 하였다.

06 녹과전의 지급　　　　　　　　　　　　①

해　설

제시된 자료는 『고려사절요』 원종 12년(1271) 기사로 녹과전 지급에 대한 내용이다. 녹과전은 강화 천도 이후 녹봉을 대신할 목적으로 관리에게 분급한 토지로 개경으로 환도한 뒤 원종 1212년(1271) 분전대록의 선례를 확대시켜, 녹봉을 제대로 받지 못하는 관리에게 토지를 분급한다는 원칙을 마련하고, 이듬해에 녹과전을 시행하게 되었다.

바로 알기

② 고려 태조 때 후삼국 통일에 공을 세운 조신·군사 등에게 인품과 공훈을 기준으로 역분전을 지급하였다.

③ 권문세족과 사원이 사패와 고리대를 이용해 녹과전마저 겸병하여 대농장을 형성하는 등 사패전의 폐단을 극복하지는 못하였다.

④ 녹과전이 설치될 때 전시과의 또 다른 수급자였던 군인이나 한인은 관심의 대상에서 제외되었다.

07 고려 후기의 문화　　　　　　　　　　④

해　설

제시된 자료에서 (가)는 고종 21년(1234) 최초의 금속활자본인 상정고금예문의 인쇄 과정을, (나)는 우왕 3년(1377) 현존하는 세계 최초의 금속활자본인 직지심체요절의 인쇄 과정을 소개한 글이다.

① 원의 역법인 수시력은 고려 충선왕 때 전래되어 그 일부가 사용되었다.

② 일연은 충렬왕 때 『삼국유사』를 편찬하였는데 그 정확한 연도는 전해지지 않는다. 대략 일연의 나이 70세(1276) 이후에 저작된 것으로 보이는데, 좀 더 구체적으로 말한다면 75세(1281) 이후 2, 3년 사이가 될 것으로 추정된다.

위 문제의 저작권은 강민성의 정통한국사에 있으므로 무단으로 전재 또는 복제할 수 없습니다.

③ 충렬왕 22년(1296) 독립적인 특수 관청으로 경사교수도감을 설치하여 보다 적극적인 유학진흥을 꾀하였다.

바로 알기

④ 동명왕편은 명종 때 이규보가 지은 고구려 동명왕에 대한 서사시로 그의 문집인 〈동국이상국집〉에 수록되어 있다.

08 조선 전기의 대외 관계 　　　　②

해　설

제시된 자료에서 (가)는 중종 7년(1512) 체결된 임신약조이고, (나)는 명종 2년(1547) 체결된 정미약조이다. 조선 초기 일본에 대한 교린 정책으로 3포를 개항하고 무역을 허용하자 도항 왜인이 급증하고 왜인의 일방적인 상업 이익 추구로 정부의 재정 부담이 늘어나자 왜인들의 도항을 규제하기 위해 세종 25년(1443) 계해약조가 체결되었다. 이후 일본인들이 이에 불만을 품고 삼포 왜란을 일으키자 이를 진압하고 중종 7년(1512) 임신약조를 체결하여 이전보다 세사미두와 세견선을 감축하였다. 중종 39년(1544) 사량진 왜변이 일어나자 다시 국교를 단절하였는데 이후 대마도주의 간청에 따라 명종 2년(1547) 정미약조를 맺고 통교가 재개되었다. 자료에서 유포량은 왜의 사신이 삼포에 도착하면 상관(上官), 부관(副官) 등은 서울로 올라가고 나머지 사공 등 일행은 삼포에 머물렀는데 이 때 조선에서 이들에게 지급한 식량을 말한다.

② 중종 12년(1517) 기존 임시 기구인 축성사(築城司)를 비변사로 고치면서 그동안 변칙적으로 운영되어 온 지변사재상이 비변사라는 명칭으로 처음 기구화되었다.

바로 알기

① 을묘왜변은 명종 10년(1555) 왜인들이 전라도 영암의 달량포와 이포 등지를 약탈한 사건이다. 이를 계기로 비변사가 상설 기구로 자리잡게 되었다.

③ 선조 16년(1583) 여진족 추장인 니탕개가 회령 지역에서 난을 일으켰다. 여진의 여러 부가 진장의 대우가 좋지 않다는 이유로 경원부로 침입해 아산·안동의 각 보를 점령했다. 조정에서 급히 원조군을 파견하고 신립이 평소에 길렀던 기병 500명을 동원해 반란군을 소탕하고 6진을 보존했다.

④ 태종 6년(1406) 경성·경원에 무역소를 설치하였다.

09 동국통감의 특징 　　　　③

해　설

제시된 자료에서 (가)는 『동국통감』으로 세조의 명으로 편찬되기 시작하여 성종 때 간행되었다. 원래 세조가 목표했던 의도는 김부식의 『삼국사기』와 권근의 『동국사략』으로 대표되는 기왕의 고대사 서술이 탈락된 것이 많아 이를 보완하려는 것이었다. 그러나 자료의 신빙성이 떨어지는 고기류(古記類) 이용을 거부한 신하들의 비협조로 완성을 보지 못하였다. 이후 성종 7년(1476)에 이르러 신숙주·노사신 등이 세조 때의 원고를 수정하여 고대사 부분의 『삼국사절요』를 편찬하였다. 이 책은 『삼국사기』에 빠진 고조선사가 보완되었다. 그 후 성종 15년(1484)에 서거정 등 훈신들이 『삼국사절요』와 『고려사절요』를 합하여 『동국통감』을 완성하였으나, 왕은 사림 계열 관료를 참여시켜 다시 수정하여 『신편동국통감』을 다음 해 완성하였다. 이것이 오늘날 전하는 『동국통감』이다. 이로써 『신편동국통감』은 훈구 세력과 사림 세력의 입장을 모두 반영하는 절충적인 성격의 역사서가 되었다.

③ 『동국통감』은 단군조선에서 삼한까지를 외기(外紀), 삼국 건국부터 669년(신라 문무왕 9년)까지를 삼국기, 669년에서 935년(신라 경순왕 9년, 고려 태조 18년)까지를 신라기, 935년(고려 태조 19년)부터 고려 말까지를 고려기로 편찬하였다.

바로 알기

① 『동국통감』은 편년체로 편찬되었다. 세가, 지, 열전은 기전체 사서에 들어 있다.

② 『동국통감』은 삼국 균적(均適)을 내세워 삼국을 대등한 국가로 해석하여 고려 시대의 고구려 계승주의와 신라 계승주의의 갈등을 해소하였다는 의의가 있다.

④ 이승휴의 『제왕운기』에 대한 설명이다. 『제왕운기』는 5언, 7언 형식으로 중국과 우리나라의 역사를 다룬 장편 서사시이다. 영사(詠史)란 역사적 사실을 주제로 지은 시가를 가리킨다.

10 기해박해 　　　　④

해　설

제시된 자료에서 (가)는 기해박해이다. 프랑스의 세실은 헌종 14년(1846) 8월 군함을 이끌고 충청도 홍주 앞바다에 나타나 기해박해 때 처형된 3인의 프랑스 신부를 거론하며 정부를 위협하였다. 기해박해는 헌종 5년(1839) 당시 정권을 장악했던 풍양 조씨에 의해 시작되었는데 이때 프랑스 주교 앙베르, 모방, 샤스탕 등이 체포되어 군문효수되었다.

④ 이때 정하상, 유진길, 조신철 등이 붙잡혔는데, 정하상은 척사윤음에 대해 〈상재상서〉를 올려 천주교를 변호하였다.

바로 알기

① 신해박해 때 윤지충과 권상연이 처형당하고 이승훈이 유배되었다.

② 신유박해 때 정약용의 둘째 형 정약전이 흑산도에 유배되었고, 유배지에서 생을 마쳤다.

③ 병오박해 때 한국인 최초의 신부인 김대건이 효수형을 받고 순교하였다.

11 규장각 　　　　②

해　설

문신으로 과거에 합격한 후 실무를 익히는 사람들을 대상으로 강제(강경과 제술)를 시행하며 37세 이하에 한하여 뽑는다는 내용을 통해 자료의 제도가 초계문신제도임을 알 수 있다. 초계문신은 조선 정조 이후 규장각에 소속되어 재교육 과정을 밟은 젊고 재능있는 문신들을 의미한다.

ㄱ. 급진개화파는 왕권 견제와 약화를 위해 14개조 개혁 정강에서 규장각의 폐지를 주장하였다.

ㄷ. 검서관은 1779년(정조 3) 규장각 외각인 교서관에 처음 설치되었다가 1781년 내각인 규장각으로 옮겨졌다. 초대 검서관으로는 이덕무, 유득공, 박제가, 서이수 등 서얼 출신 학자들이 임명되었다.

바로 알기

ㄴ. 속대전은 1746년 조선 영조 때 문신 김재로 등이 왕명을 받아 편찬한 법전이다.

위 문제의 저작권은 강민성의 정통한국사에 있으므로 무단으로 전재 또는 복제할 수 없습니다.

이다.

ㄹ. 규장각의 부설 장서각으로 중국에서 수입한 서적을 보관한 개유와, 열고관이 있었다. 열고관에서 청에서 수입한 『고금도서집성』 등을 보관하였다.

12 윤휴의 활동 　③

해 설

제시된 자료는 17세기 탈주자적 경전 해석의 흐름을 대표하는 백호(白湖) 윤휴의 『중용주자장구보록』으로, 그의 문집인 『백호전서』 중 『독서기』에 수록되어 있다. 이 글은 주자의 『중용장구』를 보완했다는 의미로 『중용주자장구보록』이라고 했지만, 실은 주자가 장(章)을 나눈 것을 고치고 독자적인 주석을 덧붙인 것이다.

③ 윤휴는 숙종 원년(1675) 북벌을 주장하였는데 당시 청에서는 삼번의 난이 일어나고 있었다. 그러나 이 주장은 삼번의 난이 진압되고 경신환국으로 남인이 정권에서 물러나면서 중단되었다.

바로 알기

① 김육에 대한 설명이다. 김육은 시헌력 사용을 건의하여 효종 4년(1653) 시헌력이 채택되는데 공헌하였다.

② 허목에 대한 설명이다. 허목은 『기언』 권 11의 〈청사열전〉에 도가 인물과 사상에 대해 저술하였다.

④ 유몽인에 대한 설명이다. 그의 저서 『어우야담』은 야사, 항담(巷談), 가설(街說) 등을 모아 엮은 설화집으로 선도(仙道)와 관련된 인물의 행적을 소개하였다.

13 교육 기관의 변천 　①

해 설

제시된 자료에서 (가)는 통일 신라의 국학, (나)는 고려 시대의 국자감, (다)는 조선 시대의 성균관, (라)는 개항 이후 설치된 육영공원이다.

ㄱ. 통일 신라 원성왕은 독서삼품과를 실시하였는데 이는 국학의 졸업자를 대상으로 시험을 치러 관리로 등용하는 제도였다.

ㄴ. 국자감에는 유학 학부인 국자학, 태학, 사문학 외에 율학, 서학, 산학의 기술학부도 있었다.

바로 알기

ㄷ. 향음주례는 매년 10월에 향촌의 선비·유생들이 향교나 서원 등에 모여 학덕과 연륜이 높은 이를 주빈으로 모시고 술을 마시며 잔치를 하는 일종의 유교 의례이다.

ㄹ. 육영공원은 보빙사의 파견을 계기로 설치되었다.

14 아관파천 이후 상황 　②

해 설

제시된 자료는 일본에 있는 오스트리아–헝가리 제국의 외교관이 조선의 상황을 고국에 알리는 외교 보고서 가운데 일부이다. 제시된 자료는 1896년 5월 26일에 보고된 내용으로 도쿄에서 벤쿠버를 경유하여 오스트리아–헝가리 제국으로 보고되었다. 자료에서 '취소된 훈령'은 단발령이다. 따라서 이 보고서가 작성된 시기는 아관파천 직후인 1896년 상반기쯤으로 추론할 수 있다.

② 고종은 아관파천 직후인 1896년 2월 21일 단발은 각자 자유의사에 맡긴다는 조칙을 내렸다.

바로 알기

① 삼국간섭은 1895년 4월 체결된 시모노세키 조약으로 일본이 요동 반도를 차지하자 러시아, 독일, 프랑스가 일본에 요동 반도의 반환을 강요한 사건이다.

③ 만민 공동회는 1898년 3월 러시아의 이권 침탈을 저지할 목적으로 처음 개최되었다.

④ 김홍집·박영효 연립 내각은 1894년 11월 성립되었으며 김홍집이 총리대신, 박영효가 내무대신이었지만 박영효가 실권을 장악하여 연립 내각이라 불렸다. 이 내각이 제2차 갑오개혁을 주도하였다.

15 헌정 연구회의 활동 　①

해 설

제시된 자료에서 (가) 단체는 그 목적이 입헌 정치 수립에 있음을 알 수 있으며 이에 부합되는 단체는 헌정 연구회이다. 헌정 연구회는 윤효정, 이준 등이 주축이 되어 발기하고, 1905년 5월 창립한 계몽 운동 단체이다.

① 헌정 연구회는 일진회와 대립하다 통감부 설치 직후 해체되었는데 이를 계승하여 대한 자강회가 설립되었다.

바로 알기

② 신민회는 출판물 보급과 사업연락을 위해 평양·서울·대구에 각각 태극서관을 두었다.

③ 대한자강회는 국채 보상 운동에 적극 참여하고, 고종 황제의 강제 퇴위 반대 운동 등 활동을 전개하였다.

④ 대한자강회는 통감부가 1907년 제정한 보안법에 의해 해산되었다.

16 국채 보상 운동 　③

해 설

제시된 사료는 1907년 4월 23일, '탈환회(脫環會)'가 대한매일신보에 기고한 설립 취지문이다. '반지를 빼는 모임'이란 의미를 지닌 '탈환회'는 국채 보상 운동의 일환으로 여성들이 결성한 단체이다. 따라서 자료의 '중요한 일'은 국채 보상 운동이다.

③ 1907년 7월 한글연구기관으로서 국문연구소가 학부에 설치되었으며 문자 체계 연구, 맞춤법 연구 등을 담당하였다.

바로 알기

① 여권통문은 1898년 북촌 양반 부인 400여 명의 명의로 발표된 통문으로 여권 신장을 제기하였다.

② 대한매일신보는 영국인 베델을 발행인 겸 편집인으로, 양기탁을 총무로 해서 1904년에 창간되었다.

④ 서북 철도국은 1900년 서울과 신의주 사이에 경의선을 부설하기 위하여 궁내부(宮內府)에 설치한 관서로, 1904년 일본이 러·일 전쟁 수행의 일환으로 군용 철도를 부설하기 시작하면서 폐지되었다.

위 문제의 저작권은 강민성의 정통한국사에 있으므로 무단으로 전재 또는 복제할 수 없습니다.

17 브나로드 운동 ④

해　설

제시된 자료는 동아일보 1931년 7월 16일자 기사로 브나로드 운동 참여를 권유하는 내용이다. 동아일보사가 전개했던 브나로드 운동은 1931년 시작되어 1935년 일제의 금지령으로 중단되었다. 따라서 브나로드 운동은 1931년 여름부터 1934년 여름까지 전개되었다.

④ 일제는 1930년대 전반에 농업의 비중을 축소하고 광공업에 대한 비중을 확대하면서 경공업 생산보다 전기·화학·기계 등의 중화학 공업을 육성하였다.

바로 알기

① 흥남 질소 비료 공장은 1927년 설립되었으며 북부 지역의 최대의 종합비료산 공장이었다.

② 조선농회령은 2차 산미증식계획 중 1926년에 제정되어 투자 자본 중 정부의 자금 비중을 높이고 지주의 부담은 경감하는 데 영향을 주었다.

③ 일제는 일본 상품의 조선 진출을 확대하기 위해 1923년에 면직물과 주류를 제외한 관세를 철폐하였다.

18 국민대표회의 ②

해　설

제시된 자료는 1923년 2월 21일 발표된 국민대표회의 선언서의 일부이다. 국민대표회에서는 2월 3일 정광호, 박건병, 이민창을 위원으로 선출하여 선서문과 선언문을 기초하게 하여 2월 14일 회의에서 선서문이, 19일에는 선언서가 통과되어 2월 21일 선서문과 선언문을 발표하였다. 자료의 '본 회의'는 국민대표회의이다.

② 임시정부가 만주 지역 독립군과는 연결이 단절되고 비밀 행정 조직망이 붕괴하는 등 자금난과 인력난을 겪는 속에서 독립 운동에 대한 노선도 무장 투쟁론과 외교 독립론 등으로 갈등하자 이를 타개하기 위해 국민 대표 회의가 소집되었다.

바로 알기

① 김구, 이시영 등은 임시 정부의 현상 유지를 주장하였으며 국민대표회의 개최를 반대하였다. 박은식, 원세훈, 안창호, 김동삼 등이 국민대표회의 개최를 추진하였다.

③ 교통국과 연통제는 대한민국 임시 정부 수립 초기부터 시행되었던 비밀 행정 조직으로 임시 정부와 국내를 연결하여 교통 통신, 자금 조달, 인재 추천 등의 역할을 하였다.

④ 한국국민당은 민족혁명당 창당에 대응하여 1935년 김구 등 대한민국 임시 정부 인사들이 주도하여 창당한 정당이다.

19 좌우 합작 위원회 ④

해　설

제시된 자료는 중도 좌익과 중도 우익에 의해 주도되었던 좌우 합작 운동 결과 합의된 좌우 합작 7원칙으로 '본 위원회'는 좌우 합작 위원회이다. 1946년 7월 결성된 좌우 합작 위원회는 같은 해 10월 7일 좌익인 민주주의 민족 전선의 '좌우 합작 5원칙'과 우익의 '좌우합작 8원칙'을 절충하여 좌우 합작 7원칙을 발표하였다.

④ 좌우 합작 위원회는 7원칙 중 '친일파를 처리할 조례를 입법 기구에 제안한다'는 조항에 대하여 입법 기구를 당시 미군정이 추진하고 있었던 남조선과도 입법 의원으로 할 것을 합의하였다.

바로 알기

① 좌우 합작 위원회는 중도 좌파인 여운형과 중도 우파인 김규식이 교대로 위원장을 맡아 회의를 주재하였다.

② 좌우 합작 위원회 설립은 미군정도 지원하였다.

③ 인도 등 8개국으로 구성되어 파견된 유엔한국임시위원단에 대한 설명이다.

20 전두환 정부의 정책 ②

해　설

제시된 자료는 제12대 대통령 취임사로 전두환 정부에 대한 내용이다.

② 전두환 정부는 대학 학생회를 부활하고 학도호국단을 폐지하였다.

바로 알기

① 노태우 정부는 북방 외교를 추진하면서 소련과 중국, 동유럽 국가 등의 사회주의 국가와 수교하였다.

③ 1969년 박정희 정부 때 가정의례준칙에 관한 법률과 시행령이 제정되었고, 이에 대한 벌칙 조항이 1973년 신설되었다.

④ 김영삼 정부 때 5·18 특별법을 제정하고 5·18 광주민주화운동의 명예를 회복하는 등 역사 바로세우기를 추진하였다.

위 문제의 저작권은 강민성의 정통한국사에 있으므로 무단으로 전재 또는 복제할 수 없습니다.

본문 26p~30p

01 ④	02 ④	03 ④	04 ①	05 ③
06 ②	07 ②	08 ②	09 ④	10 ③
11 ③	12 ·	13 ①	14 ②	15 ④
16 ④	17 ①	18 ②	19 ④	20 ②

01 동예 ④

해 설

제시된 자료는 삼국지 위서 동이전의 동예에 관한 내용이다. 동성끼리는 결혼하지 않는다는 내용과 사람이 죽으면 옛 집을 버리고 새 집을 지어 산다는 내용 등을 통해 알 수 있다.

④ 동예에는 대군장이 없고, 한 대 이후로 후·읍군·삼로의 관직이 있어 하호를 통치하였다는 기록이 있다.

바로 알기

① 신지, 읍차는 삼한의 지배자이다. 세력이 큰 것은 신지, 견지, 작은 것은 읍차, 부례 등으로 불렸다.

② 부여는 예왕지인(濊王之印)이라는 인문이 새겨진 국새를 사용하였다.

③ 고구려에는 왕이 있고, 사자·조의·선인 등의 관리를 두어 부족을 통치하였다.

02 백제의 발전 ④

(가) 침류왕 때의 사실로 동진의 호승인 마라난타에 의해 백제에 불교가 전래되었다.

(나) 근초고왕 때의 사실로 백제가 평양성 전투에서 고구려를 격파한 사실로, 이로 인하여 고구려의 고국원왕이 전사하였다.

(다) 고이왕 때의 사실로 내신좌평 등 6좌평과 16관등을 설치하여 관등제를 정비하였다.

(라) 개로왕 때의 사실로 고구려의 남진 정책에 대응하여 북위에 군사 원조를 요청하는 국서를 보냈다.

따라서 순서는 (다)―(나)―(가)―(라) 순이다.

03 신라 성덕왕 대의 사실 ④

해 설

제시된 자료는 〈삼국사기〉에 실려있는 최치원의 글로서 발해가 등주를 공격하자 당이 반격하며 신라와 공조하고 있음을 알 수 있다. 732년 9월 발해가 등주를 선제 공격하자 〈구당서〉에는 좌령군 장군(左領軍將軍) 개복순(蓋福順)이 군사를 일으켜 이에 대응하였다고 기록되어 있다. 이듬해에는 대문예를 유주(幽州)로 보내 발해를 공격하게 하는 한편, 신라에 사신을 파견하여 신라가 발해의 남쪽 변경을 공격하게 하는 협공 작전을 구사하였다. 이때 정태위(正太尉) 지절(持節) 충영해군사(充寧海軍事) 계림주대도독(鷄林州大都督)로 삼은 신라의 왕은 성덕왕이었다. 당과 같이 손잡고 발해를 견제한 결과 당으로부터 735년 패강 이남의 지역에 대한 신라의 영유권을 정식으로 승인받았다.

바로 알기

① 안승을 금마저에서 경주로 불러들여 김씨 성과 소판 관등을 내린 것에 대해 대문이 금마저에서 웅거하여 난을 일으키자 신문왕은 이를 진압하였다.

② 당의 주도 하에 신라 문무왕과 백제의 왕자 부여융이 국경에 합의한 취리산 회맹을 맺었다.

③ 진덕여왕에 대한 설명이다. 품주는 565(진흥왕 26)년에 설치되었다. 초기에는 국가의 재정 업무를 담당하던 관청이었는데 584년 조부(調府)가 독립하여 공부를 담당하게 되었다. 재정 지출 업무는 국왕의 관할 하에 이루어지는 관계로 왕권과 밀착되었으며 후에 집사부로 발전하게 되었다.

04 삼국 문화의 일본 전파 ①

해 설

제시된 자료에서 (가)는 고구려본기 영양왕(嬰陽王) 11년(600)의 기록으로 영양왕 때 이문진이 〈신집〉을 편찬한 사실을, (나)는 백제본기 근초고왕 30년(375)의 기록으로 근초고왕 때 고흥이 〈서기〉를 편찬한 사실을 보여주고 있다.

ㄱ. 고구려의 승려 혜자는 영양왕 때 일본으로 건너가 요메이왕의 맏아들인 쇼토쿠태자의 스승이 되었다.

ㄴ. 담징은 영양왕 때 백제를 거쳐 일본으로 건너가 채색과 종이·먹 등의 제작 방법을 전하였다.

바로 알기

ㄷ. 단양이와 고안무는 백제의 오경박사로 무령왕 16년(516) 일본으로 건너가 유학과 백제의 문화를 전파하였다.

ㄹ. 노리사치계는 백제 성왕 때 일본으로 건너가 처음으로 불경과 불상을 전해 주었다.

05 고려 태조 왕건 ③

해 설

밑줄 친 '왕'은 고려 태조 왕건이다. '지난날 신라의 정치가 쇠하여, 너희들 녹읍의 백성들을 불쌍히 여겨야 할 것이다'를 통해 녹읍 지급과 '관계를 논하지 않고 성행의 선악과 공로의 대소를 보아 토지를 지급했다'는 것을 통해 역분전을 지급한 고려 태조임을 알 수 있다.

③ 태조는 930년 고창(지금의 안동) 전투에서 견훤의 부대를 대파하였고, 936년 일선군(지금의 구미)의 일리천에서 후백제를 격파하여 후삼국 통일을 달성하였다.

바로 알기

① 성종 때 환구단과 사직을 건립하고 제사를 거행하였다.

② 광군은 947년(정종 2) 거란의 침입을 막기 위하여 설치한 지방 호족의 지휘 아래 있던 농민 예비군이다.

④ 광종 때 빈민 구제를 위한 제위보를 설치하고 귀법사를 건립하여 균여의 활동을 지원하였다.

06 고려 숙종 때의 경제 ②

해 설

제시된 자료는 고려 숙종 때의 화폐 유통 정책을 설명한 것이다. 고려는 1097

년(숙종 2) 주전도감을 설치하고 1102년 주전법을 제정, 주조된 해동통보 1만 5000관을 재추(宰樞)·문무 양반·군인에게 나누어주고 동전을 사용하기 시작했다는 사실을 종묘에 알렸다. 그리고 1104년에는 주현으로 하여금 미곡을 출자해 주점·식점을 설치하도록 하였다.

② 숙종 때 우리나라 지형을 본따 만든 은병을 주화폐로서 제작하면서도 보조 화폐로서 삼한통보·해동통보·해동중보 등의 동전도 제작하였다.

바로 알기

① 고려 시대에 개경의 시전을 관할하기 위하여 경시서를 설치하였는데, 이는 조선으로 계승되었다가 세조 때 평시서로 개칭되었다.

③ 농상집요는 1273년(고려 원종 14) 원에서 편찬한 농서로 고려 후기에 이암(1297~1364)이 원에서 수입하였다.

④ 고려 후기의 모습이다. 고려는 1270년(원종 11) 몽골과 강화하고 개경으로 환도하였다. 이후 원 간섭기에 원과의 교류가 활발하였는데 예성강 하류에 위치한 벽란도를 통해서도 자주 출입하였다.

07 지눌과 혜심　②

해　설

(가)는 결사 운동과 정혜쌍수를 내세운 보조국사 지눌의 주장이고, (나)는 유불 일치설을 내세운 혜심의 주장이다.

ㄱ. 무신집권기에 활동한 승려로 지눌, 요세, 혜심 등이 있다.

ㄷ. 혜심은 지눌의 제자로 유불일치설을 내세우며 유교와 불교의 타협을 시도 하였는데, 이는 성리학 수용의 사상적 터전을 마련한 것이다.

바로 알기

ㄴ. 균여는 화엄사상 속에 법상종을 융합하여 교종 내의 대립을 해소시키기 위해 통합사상인 성상융회를 주창하였다.

ㄹ. 목우자는 지눌의 호로, 지눌의 저술로는 〈권수정혜결사문〉, 〈목우자 수심결〉, 〈원돈성불론〉, 〈화엄론절요〉 등이 있다.

08 조선 태조와 세조의 업적　②

해　설

(가)는 태조 때의 천상열차분야지도의 제작 배경에 대한 내용, (나)는 세조 때의 단종 복위 운동(사육신 사건)에 대한 내용이다. 천상열차분야지도는 조선 건국 직후 태조 4년(1395)에 석판에 새긴 천문도로 평양성에 있던 천문도가 모본이 되었다. 단종의 숙부인 수양대군이 계유정난을 통해 실권을 장악하고 국왕(세조)으로 추대되자 성삼문, 박팽년 등이 세조를 제거하고 상왕(단종)을 복위시킬 것을 모의하였으나 계획이 누설되어 단종 복위 운동은 실패하였다.

ㄱ. 조선 초 태조 때에는 표전문 글귀가 예의에 어긋났다며 명에게 트집을 잡히거나 〈대명회전〉 조선국조에 잘못 기록된 이성계의 종계 수정 문제 등으로 명과 여러 차례 갈등을 있었다.

ㄷ. 세조 때에는 불경을 국역하고 간행하는 간경도감을 설치하였다.

바로 알기

ㄴ. 정종 2년(1400)에 도평의사사가 의정부로 개칭되었다.

ㄹ. 단종 1년(1453)에 계유정난이 발생하자 함길도 도절제사 이징옥이 이에

반발해 난을 일으켰다.

09 조선 후기의 경제　④

해　설

제시된 자료는 1809년(순조 9)의 비변사등록 기사이다. 조선 후기에는 농업 생산력이 증대되고 수공업 생산이 활발해지면서 상품의 유통도 활성화되었다. 조세 및 소작료의 금납화, 인구의 증가와 인구의 도시 유입도 상품 화폐 경제의 발달을 촉진시켰다. 이 과정에서 등장한 조선 후기의 대표 상인 가운데 경강상인이 있다. 경강상인은 한강을 이용하여 주로 서남 연해안을 오가며 미곡과 소금, 어물 등을 거래하여 이익을 취하였고, 운수와 조선을 통해서 큰돈을 벌기도 하였다. 이 과정에서 일부는 도고(都賈)라는 독점적 도매상인으로 성장하였다. 이들은 이익이 된다면 상품을 매점매석하는 일이 자주 있었고, 그 중에서도 쌀의 매점매석은 쌀값 폭등을 가져와 도시 빈민들의 폭동을 야기하기도 하였다.

① 납포장(納布匠)은 국역 대신 베를 바치던 조선의 공장(工匠)이다. 조선 전기에는 일부 경공장 및 외공장(外工匠)에 한해 부분적으로 납포장이 인정되었으나, 조선 후기에 들어오면 상품화폐경제가 발달하게 되자 전면적으로 인정되어 외공장은 물론 대부분의 경공장도 납포장으로 바뀌었다.

③ 도조법은 지주와 소작농 사이에 일정한 소작료(지대액)를 미리 정하여 농사의 풍흉에 관계없이 해마다 일정한 액수의 지대를 바치는 정액제로, 18세기에 들어와 농업 생산력이 발달하면서 점차 확산되었다.

④ 조선 후기에 장거리를 오가며 이루어지는 상업활동, 특히 대규모 상거래에서는 동전 대신 환과 어음 등의 신용화폐가 널리 유통되었다.

바로 알기

① 세종 때 부산포, 제포, 염포의 3포를 개항하여 일본인과의 통상을 허락하였다.

10 공명첩　③

해　설

제시된 자료의 (가)는 공명첩이다. 공명첩은 수취자의 이름이 기재되지 않은 백지 임명장으로 주로 군공을 세우거나 국가에 곡식을 바친 사람에게 대가로 주어졌다.

공명첩은 협의로는 관직·관작을 수여하는 공명고신첩(告身帖)만을 의미하지만, 포괄적으로는 양역(良役)을 면제해 주는 공명면역첩(免役帖), 천인(賤人)이 수행해야 하는 천역(賤役)을 면제하여 양인이 되도록 허가하는 공명면천첩(免賤帖) 혹은 노비면천첩(免賤帖), 향리의 역을 면제하는 공명면향첩(免鄕帖) 등이 포함된다. 공명첩 발행은 국가의 재정이나 군량이 부족할 때, 흉년으로 곤궁에 처한 백성들을 돕기 위해, 사찰 중수 비용을 얻기 위해 발행되곤 하였다.

바로 알기

ㄱ. 공명첩은 임진왜란 중에 처음 발행되었다. 경신대기근은 현종 재위 연간인 1670년(경술)과 1671년(신해)에 있었던 대기근이다. 조선 8도 전체의 흉작이라는 초유의 사태가 발생했으며, 당시 조선 인구의 1200~1400만 명 중 약 최소 15만에서 최대 85만 명이 사망하는 피해를 입었다.

위 문제의 저작권은 강민성의 정통한국사에 있으므로 무단으로 전재 또는 복제할 수 없습니다.

ㄷ. 공명첩으로 얻은 관작 및 신역의 면제는 1대에 한하는 것이었고, 자손에게 세습되지 않았다.

11 호란의 전개 과정   ③

해 설

광해군 즉위는 1608년, 인조반정은 1623년, 정묘호란은 1627년, 병자호란은 1636년, 효종 즉위는 1649년이다. 인조반정 이후 서인 정권은 친명배금 정책을 추진하여 후금의 침입을 받게 되었다. 정묘호란이 일어나자 각지에서 의병이 봉기하였는데 의주의 이립, 가산 부근의 김여기, 철산의 정봉수 등이 대표적인 의병장이다. 특히 정봉수는 철산의 용골산성에서 강화를 맺고 돌아가던 후금의 군대를 공격하여 큰 타격을 입혔다.

바로 알기

① 이괄은 인조반정 공신으로 자신의 공로 평가에 불만을 품고 난을 일으켰으나 곧 진압되었다. 이괄의 잔당들이 후금으로 도망하여 정묘호란이 일어나는 하나의 배경이 되기도 하였다.

② 누르하치는 광해군 8년(1616) 여진족을 규합하여 후금을 건국하였다. 광해군은 명과 후금 사이에서 실리적 중립 외교를 실시하였다.

④ 나선 정벌은 청의 요청으로 조선이 러시아 정벌을 위해 조총 부대를 파견했던 사건으로 1차는 효종 5년(1654), 2차는 효종 9년(1658)에 이루어졌다.

12 정도전의 활동   ④

해 설

제시된 자료는 〈조선경국전〉 치전(治典) 내용으로 출전은 삼봉집이며, 삼봉은 정도전의 호이다. 이 책은 6전(六典)에 따라 조선 왕조를 다스리는 기준을 종합적으로 서술하였는데, 치전(治典: 吏典), 부전(賦典: 戶典), 예전(禮典), 정전(政典: 兵典), 헌전(憲典: 刑典), 공전(工典)으로 되어 있다. 이 가운데 치전에서는 군신(君臣)의 직능과 관리 선발방법을 항목별로 제시하였다. 특히 재상(宰相)이 통치의 실권을 가져야 한다는 것과 관리 선발이 고시제도에 의거해 능력 본위로 이뤄져야 한다는 것을 강조하였다.

④ 〈경제문감〉은 정도전이 조선경국전의 치전을 보완한 저술로 재상 제도의 변천 과정을 서술하고 재상 중심의 정치를 이상적인 정치로 보았다. 또한 대간의 지위와 직책의 중요성을 강조하였다.

바로 알기

① 만권당은 충선왕이 원의 수도 연경에 세운 독서당으로 여기에서 이제현, 백이정, 박충좌 등이 원의 요수, 염복, 조맹부 등과 교유하였다.

② 고려 무신집권기의 문신인 이규보의 저서로 〈동국이상국집〉, 〈백운소설〉, 〈국선생전〉 등이 있고, 건국 영웅인 동명왕의 업적을 칭송한 영웅시인 〈동명왕편〉을 저술하기도 하였다.

③ 표전 문제란 태조 4년(1395) 조선에서 명에 보낸 외교 문서인 표문(表文)과 전문(箋文)의 글귀가 예의에 어긋난다 하여 명에서 트집을 잡아 발생한 외교 문제이다. 정도전이 표문의 교정을 맡았는데 명에서는 정도전의 소환을 요구한 것이었다. 태조는 이를 거부하고 태조 5년 정도전 대신 하륜과 권근을 파견하여 마무리하였다. 이 때 권근은 명 학자들과 교유하면서 경사(經

史)를 강론하고, 명 태조의 명을 받아 응제시(應製詩) 24편을 지어 중국에까지 문명을 크게 떨쳤다.

13 세계문화유산 조선 왕릉   ①

해 설

조선왕릉은 2009년 유네스코 세계문화유산에 등재되었으며, 모두 44기에 이르는데 그 중 40기가 세계문화유산으로 등재되었다.

②, ③ 폐위된 연산군과 광해군은 능이 아닌 묘이기 때문에 등재에서 빠지고, 태조의 왕비 신의왕후의 제릉과, 정종과 정안왕후의 후릉은 북한의 개성에 소재하여 등재에서 빠지게 되었다.

④ 고종이 대한제국을 선포하고 황제의 자리에 올랐기 때문에 고종의 홍릉과 순종의 유릉은 다른 조선의 왕릉들과 달리 황제릉의 양식을 따라 명 태조의 효릉을 본떠 조성되었다.

바로 알기

① 〈경국대전〉에 "능역은 한양성 사대문 밖 100리 안에 두어야 한다"고 명시하였다. 실제로는 북한의 후릉과 제릉, 경기도 여주의 영릉, 강원도 영월의 장릉을 제외하고 나머지 왕릉이 모두 100리(약 40km) 이내에 조성되어 있다.

14 강화도 지역의 역사   ②

해 설

제시된 자료는 1876년 체결된 조·일 수호 조규로 강화도에서 체결되었다.

ㄱ. 통일 신라는 9세기에 들어와 변경의 요충지에 군사력을 집중 배치하여 이를 요새화하였는데, 844년(문성왕 6) 강화도에 혈구진을 설치하였다.

ㄷ. 임란 이후 태조실록부터 명종실록까지 13대의 실록 804권을 재출판하여 전주사고에 있던 원본과 재출판본을 합하여 5부의 실록이 갖추어졌다. 이 중 1부는 서울의 춘추관에 두고, 나머지 4부는 병화를 피할 수 있는 산속이나 섬을 선택해 강화도 마니산, 경상도 태백산, 평안도 묘향산, 강원도 오대산에 각각 1부씩 나누어 보관하였다.

바로 알기

ㄴ. 국방상의 요새로 세곡을 군량으로 충당한 예외 지역은 북계와 동계 지역이다.

ㄹ. 아관파천 이후 열강들의 이권 침탈이 이어졌는데, 러시아는 두만강과 압록강 유역, 울릉도 등의 삼림 채벌권을 요구하였다.

15 광무개혁   ④

해 설

제시된 자료는 고종이 아관파천에서 돌아와 그동안 일본 위주로 진행되었던 갑오·을미개혁을 일정 부분 되돌리고 구본신참에 입각하여 개혁을 추진해가는 내용으로 이를 광무개혁이라 한다. 자료에서 교전소는 새로운 법령을 제정하는 기구이고 사례소는 조선 왕조 역대 왕의 치적을 정리하기 위해 설치한 역사 편찬 기관이다.

④ 광무개혁 때 의료사업으로는 광제원이 설립되고, 전염병 예방 규칙이 반포

되었으며, 진휼기관으로 혜민원과 총혜민사가 설립되기도 하였다.

바로 알기

① 1880년대 개혁에 해당한다. 연무 공원은 서양식 군사 훈련을 통해 사관생도를 양성하는 군사 학교로 1888년 설치되었고, 광무국과 전보국은 1887년 설치되었다.

② 제2차 갑오개혁 때인 1895년 3월 상리국을 폐지하였다. 1883년 설치한 혜상공국을 1885년 상리국으로 개칭하고 내무부에 두었다가 1894년 농상아문 관할로 변경되었다. 이것이 1895년 폐지된 것이다.

③ 1차 갑오개혁 때 평상시 지방관의 방곡령 임시 선포 금지 조항이 규정되었다.

16 박은식의 활동   ④

해 설

제시된 자료는 박은식의 역사인식과 일제의 침략을 폭로하고자 한 〈한국통사〉의 내용을 보여준다. 박은식은 역사는 '신(神)', 나라는 형(形)이라고 보아 국가나 민족의 흥망은 국혼의 존재 여부에 달려 있다곤 보았다. 또한 합병 이후 꾸준히 집필한 〈한국통사〉를 통해 근대사를 일제의 침략사를 중심으로 서술하였다.

ㄷ. 조선 광문회는 1910년 최남선, 박은식, 현채 등이 주도하여 설립한 단체로 고전의 간행과 연구에 노력하였다.

ㄹ. 박은식은 1919년 연해주에서 동지들과 대한국민 노인동맹단을 조직하여 취지서를 작성하고 지도자로 활동하였다.

바로 알기

ㄱ. 신채호는 임시정부의 기관지인 〈독립신문〉에 맞서 〈신대한〉을 창간하고 주필이 되어 적극적인 독립노선을 주장하였다.

ㄴ. 〈유년필독〉은 1907년 현채가 소학교의 역사와 지리 교육을 위하여 편찬한 교과서이다.

17 일제의 민족 말살 정책   ①

해 설

제시된 자료는 1938년 공포된 '육군지원특별지원병령'의 일부이다. 중·일 전쟁 이후 전선이 확대되면서 일본인만으로는 병력을 유지하기가 어려운 상황이 되자, 조선인을 동원하기 위한 조처로 '육군특별지원병령'을 제정 공포하면서 조선인에 대한 병력 동원이 본격적으로 시작되었다.

① 황국신민서사는 1937년 제정되었다. 일제는 학교나 관공서, 은행 등의 조회나 각종 행사에 이를 암송하도록 강요하였다.

바로 알기

② 일제는 중·일 전쟁 이후 태평양전쟁을 치르면서 전쟁에 동원할 병력이 부족해지자 1943년 조선인 학생들을 전쟁에 동원하기 위한 학도지원병제도를 시행하였다.

③ 만보산 사건은 1931년에 중국 길림성 장춘현의 만보산 지역에서 중국인 농민과 우리나라 농민 간에 수로(水路) 문제를 둘러싸고 벌어진 유혈 충돌 사건이다.

④ 일본에서는 제2차 세계대전 중인 1940년대 자원과 경비를 절약하기 위해 남성복으로 국방색의 '국민복'을, 여성복으로 '부인 표준복'을 제정했는데 그 가운데 하나가 몸뻬 바지이다. 특히 일제는 식민지 조선뿐 아니라 자국민들 상대로도 사회 통제와 군수품 조달의 목적으로 몸뻬 착용을 강요했다. 1944년에는 이를 입지 않은 여성은 버스, 전차 등을 타거나 관공서, 극장에 가는 것을 금지하였다.

18 한·중 연합 작전   ②

해 설

제시된 자료는 1931년 12월 한국 독립군이 중국의 호로군과 맺은 협정이다. 이를 계기로 만주에서는 한·중 연합 작전이 시작되었는데 한국 독립군은 중국 호로군과 조선 혁명군은 중국 의용군과 각기 협정을 맺고 연합 작전에 나섰다.

② 한국 독립군은 중국호로군과 연합하여 쌍성보·사도하자·동경성·대전자령 전투에서 승리하였다.

바로 알기

① 동북항일연군 중 김일성이 이끄는 일부 병력이 함경남도 갑산군의 보천보 일대에 침투하여 잠시 점령하였다.

③ 조선의용대 화북지대는 설립 이후 호가장 전투, 반소탕전 등의 전투를 전개하였다.

④ 양세봉이 이끄는 조선혁명군은 중국 의용군과 연합하여 영릉가·흥경성·신개령 전투 등에서 승리하였다.

19 대한민국 정부 수립 과정   ④

해 설

제시된 자료에서 (가)는 1947년 11월 14일 유엔 총회에서 결의된 내용으로 남북한 자유 총선거를 통한 정부 구성을 골자로 하고 있다. (나)는 1948년 2월 26일 유엔 소총회의 결의 내용으로 남한만의 자유 총선거를 결정하였는데 이에 의거하여 5·10 총선거가 실시되었다.

ㄷ. 남북한 자유 총선거가 무산되고 남북 분단이 현실화되자 김구는 1948년 2월 10일 단독 정부 수립에 반대하는 '삼천만 동포에게 읍고함'을 발표하였다.

ㄹ. 국제 연합은 남북한 자유 총선거의 공정한 감시 및 관리를 위해 유엔 산하의 임시 기구인 유엔 한국 임시 위원단을 설치하였다. 호주, 캐나다 등 8개국 대표로 위원단이 구성되었고, 1948년 1월 7일 한국에 도착했으나 소련이 위원단의 38선 이북의 입국을 거부하였다.

바로 알기

ㄱ. 남조선 과도 입법 의원은 1946년 12월 12일 개원하여 1948년 5월 10일 선거 후 제헌 국회가 성립되어 해체될 때까지 총 33건의 법률안을 심의하였다.

ㄴ. 유엔 소총회의 남한만의 단독 선거 결정을 배경으로 1948년 4월 평양에서 남북 지도자 회의가 개최되었다.

위 문제의 저작권은 강민성의 정통한국사에 있으므로 무단으로 전재 또는 복제할 수 없습니다.

20 4·19 혁명 ②

해 설

제시된 자료는 1960년 4·19 혁명 당시 동래고등학교에서 발표한 선언문이다. 제4대 정·부통령 선거가 역사상 유례 없는 부정선거로 치러지자, 대구, 부산, 서울, 마산 등 전국 각지에서 부정 선거를 규탄하는 항의 시위가 벌어졌다. 마산에서는 선거 당일 시민과 학생들이 부정 선거에 항의하는 시위를 일으켰고, 경찰의 발포로 중학생이던 김주열 군을 비롯한 청년들이 사망했다. 행방을 알 수 없었던 김주열 군이 머리에 최루탄이 박힌 처참한 모습으로 마산 중앙부두에 떠오르자 시민들의 분노는 절정에 달하였다. 마산에서의 의거는 서울의 각 대학에 큰 영향을 끼쳐, 4월 19일에는 서울의 주요 대학과 고등학생들이 대거 시위에 참가하는 4·19 혁명이 일어났다. 4·19 혁명으로 이승만 대통령이 하야 성명을 발표하였고, 이후 허정을 수반으로 하는 과도 정부가 수립되었다.

바로 알기

① 1987년의 6월 민주 항쟁은 직선제 개헌을 약속하는 6·29 민주화 선언을 이끌어 냈다.

③ 1980년에 일어난 5·18 민주화 운동은 신군부의 비상 계엄 확대와 정치인들에 대한 대대적인 탄압에 맞서 일어났다.

④ 1964년 3월에 정부가 한일회담의 3월 타결, 4월 조인, 5월 비준의 방침을 세우자 학생과 야당을 주축으로 한일회담반대운동이 전개되었다. 특히 1964년 5월 20일 서울대 문리대에서 군사정권이 표방한 〈민족적 민주주의 장례식〉을 거행한 것을 계기로 한일회담반대 운동이 더욱 격렬하게 전개되었다.

실전 동형 모의고사 06회　　　　본문 31p~35p

01 ④	02 ③	03 ②	04 ②	05 ②
06 ③	07 ④	08 ④	09 ③	10 ④
11 ④	12 ②	13 ②	14 ①	15 ④
16 ①	17 ③	18 ③	19 ①	20 ④

01 신석기 시대 ④

해 설

제시된 자료는 신석기 시대의 유물인 치레걸이와 조개껍데기 가면이다. 신석기 시대의 예술품으로는 흙을 빚어 구운 사람의 얼굴 모양, 동물의 모양을 새긴 조각, 조개껍데기로 만든 가면, 짐승의 뼈나 이빨로 만든 치레걸이 등이 있다.

ㄷ. 흑요석은 화산석의 일종으로 원산지마다 구성 성분이 달라 신석기 시대 당시 원거리 교류와 교역을 확인할 수 있게 해준다.

ㄹ. 신석기 시대에는 정착 생활이 이루어지면서 씨족 공동체가 형성되고, 다른 씨족과 결혼하는 족외혼을 통해 부족 사회가 형성되었다.

바로 알기

ㄱ. 청동기 시대의 대표적인 무덤으로는 고인돌이 있고, 돌널무덤과 돌무지무덤도 발견된다.

ㄴ. 환호는 취락을 방어하기 위해 만든 도랑이고, 목책은 말뚝을 박아 만든 울타리로 청동기시대부터 취락을 방어하기 위해 설치되었다.

02 삼국의 통치 체제 ③

제시된 자료에서 (가)는 신라 집사부의 우두머리인 중시, (나)는 구당서 고구려전의 기록으로 고구려 최고 관직인 대대로에 대한 내용이다.

ㄴ. 중시는 경덕왕 6년(747) 시중으로 개칭되었다.

ㄷ. 고구려의 대대로는 귀족회의에서 선거로 선출되었는데 이것은 지난날 부족연맹의 단계에서 연맹장을 선거에 의해 뽑던 전통에서 비롯된 것이라고 볼 수 있다.

바로 알기

ㄱ. 상대등은 법흥왕 때 처음 설치되었고 중시는 그 이후인 진덕여왕 때 설치되었다.

ㄹ. 연개소문은 정변 이후 스스로 대막리지가 되었다. 막리지는 고구려의 제1품 관직인 대대로와 같은 관직이므로, 대막리지는 태대대로(太大對盧)에 해당한다. 막리지였다가 정변을 통하여 집권한 연개소문이 최초의 대막리지가 되었다.

03 발해의 도읍 ②

해 설

발해는 698년 대조영에 의해 (가) 동모산에서 건국된 이후 무왕 때 동모산에서 (나) 중경으로, 문왕 때 중경에서 (다) 상경으로, 문왕 말경에 상경에서 (라) 동경으로 천도하였다. 그리고 성왕 때 동경에서 상경으로 환도하였다.

위 문제의 저작권은 강민성의 정통한국사에 있으므로 무단으로 전재 또는 복제할 수 없습니다.

① 발해가 (가) 동모산에 도읍했을 당시 당은 대조영을 '발해군왕'으로 봉하였다.

③ (다) 상경 용천부로 천도한 문왕은 주작대로를 설치하고 당의 도성을 본따 조방으로 나눈 조방제를 실시하였으며, 이때 발해는 당으로부터 '발해국왕'에 봉해졌다.

④ 이불병좌상은 발해의 (라) 동경 용원부 유지에서 발견된 석가불과 다보불의 불상으로 발해의 이불병좌상 중 가장 완전한 상으로 발견되었다.

바로 알기

② 문왕은 신라와 상설 교통로를 개설하여 교류하였으며 상경→동경→남경→신라로 이어지는 길이었다. 중경은 포함되지 않는다.

04 고구려인의 사회 모습　　②
해　설

제시된 자료를 통해 고구려 사회의 모습을 알 수 있다. 인두세가 포목 5필에 곡식 5석, 유인은 3년에 한 번 세를 낸다는 수취제도에 관한 자료와 경전을 읽으며 활쏘기 연습한다는 내용을 통해 한학과 무예를 함께 교육한 고구려의 지방 교육기관인 경당에 대한 내용임을 알 수 있다.

② 고구려의 지배층은 왕족인 계루부 고씨, 왕비족인 연나부를 포함하여 5개의 부족으로 구성되었다.

바로 알기

① 부여는 중국 한 초기 역법인 은력을 사용하고 흰 옷을 즐겨 입었다.

③ 백제 사회에 해당한다. 백제에서는 관리가 뇌물을 받거나 횡령했을 때는 3배를 배상하고 종신토록 금고형에 처하였다.

④ 고조선의 8조법 중 일부만 전해지고 있는데, 그 중 도둑질한 자는 노비로 삼고 용서를 받고자 하면 50만 전을 내야 한다는 기록이 있다.

05 고려의 반란　　②
해　설

(가) '조위총이 병을 일으켜 정중부·이의방을 치고자 도모하고 … 동북 양계의 여러성을 소집'을 통해 명종 때 서경 유수 조위총이 지방군과 농민을 모아 일으킨 문신들의 반무신란인 조위총의 난(1174~1176)임을 알 수 있다.

(나) '죽동 등 6명이 관노와 불평자들을 불러 모아 난을 일으켜'를 통해 명종 12년(1182)에 전주에서 죽동 등 관노들이 일으킨 난임을 알 수 있다.

(다) '공주 명학소의 백성 망이, 망소이 등이 … 공격하여 무너뜨렸다'를 통해 명종 6년(1176)에 공주 명학소를 중심으로 신분제 타파를 목적으로 일어난 망이·망소이의 난임을 알 수 있다.

(라) '남적이 봉기', '운문에 웅거한 김사미와 초전에 자리 잡은 효심'을 통해 명종 23년(1193년) 당시 운문(지금의 청도)의 김사미와 초전(지금의 울산)의 효심이 연합해 일어난 김사미·효심의 난임을 알 수 있다.

따라서 순서는 (가)-(다)-(나)-(라) 순이다.

06 고려의 사회 제도　　③
해　설

제시된 자료의 (가)기구는 '흉년이 되어 … 이것으로서 구하고, 환납하도록 하되'를 통해 의창, (나)기구는 '조적(물가조절을 위해 쌀을 사들이고 파는 일)을 통해 상평창임을 알 수 있다. (다)기구는 '국초에 선왕이 설치한 것 … 의약과 음식을 넉넉히'를 통해 혜민국, (라)기구는 '백성들이 역질에 걸렸으니 … 이들을 치료하고, 매장하라'를 통해 구제도감임을 알 수 있다.

① 태조가 설치한 빈민 구제 기관인 흑창은 성종 5년(986) 의창으로 개칭되었다.

② 상평창은 풍년에 곡물값이 떨어지면 값을 올려서 사들이고, 흉년에 곡물값이 오르면 값을 내려 팔아 물가를 조절하는 기능을 하였다. 고려 성종 때 개경과 서경, 12목에 처음으로 설치되었다.

④ 예종 4년(1109) 개경에 전염병이 크게 유행하자 구제도감을 설치하여 병자를 치료하고 병사자의 매장을 담당하도록 한 구제도감을 설치하였다.

바로 알기

③ 제생원은 조선 초기 서민들의 질병 치료를 관장하였던 의료 기관이다. 1397년(태조 6) 조준의 건의에 따라 설치하였다. 고려시대에는 서민의 질병 치료를 위해 예종 7년(1112)에 설치한 혜민국이 있다.

07 초조대장경　　④
해　설

제시된 사료는 이규보가 찬한 글로, 고종 23년(1236) 몽골군을 물리치기 위해 대장경을 판각하면서 임금과 신하가 기도함을 고하는 글이다. 당시 몽골군의 만행이 대구 부근 부인사에까지 이르러 초조대장경을 불태우자, 불교의 힘으로 몽골군을 물리치기를 바라는 마음이 담겨 있다. 자료에서 '대장경'은 몽골의 침입으로 불탄 초조대장경이다.

④ 송 태조에 의해서 간행한 대장경이 991년 고려에 전래되자, 고려는 커다란 자극을 받고 대장경 간행을 준비하였는데 거란의 침입을 계기로 초조대장경을 조판하였다. 초조대장경은 983년 간행된 중국 북송의 관판 대장경(官版大藏經)에 이어 세계에서 두 번째로 간행한 한역(漢譯) 대장경으로, 송의 개보판 대장경과 거란의 대장경을 함께 대조하며 제작하여 정확도를 높였다.

바로 알기

① 대장도감은 재조대장경 조판을 위해 설치되었다.

② 신편제종교장총록은 의천이 교장(敎藏)을 편찬하기 위해 만든 목록집이다.

③ 유네스코 세계 기록 유산에 등재된 것은 재조대장경이다.

08 기사환국과 임오화변 사이의 일　　④
해　설

자료의 (가)는 기사환국에 대한 내용으로, 기사환국은 1689년(숙종 15) 남인이 희빈 장씨의 소생인 원자 정호 세자 책봉 문제로 서인을 몰아내고 재집권한 사건이다. (나)는 영조가 대리청정 중인 왕세자(사도세자)를 폐위하고 뒤주에 가두어 죽인 사건인 임오화변이다.

① 숙종 27년(1701)에 일어난 무고의 옥으로 인해 소론 세력이 약화되고 노론이 조정에 진출하는 계기가 되었다.

② 쌍거호대는 영조 대에 탕평책을 운영하기 위한 방법의 하나로 제기된 것으

위 문제의 저작권은 강민성의 정통한국사에 있으므로 무단으로 전재 또는 복제할 수 없습니다.

로 중요 관직에 각 당의 인사를 분배해 배치하였다.

③ 영조 정권 초기에 경조의 사인에 대해 의혹을 제기하며 이인좌를 중심으로 한 소론과 남인의 강경파가 연합하여 청주성에서 봉기를 일으켰다.

바로 알기

④ 갑인예송은 1674년(현종 15) 인선왕후 장씨가 사망하자 서인과 남인 사이에 자의대비의 복제문제를 두고 일어난 논쟁이다.

09 관수관급제의 시행 ③

해 설

제시된 자료는 성종실록 가운데 성종 1년(1470)의 기록으로 성종의 할머니 대왕대비 정희왕후가 직전법의 폐단에 대해 논한 내용이다. 직전법은 세조 때 시행되었던 제도로 현직 관료에게만 과전을 지급하는 제도이다. 직전법 시행 이후 관료들이 불법적으로 규정 이상의 조를 농민으로부터 거두어들이자 이를 방지하기 위해 성종 때 관수관급제가 실시되었다. 이는 조를 농민이 직접 수조권자인 관료에게 납부하지 않고 경창에 직접 납부하고 관료는 경창에서 이를 수령하는 제도이다. 전객이란 자기 토지를 소유한 자영농을 말하는데 수확량의 10분의 1을 조로 납부하였다.

바로 알기

① 수신전은 남편 사망 후 수절하는 부인에게 과전을 세습하는 것이고, 휼양전은 부모 사망 후 어린 자녀에게 과전을 세습하는 제도이다. 이는 직전법 시행으로 폐지되었다.

② 전분6등과 연분9등은 조를 정확하게 징수하기 위한 방안으로 세종 때 시행되었다.

④ 과전의 하삼도 이급은 태종 때 이루어졌다. 과전법 시행 당시 과전은 경기에 한하여 설정되어 과전의 부족 현상이 나타나게 되었다. 이에 태종 17년(1417) 과전으로 지급될 토지의 3분의 1을 충청, 전라, 경상도의 이른바 하삼도로 이급하였다. 그러나 세종 13년(1431) 하삼도의 사전을 다시 경기로 이환하게 되었다.

10 노비종모법 ④

해 설

밑줄 친 '이 법'은 노비 소생의 자녀 신분을 모계를 따르도록 한 노비종모법이다. 조선 후기에는 아버지가 노비라고 어머니가 양인인 경우에는 자식을 양인이 되게 하는 노비종모법을 시행하여 상민의 수를 늘리려고 하였다. 1669년(현종 10) 당시 서인 집권층은 양역 인구의 증가책으로 양천 교혼의 경우 소생 자녀에게 종모법을 적용해 종량시켰다. 반면 반대파 남인은 노(奴)·주(主) 간의 분쟁을 이유로 반대하였다. 이후 서인과 남인의 정권이 교체될 때마다 종량과 환천(還賤)이 번복되었다.

바로 알기

① 부모 중 한쪽만 천인이면 천계를 따르도록 하는 일천즉천의 경우에 해당한다.

② 세조 때 부모 중 한 쪽 신분이 천인이면 그 소생은 신분뿐 아니라 역처·상전까지도 천인계를 따르도록 하는 내용을 경국대전에 법제화하였다.

③ 조선 후기에 들어 신분제가 해이해져 양역 인구(良役人口)가 감소하고 사회생활의 변화에 따라 사회 신분보다 경제력이 크게 작용함에 따라 양천 교혼이 성행하였다. 특히 양녀로서 노처가 되는 경우가 허다하였다.

11 시헌력 ④

이 역법은 시헌력이다. 효종 대 김상범은 김육의 도움으로 서양 역법을 배워 시헌력을 만들어냈다. 김육(金堉)의 주청에 따라 효종 4년부터 탕법을 도입. 시행하였으나 탕법→매법→대법으로 바뀔 때마다 그의 완전 소화를 위해서는 여러 관상감원(觀象監員)과 역관(譯官)들의 많은 고생이 뒤따랐다. 그 중에서도 여러 번 연경에 다녀왔던 관상감원 김상범(金尙范)과 허원(許遠)의 공로는 지대하였다. 시헌력은 1895년(고종 32) 태양력이 채택되어 대체되었으나 시헌력도 같이 참용(參用)되었다.

바로 알기

ㄱ. 고려 충선왕은 이슬람의 역법을 수용한 원의 수시력을 도입하였는데, 수시력은 최초로 1년을 365일로 계산한 역법이다.

ㄴ. 임란 직후에 이광정과 권희 등은 선교사 마테오리치와 명의 이지조가 목판으로 제작한 타원형 지도인 〈곤여만국전도〉를 도입해 왔다.

12 고구려 장안성의 특징 ②

해 설

제시된 자료에서 밑줄 친 '이 성'은 장안성이다. 고구려 평원왕이 지금의 평양시 대성산 기슭에 있던 안학궁을 떠나 장안성(평양성)으로 도성을 옮겼다.

② 장안성은 평지성과 산성의 장점을 한데 합쳐 지은 단일 구조의 도성으로 내성(궁성), 외성(나성), 북성(방어성), 중성(행정성)으로 구성되었으며 겹겹이 둘러친 성벽의 길이는 약 23킬로미터에 이른다.

바로 알기

① 장군총은 만주 집안현 일대에 위치한 고구려의 돌무지무덤이다.

③ 수원 화성은 성벽의 외측은 쌓고, 내측은 자연 지세를 이용해 흙을 돋아 메우는 외축내탁 축성술과 화강암과 벽돌을 함께 축성 재료로 사용하는 전석교축 방식 등을 이용하였다.

④ 북한의 세계문화유산으로 등재된 것은 고구려 고분군, 개성 역자 유적지구가 있다.

13 세계기록유산 조선왕조실록 ②

해 설

조선왕조실록은 1997년 훈민정음과 함께 유네스코 세계기록유산에 등재되었다.

② 조선왕조실록은 사초(史草), 시정기(時政記), 승정원일기, 의정부등록, 비변사등록, 일성록 등의 자료를 토대로 작성되었다.

바로 알기

① 실록은 실록청의 주도 하에 태조부터 철종까지 25대 472년을 편년체로 서술한 역사서이다.

③ 조선 전기에는 춘추관·충주·전주·성주의 4곳의 사고에 실록을 각기

위 문제의 저작권은 강민성의 정통한국사에 있으므로 무단으로 전재 또는 복제할 수 없습니다.

1부씩 봉안하였다. 임진왜란 때 춘추관·충주·성주의 사고가 불타 버리고 전주 사고본만 화를 면하였다. 이후 춘추관을 비롯하여 강화·묘향산·태백산·오대산의 5사고가 마련되었다. 강화 사고는 선조 때 마니산으로 옮겼다가 현종 때 정족산성에 사고를 새로 마련하여 보관하였다.

④ 병인양요 때 프랑스군은 강화도의 외규장각을 불태우고 왕실 의궤 등을 약탈하였는데, 2011년 임대 형식으로 반환되었다.

14 김홍집의 활동　　①
해 설

제시된 자료는 이만손의 영남만인소의 일부로 (가)는 김홍집이다. 김홍집은 수신사로 갔다가 돌아오면서 '사의조선책략'과 함께 정관응의 '이언(易言)'을 가지고 돌아와, 고종을 비롯한 위정자들이 개화 정책을 채택하는데 직접적인 영향을 미쳤다.

① 1894년 7월 일제의 강요로 대원군을 섭정으로 하는 1차 김홍집 내각을 수립하고 군국기무처를 설치하여 김홍집을 총재로 임명하여 1차 갑오개혁을 단행하였다.

바로 알기

② 박정양에 대한 설명이다. 박정양은 아관파천으로 김홍집이 살해되자 내부대신으로 있으면서 총리대신서리와 궁내부대신서리를 겸임하였다. 이 해 9월 내각이 의정부로 개편되자 참정대신이 되었다. 1898년 독립협회가 주최하는 만민공동회에 참석해 시정의 개혁을 약속했으나 수구파의 반대로 좌절되었다.

③ 서광범에 대한 설명이다. 서광범은 제2차 김홍집 내각의 법부대신에 임용되어 내부대신 박영효와 제2차 갑오개혁을 적극적으로 추진하였다. 특히 사법 제도의 근대화에 노력을 기울여 재판소 구성법, 법관 양성소 규정 등을 제정, 공포하고, 참형 대신 교수형 제도를 채택한 것은 주목할 만하다.

④ 민영익에 대한 설명이다. 1882년 조·미 수호 통상 조약이 체결되고 다음해 5월 주한공사로 푸트가 조선에 오자, 조선 정부는 친선 사절로 보빙사를 미국에 파견했다. 민영익을 전권대신으로 하여 부대신 홍영식 등 8명으로 구성된 사절단은 1883년 7월 하순 인천을 출발해 일본을 거쳐 뉴욕에 도착하여 미국 대통령 아서를 접견하고 국서를 전달했다.

15 을미의병　　②
해 설

제시된 자료는 제천에서 의병을 일으킨 유인석의 격문이다. 자료에서 유인석은 을미의병을 일으킨 이유로 '국모의 원수', '임금께서 머리를 깎으시고'라고 적고 있어 을미사변과 단발령에 대한 반발로 을미의병이 일어났음을 알 수 있다.

② 을미의병 때 제천과 충주의 유인석, 춘천의 이소응, 선산의 허위 등 의병장이 활약하였다.

바로 알기

① 민종식은 을사늑약 체결 이후 의병을 일으켜 홍주성을 점령하였으나 일본군의 공격으로 패배하였다.

③ 허위에 대한 설명이다. 1908년 13도 창의군을 편성하자 이인영이 총대장

이 되고 그는 군사장이 되었다. 연합 부대가 서울 진공 작전을 전개할 때, 허위는 정병 300명의 선두에 서서 동대문 밖 30리 지점까지 진출하였다.

④ 이인영에 대한 설명이다. 이인영은 서울 주재 각국 영사관에 의병은 순수한 애국 단체이니 열강은 이를 국제법상의 전쟁 단체로 인정해 적극 도와줄 것을 바란다는 관동창의대장 이름의 격문을 전달하였다.

16 간도　　①
해 설

제시된 사료에서 청국과의 갈등으로 이범윤이 시찰관으로 파견된 (가) 지역은 북간도이다. 일제의 한국 강점을 전후하여 독립 운동가들은 국외로 나가 장기적인 독립 운동의 거점 역할을 할 기지를 건설하고자 하였다. 북간도에는 일찍부터 용정촌, 명동촌 등 많은 한인 집단촌이 형성되어 있어 지역 전체가 거대한 독립운동 기지나 마찬가지였다. 이상설, 김약연 등 애국지사들은 간민회를 만들어 동포 사회를 이끌어 가면서 독립군을 양성하였다.

ㄱ. 청이 간도의 조선인 철수를 요구하자 조선은 1883년에 어윤중을 서북경략사로 파견하여 청에 백두산 정계비와 토문강 발원지에 대해 공동 조사를 할 것을 요구하였다.

ㄴ. 일제의 통감부는 간도에 거주하는 한인을 보호한다는 미명 하에 1907년 길림성 용정시에 파출소를 설치하였다.

바로 알기

ㄷ. 일본은 러일전쟁 중 내각 회의를 열어 독도를 무주지라는 명목으로 일본 영토에 강제 편입하였다.

ㄹ. 이승만 정부는 1952년 독도를 수호하고 동해의 어족 자원을 보호하기 위해 일명 '평화선 선언'이라고 부르는 '인접 해양에 대한 주권에 관한 대통령 선언'을 발표하였다.

17 대한광복회의 활동　　③
해 설

제시된 자료에서 (가)는 대한광복회이다. 대한광복회의 창립 목적은 국권을 회복하고 독립을 달성하는 것으로 만주에 무관학교를 설립하고 독립군을 양성해 무력이 준비되면 일제와 전쟁을 치른다는 것이었다.

③ 대한광복회는 복벽주의를 배격하고 공화주의를 내세워 근대 공화 정치를 지향하였다. 복벽주의는 국권을 회복하여 왕정을 재건하겠다는 주장으로 주로 유림에 의해 제기되었다.

바로 알기

① 의민단에 대한 설명이다. 3·1 운동이 좌절된 이후 만주 지린성 왕칭현에서 천주교인들이 주축이 되어 무장독립운동을 위한 단체로 의민단을 결성했다.

② 독립의군부에 대한 설명이다. 독립 의군부는 1912년 임병찬이 고종의 밀명을 받고 복벽주의를 바탕으로 조직한 독립 운동 단체이다.

④ 조선국권회복단에 대한 설명이다. 조선국권회복단은 3·1 운동이 일어나자 경상남도 창원에서 만세 시위를 주도하였으며, 유림이 파리강화회의에 독립청원서를 보낸 파리장서 의거를 추진하기도 하였다.

위 문제의 저작권은 강민성의 정통한국사에 있으므로 무단으로 전재 또는 복제할 수 없습니다.

18 대한민국 임시정부의 3차 개정 헌법 ③

해 설

제시된 자료는 대한민국 임시정부의 3차 개헌(1927)으로 국무위원 중심의 집단 지도 체제로 운영되었으며 1940년 충칭에서 4차 개헌을 실시할 때까지 운영되었다.

③ 1931년 임시정부의 침체를 극복하고 만주사변 이후 만주 독립군의 사기를 진작하기 위해 김구가 주도하여 한인애국단을 조직하였다.

바로 알기

① 광복군사령부는 대한민국 임시정부가 1920년 8월 군무부 직할로 남만주에 설치한 군사기구이다.

② 국민대표회의가 해산된 뒤 1925년 대한민국 임시정부는 이승만 대통령 탄핵안을 통과시키고, 박은식을 2대 대통령으로 선출하였다.

④ 조소앙의 삼균주의를 채택한 대한민국 건국강령이 충칭에서 1941년 발표되었다.

19 정전 협정 ①

해 설

제시된 자료는 1953년 7월 27일 조인된 정전 협정 서문(序文)의 일부분이다. 정전 협정은 1953년 7월 27일 체결되었는데 정식 명칭은 '국제연합군 총사령관을 일방으로 하고 조선민주주의인민공화국 최고사령관 및 중국인민지원군 사령원을 다른 일방으로 하는 한국 군사정전에 관한 협정'이다.

① 정전 협정문에는 휴전협정 실시 감독과 위반사건 협의 및 처리 등에 관한 군사정전위원회의 기능이 규정되었다.

바로 알기

② 정전 협정에 서명한 사람은 유엔군 총사령관인 미국 육군대장 클라크, 북한 인민군 최고 사령관 북한 원수 김일성, 중국인민지원군 사령원 팽덕화이다.

③ 정전 협정 체결 이후인 1953년 10월 1일 한국과 미국 간에 조인되고 1954년 11월 18일에 발효된 조약이다. 이승만 대통령은 미국에게 휴전 후 북한의 재침에 대비한 강력한 군사 동맹을 요구하였는데 이를 미국이 수락하여 정전 협정이 조인되었고, 한 · 미 상호 방위 조약이 체결되었다.

④ 휴전 회담이 진행되는 도중에 휴전을 반대하고 북진을 주장하던 이승만 대통령은 1953년 6월 '반공포로'의 일방적인 석방을 단행하였다.

20 김대중 정부 시기의 통일 정책 ④

해 설

김대중 정부 시기인 2000년 6월에 최초로 남북 정상 회담이 개최되고 6 · 15 공동 선언이 발표되었다.

④ 6 · 15 공동 선언 이후 최초로 남북한 이산가족 서신 교환이 이루어졌다.

바로 알기

① 남북조절위원회는 1972년 유신 정부 시기 7 · 4남북공동성명 체결 이후 합의사항들을 추진하고 남북관계를 개선하고 통일문제를 해결할 목적으로 설치되었다.

② 김영삼 정부 시기인 1994년 10월 21일 북한 핵문제 해결을 위해 제네바에서 북한과 미국 간에 북미제네바기본합의서가 체결되었다.

③ 1985년 전두환 정부 시기에 '남북한 이산가족 고향방문단과 예술공연단'이란 이름으로 남북한 이산가족이 처음 만났다.

위 문제의 저작권은 강민성의 정통한국사에 있으므로 무단으로 전재 또는 복제할 수 없습니다.

01 ②	02 ③	03 ④	04 ①	05 ④
06 ②	07 ④	08 ①	09 ③	10 ②
11 ②	12 ②	13 ①	14 ④	15 ②
16 ④	17 ②	18 ④	19 ④	20 ④

01 구석기 시대의 유적　　　　②

해 설

제시된 자료에서 (가)는 공주 석장리 유적, (나)는 단양 상시리 바위그늘 유적에 대한 설명이다.

② 공주 석장리 유적은 남한 지역에서 발견된 최초의 구석기 유적지로 우리나라에 구석기학을 성립시키고, 우리 역사가 오래지 않은 것으로 잘못 알고 있었던 것을 바로잡는 데 바탕이 된 유적이다.

바로 알기

① 구석기인의 장례 문화를 확인할 수 있는 유적지는 청원 두루봉 동굴이다. 두루봉 동굴의 흥수아이에게 적용된 장법을 보면 넓고 편평한 석회암 낙반석을 맨 아래에 깔고 그 위에 흙을 뿌린 다음 흥수아이의 주검을 펴 묻고, 국화꽃을 뿌리고 그 위에 흙가루를 뿌리고 넓은 판돌을 덮어놓았음을 알 수 있다.

③ 한반도 최초의 인골 화석은 덕천 승리산 동굴에서 발견되었다. 후기 구석기 시대의 호모 사피엔스 단계에 속하는 이 사람은 35세쯤 되는 남성으로 약 4만 년~3만 년 전에 승리산 동굴에 살아서 '승리산인'이라고 부른다.

④ 공주 석장리 유적은 1964년부터 발굴이 시작되었으나 단양 상시리 바위그늘 유적은 1980년대에 발굴되었다.

02 신라의 왕호 변천　　　　③

해 설

제시된 자료는 삼국유사 기이편 제2대 남해왕 기사로 일연이 삼국사기의 기록을 언급한 내용이다. 자료에는 거서간이 한 명으로 이는 박혁거세이며, 차차웅이 한 명으로 이는 제2대 남해왕이다. 3대 유리왕부터 이사금이라는 칭호를 사용하였는데 삼국사기 왕력에는 19대 눌지 때부터 마립간이라는 칭호를 사용한 것으로 되어 있으나 현재는 삼국유사 왕력에 따라 17대 내물부터 마립간 칭호를 사용하였다는 것을 정설로 보고 있다. 제22대 지증왕 4년(503) 나라 이름을 '신라'로 고치면서 '왕'의 칭호를 사용하였다.

따라서 (가)는 이사금, (나)는 마립간이며 정설에 의하면 이사금은 제3대 유리부터 제16대 흘해까지 사용되었고, 마립간은 제17대 내물부터 제22대 지증왕 3년(502)까지 사용되었다.

ㄴ. 신라에서는 17대 내물마립간 이후 김씨의 왕위 세습이 확립되었으며 그 이전에는 박씨, 석씨, 김씨가 왕위를 번갈아 즉위하였다.

ㄹ. 눌지마립간 사후 그의 장자인 자비마립간이 즉위하였고, 자비마립간 사후 그 장자인 소지마립간이 즉위함으로써 신라에서 왕위의 부자 상속이 확립되었다.

바로 알기

ㄱ. 영일 냉수리비는 현존하는 신라 최고(最古)의 비석(?)으로 지증왕 때 세워졌다. 지증왕 때 마립간 칭호를 왕으로 바꾸었다.

ㄷ. 파사이사금 때 음즙벌국, 실직국, 압독국, 비지국, 다벌국, 초팔국 등 주변 소국을 병합하였다.

03 발해 무왕의 업적　　　　④

해 설

제시된 사료는 발해 제2대 왕인 무왕이 727년 일본 왕에게 보낸 국서의 일부이다. 이를 통해 발해가 당시 신라와 당나라 사이에서 국제적으로 고립된 정세를 벗어나고자 일본과 외교적 관계를 맺으려고 했음을 알 수 있다. 발해는 일본과의 외교를 통해 당의 압박을 견제하고 정치·외교적인 고립에서 벗어나고자 하여, 건국한 지 약 30년이 지난 727년 8월 처음으로 일본에 사신을 파견하고 국서를 보내게 되었다.

④ 무왕이 장문휴를 파견하여 덩저우를 공격하자 당 현종은 신라에 군사를 요청하였다. 이에 신라는 김사란이 이끄는 군대를 파견하여 발해 남부를 공격하였으나 큰 눈이 와서 실패하였다. 이후 당은 735년 신라에게 패강(대동강) 이남의 영유권을 인정해주고 발해를 견제하게 하였다.

바로 알기

① 건흥은 발해의 전성기인 선왕 때 사용된 연호이다.

② 문왕 때인 762년 당은 지금까지 '발해군왕'이라 하던 작명(爵名)을 '발해국왕'으로 승격시켰다. 이것은 발해의 국제적인 지위가 그만큼 승격한 것을 보여주는 것이다.

③ 대조영 등은 고구려 유민과 말갈족 일부를 이끌고 당을 탈출하였으며 당의 추격군을 천문령 전투에서 대파하였다.

04 무령왕릉의 특징　　　　①

해 설

제시된 자료는 무령왕릉의 지석 뒷면의 비문으로 지신에게 돈을 주고 땅을 샀다는 매지권에 해당한다. 이는 당시 백제에 도교 사상이 퍼져 있었음을 알려주고 있다. 자료에서 백제 사마왕은 무령왕이며 사마는 무령왕의 이름이며, 신(申)은 아홉째 지지(地支)로서 방위로는 서남서(西南西)이므로, 신지란 서남서 방향의 땅을 뜻한다.

① 무령왕릉은 무령왕과 왕비의 합장묘이다. 고분 내부의 동쪽에는 왕의 목관, 서쪽에는 왕비의 목관이 있었는데 관이 썩으면서 쓰러져 서로 유물이 겹쳐져 있었다. 목관의 판재들 밑에서는 왕과 왕비가 착장하였던 장신구와 부장 유물이 출토되었다. 무령왕릉의 지석에 따르면 무령왕은 523년 5월에 사망하여 525년 8월에 왕릉에 안치되었고, 왕비는 526년 11월에 사망하여 529년 2월에 안치되었음을 알 수 있게 되었다. 무덤을 수호하는 목적으로 사용된 진묘수는 백제 무령왕릉에서 출토된 바 있다.

바로 알기

② 석촌동 고분에 대한 설명이다. 석촌동 고분은 고구려의 초기 고분 양식인 돌무지무덤으로 백제 건국 이야기인 온조 설화를 뒷받침하고 있다.

③ 무령왕릉에는 벽화가 없다.

④ 백제 금동 대향로는 부여의 능산리 절터에서 출토되었으며, 무령왕릉은 공

위 문제의 저작권은 강민성의 정통한국사에 있으므로 무단으로 전재 또는 복제할 수 없습니다.

주 송산리 고분군에 위치하고 있다.

05 광종의 업적　　　④

해　설

제시된 자료는 『고려사』 세가 광종 26년(975) 5월 23일 광종이 병사하는 내용의 기록이다. 광종은 대상(大相) 준홍·좌승(佐丞) 왕동 등의 역모 사건을 계기로 많은 공신 세력을 숙청하였고, 법안종을 도입하고 천태학을 강조하였으며 왕사·국사 제도를 도입하였다.

또한 광종은 억울하게 노비가 된 사람을 조사해 다시 양인이 될 수 있도록 조처한 노비안검법을 실시하였다.

④ 광종은 귀법사를 창건하고 제위보를 설치함과 더불어 균여를 귀법사의 주지로 임명하였다. 제위보는 빈민을 구제하기 위하여 설치한 재단이다. 제위보가 귀법사에 설치되었다는 것은 그만큼 많은 전곡이 쌓여 있었다는 것을 뜻한다.

바로 알기

① 주현공거법은 현종 때 시행되었다. 고려사 선거지에 의하면 지방의 계수관, 즉 지방관은 중앙의 국자감시에 응시할 수 있는 일종의 예비고사인 계수관시를 치렀는데 주현의 인구에 따라 매년 1000정(丁) 이상이면 3인, 500정 이상은 2인, 그 이하는 1인을 선발하여 서울로 보냈는데 이를 주현공거법이라 한다.

② 문신월과법은 성종 14년(995) 처음 제정되었으며, 경관(京官) 가운데 나이가 50세 이하로서 조서·교서 등의 글을 지어 바치던 지제고(知制誥)를 거치지 않은 사람은 한림원에서 출제하는 제목으로 달마다 시 3수와 부 1편을 짓게 하고, 외관(外官)에 보임된 문신들은 스스로 제목을 달아 해마다 시 30수와 부 1편을 지어 연말에 계리(計吏)편에 부쳐 올리도록 하였다.

③ 감무관은 속현에 파견했던 임시 지방관으로 주현의 수탈로 인해 속현에서 유민이 속출하자 이를 방지하려는 목적이 있었다. 감무관은 예종 때 서해도의 유주, 안악, 장연에 처음 파견했다가 다시 우봉, 파평, 토산 등 24개 현에 추가로 파견되었다.

06 고려 시대 향리　　　②

해　설

제시된 자료는 『고려사절요』 공양왕 1년(1389) 12월 기사로 밑줄 친 '이들'은 향리이다. 향리는 군공으로 관직에 나가거나 잡과를 통해 기술직에 나갈 수 있었다.

ㄱ. 『고려사』 여복지(輿服志) 현종 9년(1018) 기록에, "주·부·군·현의 호장은 자삼(紫衫), 부호장 이하와 병창정 이상은 비삼(緋衫), 호정 이하와 사옥부정 이상은 녹삼(綠衫)을 입고 모두 가죽신을 신고 홀(笏)을 잡는다. 주·부·군·현의 사(史)는 짙은 심청삼(深靑衫)을, 병창사와 여러 단사(壇史)는 천벽삼(天碧衫)을 입으나, 가죽신과 홀은 없다."라 하여 현종 때 향리의 공복 제도가 시행되었음을 알 수 있다. 또 같은 해 주·부·군·현의 인구에 따라 호장·부호장을 비롯한 향리의 정원을 정하였다.

ㄹ. 향리는 지방 호족의 후예로 중앙 정부로부터 직역과 토성을 분정받았다. 이 때 토성의 본관은 그의 근거지가 되었다.

바로 알기

ㄴ. 문종 2년의 규정에 의하면 향리 중 제술과와 명경과에 응시할 수 있는 자격은 부호장 이상의 손자, 부호정 이상의 아들로 한정되었다. 따라서 제한이 있긴 하지만 향리의 자제도 제술과나 명경과에 응시할 수 있었다.

ㄷ. 현종 9년(1018) "각 도의 외관은 호장을 추천할 때 향리로 근무한 햇수가 오래되었는지 짧은지와 단전(壇典)으로 공무(公務)를 본 햇수를 밝혀 갖추어 기록하여 성(省)에 보고하면 바야흐로 직첩(職牒) 주는 것을 허락하라."라는 기록이 있는데 여기서 '성'은 상서성이다. 그러므로 호장은 지방관의 추천으로 상서성의 직첩을 받아 임명되었음을 알 수 있다.

07 의천의 활동　　　④

해　설

제시된 자료는 『고려사』 열전 '문종 왕자 대각국사 왕후(王煦)'의 기록으로 (가)는 의천이며, '왕후'는 그의 본명이다. 의천이 귀국할 때 가져온 책을 모아 '교장(敎藏)'을 편찬하였다.

④ 의천은 흥왕사를 중심으로 교종을 통합하고, 국청사를 창건하여 선종을 통합하였으며, 두 종파를 통합하여 천태종을 개창하였다. 의천은 법상종을 융합하기 위해 성상겸학(性相兼學)의 논리를 제시하고 주로 교리적인 면에서 법상종을 압도하여 이를 화엄종에 끌어들이려 하였다. 이처럼 의천은 원효의 통합 불교 사상을 계승하였으며 균여의 화엄학에 대해서는 실천을 떠나 지나치게 관념화 되어 있다고 비판하였다.

바로 알기

① 균여의 성속무애 사상은 불교계의 융합은 물론 세속계까지를 융회하려는 강력한 통합 사상인데, 성상융회 사상을 기반으로 성립되었다. 성상융회 사상은 교종 내부의 모순을 해결하려는 융합 사상이지만, 광종 대 당시 토착적 사조의 등장과 연결되어 신이한 성격을 지니게 되면서 성속무애 사상으로 발전하였다.

② 제관에 대한 설명이다. 제관은 광종의 명을 받아 서적을 가지고 중국에 건너가 천태사상의 확립자인 의적의 문하에서 수학하였으며 천태종의 입문서가 된 『천태사교의』를 저술하였다.

③ 『목우자수심결(牧牛子修心訣)』은 지눌이 마음 닦는 비결을 제시한 선 이론서로, 주요 내용은 정혜쌍수(定慧雙修), 돈오점수(頓悟漸修)를 주장한 것이다. '목우자'는 지눌의 호이다.

08 문종 대의 사실　　　①

해　설

제시된 자료는 문종 2년(1452) 2월 『고려사절요』를 올리는 전(箋)으로 김종서 등이 쓴 글이다. 세종 때 고려 시대 역사를 정리하기 위해 사서 편찬을 명했는데 여러 가지 이유로 완성되지 못하다가 문종 때 고려사, 고려사절요가 완성되었다. 자료에서 '먼저 전체적인 역사를 편찬하고 그 다음에 편년체로 하라'는 것은 기전체로 먼저 편찬하고 다음에 편년체로 편찬하라는 의미이다. 이에 따라 기전체의 고려사, 편년체의 고려사절요가 편찬되었다. 자료에서 '선왕'은 세종이고 '주상 전하'는 문종이다.

① 문종 대 동국병감이 편찬되었는데 이 책은 위만조선기부터 고려 말까지의

이민족과의 전쟁을 계통적으로 정리한 전쟁사이다.

바로 알기

② 태종은 인구의 유망을 막기 위하여 이웃끼리 서로 돕고 감시하게 하는 인보제를 시행하였다. 10호에 통주(統主) 1인을, 50호에 두목(頭目) 1인을, 1백호에 총패(摠牌) 1인을 두어, 매호의 남녀노소를 모두 호적에 올려서 그 유리를 방지하였고, 멀리 여행하는 사람에게는 관가에서 행장(行狀)이나 문인(文引)을 발급하여 범죄자 색출, 세금 징수 등에 도움을 받았다.

③ 〈국조보감〉 편찬을 구상한 것은 세종이고 이를 계승해 태조·태종·세종·문종 4조의 보감을 처음으로 완성한 것은 세조이다.

④ 사가독서제는 세종 때 처음 실시되었다 '사가'는 '휴가를 준다'는 의미로 왕이 신하에게 휴가를 주고 독서를 하도록 하는 제도이다.

09 조선 후기의 대외 관계　　　　　③

해　설

제시된 자료에서 (가)는 효종실록 효종 5년(1654) 2월 2일 기사로 청 사신이 나선 정벌을 요구하는 내용으로 자료에서 앙방장은 청의 관작이다. (나)는 숙종실록 숙종 22년(1696) 8월 29일 기사로 안용복 등이 일본에 건너가 울릉도와 독도가 우리 땅임을 확인받고 돌아왔다는 내용이다. 당시 조정에서는 이들이 무단으로 외국에 나갔다하여 체포하였다.

③ 도체찰사부는 효종 때까지 잦은 전란과 군비의 필요성으로 상설되었다가 현종 때 폐지되었다. 숙종 초에 중국의 정성공·오삼계 등의 움직임에 대비해 군비를 강화하여야 한다는 윤휴·허적 등의 주장으로 다시 설치되었다.

바로 알기

① 모문룡은 광해군 14년(1622) 가도로 들어가 주둔하였는데 이듬해 이곳에 도독부를 세우고 모문룡이 도독이 되었다. 이 사건은 정묘호란을 유발시키는 원인 가운데 하나가 되었다. 모문룡은 인조 7년(1629) 요동경략 원숭환에 의해 살해되었다.

② 네덜란드인 벨테브레이는 인조 3년(1625) 풍랑을 만나 조선에 표착하였다. 박연의 표착지에 대해서는 제주도로 보는 사람이 있고, 경주 근해로 보는 사람도 있다. 이후 귀화하여 박연이란 이름을 갖게 되었고 훈련도감에서 총포 제작을 하였으며, 병자호란 때 전투에 참여하기도 하였다.

④ 숙종 38년(1712) 청 사신 목극등과 조선의 접반사 박권이 백두산 주변을 답사하고 백두산정계비를 건립하여 국경을 정했다.

10 직전법의 시행　　　　　②

해　설

제시된 자료는 세조실록 세조 12년(1466) 11월 2일 기사로 대사헌 양성지가 올린 상소문의 일부이다. 이 상소는 같은 해 8월 시행된 직전법에 대한 비판을 하고 있다. 직전법은 토지의 수조권(收租權)을 현직 관료에게만 나누어주는 제도이다.

② 직전법 시행으로 수신전·휼양전의 이름으로 세습되던 토지가 몰수되었다. 수신전은 사망한 관료의 부인에게, 휼양전은 사망한 관료의 어린 자녀에게 세습되던 토지였다.

바로 알기

① 직전법은 현직 관리에게만 수조권을 지급한 제도로 명종 때 폐지되면서 수조권 지급제도인 전주전객제가 소멸되고 관리에게는 녹봉만 지급하였다.

③ 직전법은 개인에게 수조권이 귀속되는 사전을 줄이고 공전을 확대하는 방향으로 시행된 토지제도이다.

④ 태종 17년(1417) 사전 억압 시책으로 사전 3분의 1을 충청·전라·경상의 하삼도에 이급하였다. 그러나 세종 13년(1431) 하삼도에 이급된 사전을 다시 경기도에 환급시키면서 신급전법(新給田法)을 제정하였다.

11 서얼의 지위　　　　　②

해　설

제시된 자료는 실학자 박지원이 서얼 소통을 청하는 '의청소통소'로, 『연암집』에 실려 있다. 박지원은 '의청소통소'에서 일부의 건의에 의해 시행된 서얼의 관직 진출이 고착된 지 이미 300여 년이 지났는데, 공론이란 이유로 고치지 않고 지속되어 왔다고 지적하였다.

ㄱ. 『경국대전』에 따르면, 서얼은 문과나 생원, 진사시에 응시하지 못하도록 하였다. 때로 제한된 범위에서 등용되기도 하였으나 그것 역시 아버지의 관직 높낮이나 어머니의 신분에 따라 한계가 있었다. 이를 한품서용(限品敍用)이라고 하는데, 문·무 2품 이상 관리의 양인 첩 자손은 정3품, 천인 첩 자손은 정5품까지, 6품 이상 관리의 양인 첩 자손은 정4품, 천인 첩 자손은 정6품까지, 7품 이하 관직이 없는 사람의 양인 첩 자손은 정5품, 천인 첩 자손은 정7품까지만 관직에 오를 수 있었다.

ㄷ. 『규사』는 철종 때 유림단체인 대구의 달서정사에서 역대 서얼과 관계된 사실을 모아 만든 책으로 2책에는 고려와 조선시대 서얼에 대한 간략한 전기가 있다.

바로 알기

ㄴ. 서얼은 성리학적 명분론에 의해 문과 응시 제한, 정3품까지 한품서용 되는 등 정치적 진출의 제한이 있었으나 임진왜란 이후 납속책·공명첩 등을 이용해 관직 진출을 하는 등 차별이 완화되었다.

ㄹ. 영조 때는 서얼에 대한 차별을 철폐하고 서얼도 청요직에 등용할 수 있게 하였으며, 철종 2년(1851) 신해허통으로 청요직 등용에 대한 모든 제한이 해제되었다.

12 이황의 학설　　　　　②

해　설

제시된 사료는 퇴계 이황이 만년에 저술한 『전습록논변』으로, 정통 주자학의 입장에서 양명학을 비판한 내용이다. 『전습록』은 양명학을 집대성한 왕양명의 말을 그의 제자들이 모아 편찬한 책이다. 자료에서 이황은 양명학의 지행합일을 비판하고 있다.

ㄱ. 이황은 『성학십도』를 지어 선조에게 바쳐 군주 스스로 인격과 학식을 수양하기 위해 노력해야 함을 강조한 것이다. 『성학십도』는 10개의 도상으로 성학의 체계를 집약적으로 제시한 것으로 도학적 학문 정신의 핵심을 표현하고 있다.

ㄷ. 이황은 이의 능동성을 주장하여 그것이 형태는 없으나 운동성을 갖고 있다고 파악하였다. 이는 기의 도움이 없어도 발현한다고 인식한 것이다.

위 문제의 저작권은 강민성의 정통한국사에 있으므로 무단으로 전재 또는 복제할 수 없습니다.

바로 알기

ㄴ. 이이는 사람이 추구하는 왕도정치가 기자에서 시작되었다고 주장하는 『기자실기』를 저술하였다. 이이는 이 책에서 기자가 우리 민족을 교화하여 중국인과 같은 문화 수준으로 향상시켰다고 주장하였다.

ㄹ. 이이는 이황에 비해 상대적으로 기의 역할을 강조하여 현실적이고 개혁적인 성격을 가지고 있었다. 또한 그는 왕조의 변천 단계를 창업(創業), 수성(守成), 경장(更張)으로 나누고 16세기 후반 조선 사회는 폐단이 누적되어 경장에 힘써야 할 때라고 주장하였다.

13 미국과의 관계 ①
해 설

제시된 자료는 1866년 발생한 제너럴 셔먼호 사건에 대한 내용으로 이를 일으킨 국가는 미국이다. 이 사건을 빌미로 미국은 신미양요를 일으켰다.

① 포츠머스 강화 조약은 러·일 전쟁의 강화조약으로 러·일 전쟁에서 일본의 승세가 확실해져 갈 무렵 미국 대통령 루스벨트의 주선으로 일본과 러시아 사이에 맺어진 조약이다.

바로 알기

② 프랑스는 경의선 철도 부설권을 획득하였으나 재정 확보에 실패하여 상실하였다.

③ 1903년 4월 러시아는 압록강 상류의 삼림벌채권과 종업원을 보호한다는 구실로 용암포를 불법 점령하고 조차를 요구하였다.

④ 1832년(순조 32) 영국의 상선 암허스트호가 충청도 홍주에서 통상을 요구하였으나 실패하였다.

14 동학 농민 운동의 전개 ④
해 설

제시된 자료에서 (가)는 정부와 동학 농민군 사이에 체결된 전주화약, (나)는 일본군의 경복궁 점령, 흥선대원군과 김홍집을 내세운 친일정권 수립으로 시작된 청·일 전쟁에 대한 내용이다.

④ 교정청은 전주 화약으로 동학 농민군이 자진 해산한 뒤 내정 개혁을 위해 임시로 설치되었다. 일본 측의 내정 개혁에 대한 압박을 배제하면서 12개 조항의 개혁 내용을 발표하기도 하였으나 군국기무처가 설치되면서 폐지되었다.

바로 알기

① 청·일 전쟁 중인 1894년 7월 11일 일본의 강요로 '신식 화폐발행장정'이 공포되었다. 이는 제1차 갑오개혁 중에 이루어졌으며 그 내용은 은본위제도의 시행이었다.

② 일본군의 경복궁 점령과 친일정권 수립을 알게 된 농민군은 2차 봉기를 일으켜 남접 세력과 북접 세력이 함께 봉기하여 논산에서 집결한 후 서울로 북상하였으나 우금치전투에서 패배하여 실패로 끝나게 되었다.

③ 일본은 경복궁을 무력 점령한 지 이틀 후인 6월 23일 풍도 앞바다에서 청국 함대를 기습 공격하여 이를 궤멸시켰다.

15 육영공원 ②
해 설

제시된 사료는 고종실록의 고종 23년(1886) 8월 1일 기록으로 내무부(內務府)에서 만든 육영공원절목이다. 육영공원에서는 좌원에 젊은 현직 관리를 학생으로 받고, 우원에 관직에 아직 나아가지 않은 명문가 자제들을 입학시켰다.

② 육영공원은 헐버트, 길모어, 벙커 등 3인의 미국인 교사를 초빙하여 교육을 담당하게 하였는데, 헐버트는 세계의 지리 지식과 문화를 소개하는 일종의 교과서인 『사민필지』를 저술하여 교재로 사용하였다.

바로 알기

① 우리나라 최초의 근대 학교는 1883년 원산에 설립된 원산학사이다.

③ 교육입국조서는 1895년 발표되었는데 이를 계기로 한성 사범학교가 설립되었다.

④ 동문학에 대한 설명이다. 외아문의 고문인 묄렌도르프는 통역관 양성을 위해 1883년 외아문의 부설 학교로 동문학을 설립하였다.

16 치안유지법과 국가 총동원법 ④
해 설

제시된 자료에서 (가)는 1925년 제정된 치안유지법, (나)는 1938년 제정된 국가 총동원법이다. 치안유지법은 사회주의 세력을 탄압하기 위한 목적이 있었고, 국가 총동원법은 전시 체제에 인적·물적 자원 수탈을 위한 것이었다.

① 조선 농지령은 1934년 공포되었는데 소작인의 경작권을 상당 부분 보호한 것이 특징이다. '조선소작조정령'의 공포·시행과 더불어 소작 폐해의 근원을 없애고 소작 문제를 해결할 목적으로 만들어졌다. 그러나 실제의 법 운용에 있어서는 식민지 지주제로 인해 그 본래적인 목적을 달성하지 못했다.

② 조선사상범 보호관찰령은 1936년 12월 12일 사상통제책의 일환으로 공포한 법령으로 독립운동 관련자들을 감시하기 위한 법으로 이용되었다.

③ 1930년대 일제는 남면북양 정책을 추진하였는데 그 과정에서 1934년 매년 20만 원의 예산을 배정하여 10년 기간으로 하는 면양 장려 계획을 수립했다. 이는 남쪽에서는 면화, 북쪽에서는 양을 길러 양모를 생산하기 위한 것이었다.

바로 알기

④ 1941년 일제 칙령 제148호 '국민학교령'에 의해 심상소학교가 국민학교로 명칭이 변경되었는데, '황국신민을 양성한다'는 교육정책을 반영한 것이었다.

17 대한민국 임시 정부의 이동 ②
해 설

제시된 자료에서 (가)는 상하이, (나)는 충칭이다. 대한민국 임시 정부는 1919년 상하이에서 수립되어 1940년 최종적으로 충칭에 정착하였다.

ㄱ. 교통국은 대한민국 임시 정부의 자금 조달, 통신 연락, 인물 소개 등을 담당하는 기구로 1919년 5월경 시작되었고, 연통제는 국내의 비밀 행정 조직으로 1919년 7월 국무령으로 임시 연통제가 발표되면서 시작되었다.

ㄹ. 충칭에 정착한 임정은 지청천과 이범석의 주도로 신흥 무관 학교 출신의 한국독립군 간부를 중심으로 한국광복군을 창설하였다.

위 문제의 저작권은 강민성의 정통한국사에 있으므로 무단으로 전재 또는 복제할 수 없습니다.

바로 알기

ㄴ. 1935년 김원봉의 민족혁명당에 대항해 우익 계열 정당인 한국국민당을 조직하였다(항저우).

ㄷ. 임시 정부가 충칭에으로 들어가기 직전인 1940년 5월 한국광복진영의 3당이 임시정부의 여당인 한국독립당으로 통합되었다(치장).

18 모스크바 3상 회의　　　　④

해　설

제시된 자료는 1945년 12월 31일 개최된 신탁 통치 반대 국민 총동원 위원회의 '탁치 반대 국민 총동원 시위 대회'에서 나온 선언문으로 밑줄 친 '회의'는 모스크바 3상 회의이다. 회의의 주요 내용은 대한민국 임시 정부 수립과 이를 지원하기 위한 미·소 공동 위원회 설치, 미국·영국·소련·중국 등 4개국에 의한 최대 5년간의 신탁 통치 협의였다.

④ 모스크바 3상 회의에서 "남북 조선과 관련된 긴급한 여러 문제를 심의하기 위하여 조선에 주둔하는 미·소 양국 사령부 대표로서 회의를 소집할 것이다."라고 결의하였다.

바로 알기

① 모스크바 3상 회의에는 미국, 영국, 소련의 외상이 참여하였다.

② 미 군정청은 모스크바 3상 회의 개최 이전인 1945년 9월 9일 남한 지역에 진주한 태평양 주둔 미 육군 총사령관 맥아더의 포고문 발표로 설치되었다.

③ 2차 세계대전 중 일본군을 무장해제 시키고 빠르게 남하하는 소련군을 견제하기 위해 미국이 소련에 38도선 분할 점령안을 제안하고 소련이 동의하여 한반도에 38도선이 설정되었다.

19 1·21 사태의 영향　　　　④

해　설

제시된 자료는 1968년 1월 21일 발생한 1·21 사태에 대한 것으로 이는 김신조를 비롯한 무장간첩 31명이 서울 시내까지 침투하여 경찰과 민간인을 살해한 사건이다.

ㄷ. 1·21 사태를 계기로 정부는 1968년 3월 '향토 예비군 설치법 시행령'을 제정, 공포하였고 1968년 4월 1일 향토 예비군을 창설하였다.

ㄹ. 1968년 북한이 무장간첩을 침투시킨 1·21사태가 발생하자, 안보 의식과 전시 상황에서의 대처 능력을 높인다는 명분 하에 이듬해인 1969년에 교련이 고등학교와 대학교의 필수 과목으로 지정되었다.

바로 알기

ㄱ. 한일 기본 조약은 1965년 한일국교정상화를 위한 양국간의 외교교섭으로 진행되었다. 국민은 일본의 사죄와 배상을 요구하였으나 박정희 정부는 경제개발자금을 획득하는 데 치중하여 굴욕적인 외교라는 평가와 함께 6·3 시위가 일어나는 배경이 되었다.

ㄴ. 브라운 각서는 1966년 박정희 정부와 미국이 교환한 것으로 베트남 전쟁에 한국군을 파병하면서 우리나라가 파병에 대한 보상으로 맺은 것이다.

20 동전의 변천　　　　④

해　설

제시된 사진에서 (가)는 건원중보, (나)는 팔체체 조선통보, (다)는 상평통보, (라)는 백동화이다.

① 건원중보는 철전과 동전의 두 종류가 있으며 고려 성종 때 발행되었다. 건원중보는 원래 당나라 숙종 건원 연간에 주조, 발행된 화폐인데, 고려는 이를 모방하여 앞면에는 '건원중보(乾元重寶)'라는 화폐명을 새기고, 뒷면에는 '동국(東國)'이라는 글자를 표기하였다.

② 팔분체 조선통보는 인조 11년(1633)에 주조되어 숙종 4년(1678) 상평통보가 주조 유통되기 이전까지 주조되었다. 조선통보는 세종 때 정부에서 발행했던 동전인데 동전에 쓰여진 글씨체가 해서체였으며 모양은 당의 개원통보를 본 떠 만들었다. 그런데 인조 11년(1633) 동전의 글씨체를 팔분체로 바꾸고 동전의 모양새도 만력통보를 본 떠 만들면서 새로운 동전을 팔분체 조선통보라고 부르고, 이전의 조선통보를 해서체 조선통보라고 불러 구분하였던 것이다.

③ 조선 왕조가 허적의 건의로 상평통보를 법화로 주조, 유통하기로 결정한 뒤, 호조, 상평청, 진휼청, 훈련도감 등 7개 관청 및 군영에서 주조하도록 하였다. 숙종·영조 대를 거쳐 정조 9년 호조에서 상평통보의 주조 발행 업무를 전관(專管)하게 되었다. 그러나 순조 대에 들어서면서부터는 화폐 주조 관리 체계의 일원화 원칙이 서서히 무너지기 시작하여, 중앙의 각 관청·지방관청 및 군영에서 상평통보를 주조, 발행하였으며 화폐 주조 사업의 민영화 경향도 나타나게 되었다.

바로 알기

④ 백동화는 개항 이후 급증하는 재정 수요와 당면한 재정 궁핍에서 벗어나기 위해 1892년부터 1904년까지 전환국에서 주조하여 유통시켰다. 그러나 당시 시중에 유통된 백동화에는 전환국에서 주조한 것 이외에도 민간이나 외국인에 의한 위조, 또는 외국에서 밀수입된 것도 상당액 포함되어 있었다. 이로 인해 통화량이 증가하여 화폐 가치가 하락하였다. 우리나라 최초의 근대 화폐는 1882년 은으로 만든 대동은전(대동폐)이다.

01 ②	02 ①	03 ③	04 ③	05 ③
06 ③	07 ④	08 ③	09 ②	10 ④
11 ①	12 ④	13 ③	14 ②	15 ③
16 ①	17 ④	18 ②	19 ②	20 ①

01 고조선의 변천   ②

해 설

제시된 자료에서 (가)는 기원전 3세기경 연의 장군 진개가 고조선을 침략한 내용이고, (나)는 기원전 194년 위만이 고조선으로 망명해 온 내용이다. 진개는 전국시대 연나라 소왕(昭王) 때의 장군으로서 동호(東胡)에 인질로 가서 있다가 돌아와 동호를 정벌하여 5군을 설치하였으며, 고조선을 공격하여 2천여 리의 땅을 빼앗았다.

② 진이 연을 멸망시키자 고조선의 부왕이 진의 공격이 두려워 복속할 것을 청하였지만 직접 조회하는 것은 거부하였으며 부왕이 죽고 아들 준왕이 왕위를 세습할 무렵 진은 내란으로 멸망하였다.

바로 알기

① (가) 이전 시기에 해당한다. 기원전 4c 후반 경, 연이 스스로 '왕'이라 칭하고 동쪽으로 침략하려는 것을 보고 조선 후 역시 스스로 왕호를 칭하고 군사를 일으켜 연을 역공하려 하였으나 대부 예가 간하여 중지하고 연을 설득해 전쟁을 멈추었다.

③ (나) 이후 시기에 해당한다. 위만 조선은 우세한 무력을 바탕으로 활발한 정복 사업을 전개하여 진번, 임둔 등 주변 지역을 복속시키며 영토를 확장해 나갔다.

④ (나) 이후 시기에 해당한다. 섭하는 기원전 109년 한 무제의 사신으로 고조선에 왔다가 돌아가면서 국경인 패수에 이르러 고조선의 비왕(裨王) 장(長)을 죽이고 '조선의 장수를 죽였다'고 보고하여 그 공으로 요동동부도위에 임명되었다. 이에 우거왕은 군대를 보내 섭하를 죽였다.

02 장수왕 재위 시기의 사실   ①

해 설

제시된 자료는 삼국사기 고구려본기 장수왕조의 기록이다. 장수왕 13년(425) 북위에 조공하자 왕 23년(435) 북위는 도독요해제군사(都督遼海諸軍事) 정동장군(征東將軍) 영호동이중랑장(領護東夷中郎將) 요동군개국공(遼東郡開國公) 고구려왕으로 책봉하였다. 또 장수왕 43년(455) 사신을 남조의 송(宋)에 보내 조공함으로써 고구려는 중국의 남조·북조와 동시에 조공 책봉 관계를 맺게 되었다. 북위는 장수왕이 사망하자 이를 애도하고 거기대장군 태부요동군개국공 고구려왕으로 추증하였다. 자료에서 위모관은 비단으로 만든 관이며, 심의는 중국 고대로부터 있어온 제복으로 웃도리와 아랫도리가 연결되어 있어서 몸이 깊이 잠긴다는 뜻에서 이렇게 불렀다고 한다.

① 장수왕 15년(427) 평양으로 천도하자 위기를 느낀 백제는 비유왕 7년(433) 신라에 사신을 보내 화친을 청하였고, 이듬해 2월 좋은 말 두 필을, 9월에는 다시 흰 매를 보내는 등 신라에 적극적인 구애를 하였다. 이에 신라

도 그 해 10월에 금과 명주로 답례하여 두 나라가 화친 관계로 전환하였다.

바로 알기

② 법흥왕 18년(531) 이찬 철부가 처음으로 상대등(上大等)에 임명되었다. 상대등은 화백회의를 주재하며 국정(國政)을 총괄한 관직이다. 상신(上臣)이라고도 부르며, 전임자가 죽으면 교체하는 것이 관례였다. 종래에는 중고기(中古期)에 대등(大等)이 귀족회의의 구성원이었고, 상대등을 대등 가운데 으뜸 대등이라고 보아, 귀족회의를 주재하였다고 이해하였는데 최근에는 전제 왕권과 상대등을 대립적인 관계로 설정한 기존의 견해를 비판하며, 왕권을 강화하기 위해 상대등을 설치하였다고 보거나, 상대등은 집사부 시중과 마찬가지로 국왕을 핵심적으로 보좌하는 친왕적(親王的) 성격이 강하였다고 보는 견해가 제기되었다.

③ 광개토왕이 5만의 군대를 보내 신라에 침입한 왜를 격퇴하고 나아가 가야 지방에까지 진출하여 대규모 군사 작전을 펼쳤는데 이로 인해 금관가야가 타격을 입고 가야 연맹의 맹주 지위가 흔들리게 되었다. 이후 금관가야 중심의 전기 가야 연맹이 무너지고 대가야 중심의 후기 가야 연맹이 성립되었다.

④ 문자왕 3년(494) 부여가 고구려에 항복함으로써 부여가 멸망하였다.

03 원성왕 대의 상황   ③

해 설

제시된 자료는 삼국사기 신라본기 원성왕 즉위년의 기록으로 (가)는 원성왕이다. 선덕왕 때 상대등이 되었던 김경신은 김주원과의 대립에서 승리하여 원성왕으로 즉위하였다.

③ 원성왕 1년 주의 장관 명칭을 총관에서 도독으로 변경하였다.

바로 알기

① 김헌창의 난은 헌덕왕 때인 822년에 일어났다.

② 혈구진은 신라 하대 844년(문성왕 6)에 강화도에 설치된 군진으로 훗날 고려 태조의 세력 기반이 되었다.

④ 안승의 조카(?) 대문(大文)의 난은 신문왕 때 일어나 진압되었다. 검모잠과 함께 고구려 부흥 운동을 전개하던 안승은 검모잠을 죽이고 신라로 달아났다. 신라는 안승을 금마저 지역에 이주시키고 문무왕 10년(670) 고구려왕으로 봉하고 다시 문무왕 14년(674) 보덕국 왕으로 봉하였다. 신문왕 3년(683)에는 안승을 소판으로 삼고 김씨 성을 하사하여 경주에 머물게 하였는데 이에 금마저에 있던 안승의 조카(?) 대문이 신문왕 4년(684) 반란을 일으켰다.

04 신라의 경제 발전   ③

해 설

제시된 자료에서 (가)는 중고(中古)로 불교 왕명 시기인 법흥왕에서 진덕여왕까지의 시기이며 (나)는 중대(中代)로 신라의 전제 왕권 강화기로 무열왕에서 혜공왕까지이다. 삼국사기에서는 신라 왕의 혈통을 기준으로 내물왕의 후손인 성골이 왕위를 계승하던 상대, 무열왕의 후손인 진골 출신 왕위가 이어지던 중대, 내물왕 후손의 진골 출신이 왕위를 계승하던 하대로 구분하였다. 삼국유사에서는 왕의 호칭에 따라 신라 고유의 왕호를 사용하던 상고, 불교식 왕명을

위 문제의 저작권은 강민성의 정통한국사에 있으므로 무단으로 전재 또는 복제할 수 없습니다.

사용하던 중고, 중국식 시호를 사용하던 하고로 구분하였다.

ㄴ. 신라는 중대 시기에만 녹읍이 폐지되고, 식읍 지급이 제한되었으며, 상대
　　와 하대에는 녹읍과 식읍이 계속 지급되었다.

ㄷ. 신문왕 7년(687) 관료전을 지급하고 2년 후인 신문왕 9년)698) 녹읍을 폐
　　지하였다.

바로 알기

ㄱ. 상고 시기인 5c 후반 소지마립간이 수도에 시장을 설치하였다.

ㄹ. 하대 시기인 소성왕 원년(799) 청주 거로현을 국학생의 녹읍으로 삼았다.

05 우왕 때의 사실 ③

해　설

제시된 자료는 조선 태조실록의 기록으로 우왕 6년(1380) 최무선이 화포를
이용하여 왜선을 대파했던 진포 전투에 대한 내용이다. 최무선은 우왕 3년
(1377) 10월 화통도감을 만들어 화약 무기를 제조하였으며 3년 후 진포 전투
에서 화약의 위력을 보여주었다.

③ 우왕 때인 1375년 서운관의 논의로 한양으로의 천도가 논의되었으나 최영
　　등의 반대로 중단되었다.

바로 알기

① 공양왕 2년(1390) 도평의사사의 건의를 받아들여 무과가 설치되었다. 그
　　러나 2년 후 고려가 멸망하면서 실제 무과가 시행되지는 못하였다.

② 공민왕 11년(1362) 원나라 장수 나하추가 수만 명의 군사를 거느리고 침입
　　하자 이성계가 이를 격퇴하였다.

④ 창왕 원년(1389) 2월 경상도원수 박위가 전함 1백 척으로 쓰시마를 정벌하
　　여 적선 300여 척을 불태웠다.

06 고려 시대 토지 제도 변천 ③

해　설

③ 양반공음전시법은 문종 3년(1039) 제정되었는데, 문무 5품 이상의 고관에
　　게 공음전을 지급하는 규정이다. 이렇게 지급된 공음전은 자손에게 세습할 수
　　있었다.

바로 알기

① 사패전(賜牌田)은 사패(賜牌)를 통해 지급한 토지로, 공을 세운 신하에게 준
　　공신사패전과 토지 개간을 목적으로 준 개간사패전이 있다. 전자는 공신전
　　의 일종으로서 개간된 땅을 주었으며, 조선 초기까지도 사패를 통해 공신전
　　을 지급하였다. 후자는 원 간섭기에 특징적으로 나타난 사패전으로, 몽골과
　　의 장기간의 전쟁 과정에 황폐해진 토지를 신속하게 개간할 목적으로 지급
　　하였다.

② 별사전은 지리업, 승직(僧職)에 종사하는 사람들에게 지급하는 토지로 문종
　　30년(1039) 경정전시과에서 별도 규정이 정해졌다.

④ 과전법은 1391년에 공포되었는데 이 때 지방의 한량관에게 원래 보유하고
　　있던 토지의 다소에 따라 품계에 구애받지 않고 5결 또는 10결을 지급하도
　　록 규정하였다. 이때 서울에 와서 시위하는 자는 유향품관으로 과전이 지급
　　되었고, 지방 한량관에게는 군전이 지급되었다.

07 안향의 활동 ④

해　설

제시된 자료는 『고려사』 열전의 안향에 관한 기록이다. 안향은 왕에게 청하여
문무백관으로 하여금 6품 이상은 은(銀) 1근, 7품 이하는 포(布)를 내게 하여
이를 양현고에 귀속시켜 그 이자로 인재양성에 충당하도록 했는데 이를 섬학
전(贍學錢)이라 불렀다.

④ 안향은 연경(베이징)에서 처음으로 『주자전서』를 보고 기뻐하여 유학의 정
　　통이라 하여 그 책을 베껴 쓰고, 또 공자와 주자의 화상(畵像)을 그려 가지고
　　돌아와서 주자학을 연구하였다.

바로 알기

① 정도전은 『학자지남도(學者指南圖)』, 『심문천답(心問天答)』, 『심기리편』,
　　『불씨잡변』 등의 철학서를 차례로 저술해 불교의 사회적 폐단을 비판, 공격
　　하고, 성리학만이 실학(實學)이요 정학(正學)임을 이론적으로 정립하였다.

② 정몽주에 대한 설명이다. 이색은 정몽주를 높이 여겨 '동방 이학(理學)의 시
　　조'라고 하였으며, '문충'이란 시호를 받았다.

③ 이제현은 충선왕이 원의 수도 연경에 세운 만권당에서 원의 학자들과 교류
　　하였으며, 『익재난고』, 『역옹패설』 등을 저술하였다. 익재(益齋), 역옹(櫟
　　翁)은 모두 그의 호이다.

08 태종의 업적 ③

해　설

창덕궁은 태종 때 건설되었다. 태조는 수도를 한양으로 정하고 경복궁을 창건
했지만 제2대 정종은 옛 도성인 개성으로 다시 수도를 옮겼다. 제3대 태종은
개성에 남으려는 대신들의 반대 의견을 무릅쓰고 1404년 다시 한양 천도를
결정하였는데, 이 때 새로 창덕궁을 건설하였다.

① 태종 원년(1401) 관제를 개편하면서 문하부를 혁파하고 간쟁을 담당하던
　　문하부 낭사를 사간원으로 독립시켰다. 이는 대간의 역할을 강화하여 대신
　　들을 견제하기 위한 것이다.

② 태종 원년(1401) 의정부가 억울한 사람을 등문고(登聞鼓)를 치도록 하자고
　　상소하자 이를 받아들였는데 명칭은 신문고로 고쳤다.

④ 군역 부담자인 양인 수를 늘리기 위한 국방책으로 양천 교혼(交婚) 소생 자
　　녀에 대해 노비로 삼았던 전통적 노비법을 개정해 태종 14년(1414) 종부
　　법(從父法)을 적용하도록 했다. 이는 이 시기에 양인 또는 사대부의 비처첩
　　(婢妻妾) 소생이 다수인 점에 착안하여 이들을 종량(從良)시키기 위해 양인
　　이상 신분의 남자와 천인처첩 사이에 태어난 자녀에게 부계를 따라 양인이
　　되도록 법제화했던 것이다.

바로 알기

③ 정종 2년(1400) 4월, 정종은 문시랑찬성사 하륜에게 명하여 도평의사사를
　　의정부로, 중추원을 삼군부로 고치는 관제 개정을 단행하였다.

09 훈련도감의 특징 ②

해　설

제시된 자료는 선조실록 선조 26년(1598) 8월 19일 기사로 선조가 훈련도감
의 설치를 전교하는 내용이다. 자료에서 임진왜란이 진행 중이고 명군이 파병

되어 있음을 파악할 수 있어 임진왜란 중에 군사 훈련을 위해 설치한 기관이므로 훈련도감임을 파악할 수 있다.

② 훈련도감은 삼도도체찰사로서 군사 지휘권을 가지고 있던 류성룡의 건의에 따라 정예 군사 양성과 기민(飢民) 구제를 목적으로 모병해 명나라 척계광의 『기효신서』를 참고하면서 명나라 군사의 실제 훈련법을 습득하게 하였다.

바로 알기

① 훈련도감은 임진왜란 중인 1593년(선조 26) 임시기구로 설치되어 상설기구로 변모하다가 영조 때 〈속대전〉에 규정되었다.

③ 선무군관포는 영조 때 균역법을 시행하면서 부족한 군포를 보충하기 위해 지방의 일부 상류층에게 선무군관이란 칭호를 주고 1년에 포 1필을 받은 것이다. 훈련도감의 재정 기반은 1결당 2.2두씩 징수했던 삼수미세이다.

④ 훈련도감은 고종 18년(1881) 군제 개혁으로 별기군이 설치되어 신식 군대 조직이 이루어지자 그 이듬해 결국 폐지되었다.

10 대동법과 균역법　　　　④
해　설

제시된 자료에서 (가)는 광해군 즉위년에 경기도에 시범 시행되었던 대동법, (나)는 영조 때 시행되었던 균역법이다. 대동법은 공납을 현물 대신 쌀, 포, 돈으로 대신 납부하는 제도로 대동미의 경우 1결당 12두였다. 균역법은 양인들이 부담하는 군포를 1년에 2필에서 1필로 감면하고 부족분을 선무군관포, 결작, 어·염·선세 등으로 보충하였다.

ㄷ. 대동법은 현물 대신 대동미를 거두었고, 균역법은 군포를 감면한 대신 결작으로 1결 당 2두씩을 부과하여 공납이 전세화되었고, 군포의 일부도 전세화되는 결과를 초래하였다.

ㄹ. 대동법은 선혜청에서 주관하였고, 균역법은 균역청을 두어 이를 주관하게 하였으나 경비 절감 차원에서 2년만에 선혜청에 통합되었다.

바로 알기

ㄱ. 대동법은 갑오개혁 때 세제 개혁으로 폐지되었다.

ㄴ. 균역법은 양반들에게 군포를 부과한 것이 아니라 양인들의 군포를 1필로 감면한 것이다. 양반들이 군포를 부담하게 된 것은 흥선 대원군이 시행한 호포제 이후이다.

11 유향소와 경재소　　　　③
해　설

제시된 자료는 성종실록 성종 13년(1482) 2월 2일 기록으로 이조에서 유향소의 복립을 건의하자 성종이 이를 허락한 내용이다. 자료에서 (가)는 유향소이고, (나)는 경재소이다.

ㄱ. 유향소는 세조 때 철폐되었다가 성종 19년(1488) 향촌의 풍속을 바로잡기 위한 목적으로 다시 설치되었다.

ㄴ. 유향소는 향촌 사회에서 풍속을 교정하고 향리를 규찰, 수령을 보좌하는 기능을 하였다.

ㄹ. 유향소와 경재소는 고려 시대 사심관 제도에서 유래하였다. 사심관 제도는 고려의 태조가 중앙의 관리를 출신 지역의 사심관으로 임명하여 그 지역을

통제하도록 한 제도인데 이 제도가 조선 시대에 유향소와 경재소로 계승되었다.

바로 알기

ㄷ. 경재소는 태종 대에 처음 설치되었다는 기록이 확인되며 세종 대에 전국적으로 설치되었다. 그러나 지방 행정에서 경재소-유향소 체제는 중앙에서 직접 파견된 수령의 지배와 충돌을 피할 수 없었고, 중앙 집권 체제 강화 및 효율적인 지방 통치라는 본래의 의도와 멀어지게 되었다. 임진왜란 후 수령권 강화 조치로 유향소의 지위가 크게 떨어지게 되자 결국 유향소를 통제하던 경재소도 선조 36년(1603) 폐지되었다.

12 동사강목의 특징　　　　④
해　설

제시된 자료는 안정복이 정조 2년(1778)에 완성한 『동사강목』의 범례에서 제시한 내용이다. 안정복은 주자의 강목법(綱目法)에 따라 체계를 세웠지만, 중국과 우리나라의 역사가 다르므로 우리나라 형편에 맞는 원칙을 세웠다고 밝혔다. 『동사강목』은 단군 – 기자 – 마한 – 삼국 무통 – 통일신라 – 고려(통일 이후)로 한국사를 체계화하였다. 삼국을 무통으로 본 것은 삼국이 서로 균등하였던 현실을 고려한 것으로, 이는 현실을 중시하는 입장에서 비롯되었다. 이에 비해 신라의 통일 이후와 고려 통일 이후를 정통으로 처리하였는데, 이는 당시 강목체 역사서의 공통적인 현상이었다.

④ 안정복의 『동사강목』은 고조선부터 고려 말까지의 역사를 강목체로 서술하였으며, 주희가 유교적 포폄(褒貶) 원칙에 따라 정통과 비정통을 구분하고, 시비를 분별하여 저술한 『자치통감강목』의 서술 방식을 따랐다. 책의 서두에는 각 국가의 계통도를 도표로 표현하였고, 그 뒤에 주요 국가의 강역을 지도로 표현하고 있는데, 이는 이전까지는 없었던 획기적인 역사 서술 방식이었다.

바로 알기

① 이종휘는 『동사(東史)』에서 우리나라 땅이 발해 시기에 최대 판도를 이루었다가 고려 이후에 축소되었다고 하면서, 우리나라가 약한 나라로 전락한 것이 발해의 땅을 잃어버렸기 때문이라고 주장하였다. 이종휘는 발해 땅을 되찾아야 한다는 발해 고토 회복 의식을 표명함으로써 발해사 인식면에서 커다란 전환점을 이루었다.

② 허목의 『동사(東事)』는 단군 조선부터 고대 삼국까지의 역사를 기전체로 서술하였으며 조선의 자연환경·풍속·인성의 독자성을 강조하는 풍토사관이 나타나 있다.

③ 한치윤의 『해동역사(海東繹史)』는 500여 종에 달하는 중국 및 일본의 사서를 참고하여 엮은 한국의 통사이고 여기에 편찬자의 의견과 교감(校勘)이 붙어 있다.

13 조·일 무역 규칙과 조·일 통상 장정　　　　③
해　설

제시된 자료에서 (가)는 강화도 조약의 부속 조약으로 체결된 조·일 무역 규칙, (나)는 1883년 조·일 무역 규칙을 개정하여 체결된 조·일 통상 장정이다. 조·일 무역 규칙은 일본에 무관세 무역과 무제한 양곡의 수출입을 허용하

위 문제의 저작권은 강민성의 정통한국사에 있으므로 무단으로 전재 또는 복제할 수 없습니다.

였다. 이를 개정한 조·일 통상 장정은 지방관의 방곡령 선포를 인정하였다.

③ 조·일 통상 장정 제42관에는 "현재 혹은 장래에 조선 정부가 어떤 권리와 특권 및 혜택을 다른 나라에게 베풀면 일본국 관민 또한 즉시 일체 균점한다."라고 규정하여 일본에게 최혜국 대우를 인정하였다.

바로 알기

① 개항장에서 일본 화폐 유통을 허용한 조약은 조·일 수호 조규 부록이다.

② 조일수호조규 부록에서는 부산에서 일본인의 간행이정을 10리로 제한하였다.

④ 조일수호조규의 부속조약으로 체결된 것은 조일수호조규 부록과 조일무역 규칙이다.

14 중추원 관제 개편 ②
해 설

제시된 자료는 독립 협회의 건의를 받아들여 정부에서 제정한 중추원 관제 개편안이며, (가)에 들어갈 기관은 중추원이다. 중추원은 원래 내각의 자문 기구였으나 독립 협회에서 의회 설립 운동을 전개하자 이에 호응하여 중추원을 서양의 의회와 유사하게 개편하는 관제 개편을 단행한 것이다. 중추원을 의회로 개편하기 위해 중추원 의원 50명 가운데 절반은 관선이지만 절반은 독립 협회에서 추천한 인물을 임명하였다.

② 고종은 '헌의 6조'를 재가하고 민중의 요구에 부합하는 조칙을 내렸는데 여기에 중추원 관제 개편을 통한 서양식 의회의 설치가 포함되었다.

바로 알기

① 대한국 국제 9조는 독립 협회가 해산된 이후 1899년 반포되었다.

③ 군국기무처는 제1차 갑오개혁을 추진했던 기구이다.

④ 전·현직 관리들이 칭제건원을 건의한 것은 광무개혁의 배경이다.

15 신민회의 활동 ③
해 설

제시된 자료는 1909년 3월 5일 일본 헌병대 기밀 문서로 통감부에 보고된 신민회의 '대한 신민회 통용 장정'의 초안이다. 여기에서 안창호 등은 신민회의 궁극적 목적이 국권을 회복하여 자유 독립국을 세우고, 그 정치 체제는 공화정체로 하는 것이라고 밝히고 있다.

③ 청년학우회는 신민회의 간부인 윤치호, 최남선, 이승훈, 안태국 등이 신민회의 합법적 외곽단체로 1909년 8월 창립하였다. 이 단체는 구국운동 단체로 조직되었으면서도 공개 합법단체였기 때문에 표면상으로는 비정치적 수양 단체임을 표방하였다.

바로 알기

① 기회주의 배격은 1927년 조직된 신간회의 강령이다.

② 대한 자강회에 대한 설명이다.

④ 신민회는 입헌 공화정체의 근대 국가 수립을 목표로 삼았다.

16 대동단결 선언과 2·8 독립 선언 ①
해 설

제시된 자료에서 (가)는 1917년 발표된 대동단결 선언, (나)는 1919년 발표된

2·8 독립 선언이다. 대동단결 선언은 1917년 상하이에서 신규식 등이 독립운동의 활로와 이론의 정립을 모색하기 위해 임시 정부의 수립에 관한 민족 대회의 소집을 제창한 문서이고, 2·8 독립 선언은 2·8 독립 선언은 조선청년독립단의 이름으로 발표되어 조선청년독립선언문이라고도 불린다.

① 대동단결 선언은 융희 황제의 주권 포기론을 근거로 국민주권설을 이론적으로 정립하고 임시 정부의 수립을 제창하였다.

바로 알기

② 민족 자결주의는 미국의 윌슨 대통령에 의해 1918년 의회 연설에서 발표되었다. 따라서 대동단결 선언은 민족 자결주의와 관련이 없다.

③ 대동단결선언은 조소앙이 초고를 썼고 신채호 등이 감수하였으며, 2·8 독립 선언은 이광수가 작성하였다. 최남선이 작성한 것은 3·1 운동 때 발표되었던 기미독립선언이다.

④ 2·8 독립 선언은 도쿄에서 발표되었다. 중국 지린성에서 민족 대표 39인의 이름으로 발표된 것은 흔히 무오독립선언이라고 불리는 대한독립선언이다.

17 1920년대 생활 모습 ④
해 설

제시된 자료는 1920년대의 대표적인 저항문학인 이상화의 '빼앗긴 들에도 봄은 오는가'이다.

④ '카프(KAPF)', 즉 '조선 프롤레타리아 예술가 동맹'은 1925년 결성된 예술가 단체로 사회주의의 영향을 받아 식민지 현실을 비판하고 계급 의식을 고취하는 것을 문학의 중요한 역할로 인식하였다.

바로 알기

① 화신 백화점은 1934년 박흥식이 세웠는데, 이는 한국인에 의해 세워진 최초의 백화점이다.

② 극예술 연구회는 1931년 진정한 의미의 신극 수립을 목표로 서울에서 창단되었던 극단으로 1933년 유치진 작의 '토막(土幕)'을 공연하였다.

③ 일제는 1915년 시정 5년을 기념한다는 명분으로 일부 건물을 훼손해 경복궁에서 조선물산공진회를 개최하였다.

18 제2대 국회 ②
해 설

제시된 자료는 1952년 발췌 개헌 통과 과정을 보여주고 있다. 1950년 5월 실시된 제2대 국회의원 선거에서 반이승만 경향의 무소속 의원이 과반수를 차지함으로써 국회에서 간선으로 선출되는 대통령 선거에서 이승만의 재선 가능성이 희박해지자 발췌 개헌을 단행하여 대통령 직선제로 개헌하였다. 따라서 발췌 개헌안이 통과된 국회는 제2대 국회로 그 임기는 1950년 6월부터 1954년 5월까지이다.

② 자유당은 1951년 12월 이승만 대통령의 집권 연장을 위해 창당되었다. 정부 수립 초기 정당무용론을 주장했던 이승만 대통령은 제2대 국회의원 선거에서 정부에 비판적인 무소속이 대거 당선되어 국회 내에서 자신의 지지 기반이 약화되자 정국 타개를 위해 자유당을 창당하였다.

바로 알기

① 진보당 사건은 진보당 위원장 조봉암 등 간부 7명을 간첩 혐의로 구속한 사

위 문제의 저작권은 강민성의 정통한국사에 있으므로 무단으로 전재 또는 복제할 수 없습니다.

건으로 1958년 1월에 일어났다.

③ 귀속재산처리법은 제헌 국회에서 1949년 12월 19일 제정된 법안이다. 귀속재산이라 함은 대한민국 영토 안에 있는 일체의 일본인 소유의 재산을 말하는데 이 가운데 농지는 따로 농지개혁법에 의해 처리하도록 하였다.

④ 호헌동지회는 1954년 이승만의 사사오입 개헌을 반대하기 위해 야당 의원들을 중심으로 결성되었다.

실전 동형 모의고사 09회				본문 46p~50p
01 ④	02 ③	03 ③	04 ③	05 ④
06 ③	07 ①	08 ③	09 ①	10 ①
11 ①	12 ③	13 ④	14 ③	15 ②
16 ④	17 ②	18 ③	19 ①	20 ②

19 남북 기본 합의서   ②

해 설

제시된 자료는 한반도 비핵화 선언으로 노태우 정부 때인 1991년 12월 31일 발표되었다. 공동 선언의 내용은 핵무기의 시험 · 제조 · 생산 · 보유 · 접수 · 저장 · 사용 금지하고 핵에너지를 오직 평화의 목적에만 이용한다는 등의 6개항이다.

② 남북 고위급 회담은 1989년 2월 8일 시작된 여러 차례의 예비 회담과 실무 대표 접촉을 통해 1990년 9월 4일 서울에서 제1차 회담이 개최된 이래 1991년 12월까지 5차례의 본회담이 열렸다. 1991년 12월 13일 서울에서 열린 제5차 남북 고위급 회담에서 남북 기본 합의서가 채택되었다. 1992년 2월 제6차 회담에서 '비핵화 공동 선언'과 '분과위 구성 · 운영 합의서' 등에 합의하고 '남북 기본 합의서' 문건을 정식 교환하여 발효시켰다. 남북 고위급 회담은 1992년 9월 8차 회담까지 진행되었다.

바로 알기

① 1985년 전두환 정부 때 남북고향방문단 교류가 이루어졌다.

③ 남북한의 유엔 동시 가입은 제시된 자료 이전인 1991년 9월 이루어졌다.

④ 김영삼 정부 당시 1994년 북한의 핵문제를 해결하기 위해 제네바에서 북한과 미국이 체결하였다.

20 경주의 역사   ①

해 설

제시된 자료는 고려 신종 5년(1202) 경주에서 일어난 이비 · 패좌의 난에 대한 『고려사』기록이다. 민란 중심지가 고려의 동경, 곧 경주였으며, 반란의 기치가 신라 부흥이었으므로 신라 부흥 운동으로 부르기도 한다.

① 경주 옥산서원은 이언적의 학덕을 기리기 위해 건립된 서원으로, 2010년 양동 마을의 일부로 유네스코 세계 문화유산에 등재되었으며, 2019년 '한국의 서원'의 일부로 유네스코 세계유산에 재차 등재되었다.

바로 알기

② 서경 유수 조위총은 지방군과 농민들을 모아 무신 정권에 항거하였으나 실패하였다.

③ 도의선사는 전남 장흥 가지산에 보림사를 창건하고 가지산파의 개조가 되었다. 가지산문은 선종 9산 가운데 가장 먼저 성립된 종파이다.

④ 직지심체요절은 현존하는 세계 최고(最古)의 금속활자본이다. 원래 이름은 '백운화상초록불조직지심체요절'로 여러 경전과 법문에 실린 내용 가운데 좋은 구절만 뽑아 편집한 불교 서적이다. 1377년 청주 흥덕사지에서 인쇄되었다.

01 부여   ④

해 설

제시된 자료는 삼국지 위서동이전과 후한서 동이열전 중 부여에 관한 내용이다.

④ 부여에서는 전쟁이 일어났을 때 하늘에 제사를 지내고 소를 잡아 말굽을 관찰하여 길흉을 점쳤는데 이를 우제점법이라 한다.

바로 알기

① 서옥제는 고구려의 혼인 풍속으로 남자가 혼인을 정한 뒤 신부 집 뒤에 서옥을 짓고 거기서 자식을 낳고 살다가 자식이 장성하면 신부와 함께 신랑 집으로 돌아가는 제도이다.

② 삼한에 해당한다. 삼한에서는 죽은 사람의 영혼이 날아갈 수 있도록 큰 새의 깃털을 함께 묻어 주었다.

③ 철(凸)자 모양 집터와 여(呂)자 모양 집터는 주로 동해안 주변에서 나타나고 있어 동예의 독특한 주거 양식으로 추측되고 있다.

02 백제 무령왕의 업적   ③

해 설

제시된 자료는 삼국사기 백제본기 무령왕 21년 기사로 서기로 521년이 된다. 무령왕이 양에 보낸 국서는 백제가 한성 함락의 위기를 극복하고 고구려에 대적할 정도의 국력을 회복할 힘을 가지게 되었음을 대외적으로 표방한 것이다. 이에 대한 답례로 무령왕은 양 고조 즉, 무제(武帝)로부터 '사지절도독백제제군사영동대장군'이라는 긴 칭호의 작호를 받았다.

③ 무령왕은 지방에 설치된 22개의 담로에 왕족을 파견하여 지방에 대한 중앙 통제력을 강화하였다. 양서(梁書)에는 담로에 파견된 인물들을 '자제종족(子弟宗族)'으로 기록하였는데 이는 왕족을 의미하는 것이다.

바로 알기

① 동성왕 15년(493) 백제는 신라와의 관계를 보다 돈독히 하기 위해 신라의 왕녀를 맞이하는 혼인동맹을 맺기도 하였다.

② 근초고왕은 박사 고흥에게 백제의 사적을 정리한 〈서기〉를 편찬하게 하였다.

④ 의자왕에 대한 설명이다. 삼국사기에는 "의자왕은 무왕의 맏아들로서 용감하고 대담하며 결단성이 있었다. 무왕 재위 33년에 태자가 되었다. 부모에게 효도하고, 형제간에 우애가 있어서 당시에 해동증자라고 불렸다."는 기록이 있다.

03 통일 신라의 문화적 동향   ③

해 설

제시된 자료에서 (가)는 국학을 설립하였으므로 신문왕, (나)는 독서삼품과를 실시했으므로 원성왕이다.

위 문제의 저작권은 강민성의 정통한국사에 있으므로 무단으로 전재 또는 복제할 수 없습니다.

ㄴ. 감은사지 3층 석탑은 경주시 문무대왕면 감은사지에 있는 석탑으로 신문왕 2년(682)에 세워졌다. 자신이 죽으면 불교 법식에 따라 화장하고 동해에 장사 지내 줄 것을 유언한 문무왕의 뜻을 받들어 신문왕이 부왕을 대왕암에 장사 지냈다. 또한 문무왕이 왜병을 진압하고자 창건하려 했던 감은사를 완공하고 두 개의 감은사지 3층 석탑을 건립하였다.

ㄹ. 괘릉은 원성왕릉으로 앞에 한 쌍의 무인석이 있는데 얼굴이 서역인의 모습이라 당시 동서 문화 교류를 보여주는 문화유산이다.

바로 알기

ㄱ. 강원도 평창군 진부면 상원사에 있는 상원사 동종은 용뉴 좌우에 오목새김된 명문에 의해 성덕왕 24년(725)에 제작되었음을 알 수 있다.

ㄷ. 백률사 석당은 법흥왕 때 불교 공인을 위하여 순교한 이차돈을 추모하기 위해 세워진 비석으로 이차돈 순교비, 혹은 이차돈 공양비로 불린다. 석당은 헌덕왕 10년(818) 건립되었으며 백률사는 경주 동천동에 창건되었으나 현재는 터만 남아있다. 석당(石幢)이란 돌로 만든 기둥을 의미하는데 여기에 비문이 새겨져 있다.

04 신라의 골품제　　　③

해 설

제시된 그래프는 신라 골품제의 운영을 보여주고 있다. 진골은 승진에 상한성이 없지만 6두품은 6관등인 아찬까지, 5두품은 10관등인 대나마까지, 4두품은 12관등인 대사까지만 승진할 수 있었다. 관복은 골품이 아니라 관등에 따라 정해졌다.

① 관복은 17관등에서 12관등까지 황색, 11관등에서 10관등까지는 청색, 9관등에서 6관등까지는 비색, 5관등 이상은 자색이었다. 따라서 12관등까지 승진할 수 있는 4두품은 황색 관복만 입을 수 있었다.

② 진골은 관등에 따라 황색, 청색, 비색, 자색의 순으로 관복의 색이 달라질 수 있다.

④ 승진에 상한선이 있는 5두품과 6두품에게는 중위제가 적용되었다. 6두품은 아찬이 최고 관등인데 삼국사기에 의하면 아찬은 4중아찬까지, 대나마는 9중대나마까지, 나마는 7중나마까지 있었다고 한다.

바로 알기

③ 득난은 6두품을 지칭하는 것으로 이들은 중앙 관직으로는 집사부의 시랑, 각 부(部)의 차관인 경에 오를 수 있었다.

05 이자겸의 난과 묘청의 서경 천도 운동　　　④

해 설

제시된 자료에서 (가)는 고려사 세가 인종 4년(1126) 2월 기사로 이자겸이 난을 일으켜 정권을 장악한 내용이고, (나)는 고려사절요 인종 13년(1135) 1월 기사로 묘청이 난을 일으킨 내용이다.

④ 이자겸의 난을 진압한 인종은 실추된 왕권을 회복하기 위해 서경에서 15개조의 유신령을 발표하고 서경 출신의 개혁 관리를 등용하였으며 서경에 대화궁을 설치하였다.

바로 알기

① 강조는 목종 12년(1009) 정변을 일으켜 목종을 폐하고 현종을 즉위시켰다.

이 사건은 거란의 2차 침입의 빌미가 되었다.

② 의천은 선종 8년(1091) 요·송·일본 등 동아시아 각지에서 25년 동안 수집한 1,010부 4,759권의 저술을 가지고 〈신편제종교장총록〉이라는 목록을 편찬하였다.

③ 김부식은 묘청의 난을 진압한 후 인종 23년(1145) 『삼국사기』를 저술하여 바쳤다.

06 성종 대의 사회·경제 상황　　　③

해 설

제시된 자료는 『고려사』 식화지 기록으로 '이것'은 상평창이고, 왕은 성종이다. 상평창은 물가 조절 기구로 풍년일 때 곡식을 사들였다가 흉년일 때 내다 팔았다.

③ 성종 때 처음으로 환구단을 세웠는데 여기에서 풍작을 기원하고 태조를 배향하였다.

바로 알기

① 흥왕사는 문종 10년(1056)에 창건되었으며, 문종은 한양길지설을 바탕으로 21년(1067)에 한양을 남경으로 승격하였다.

② 혜민국은 예종 7년(1112) 설치되었는데 일반 백성들의 질병 치료를 위한 의약을 전담하게 하였다.

④ 숙종 때 평양에 기자 사당을 세우고 기자를 교화지주, 즉 '교화의 임금'으로 제사하였다.

07 요세의 활동　　　①

해 설

제시된 자료는 『동문선』에 있는 '만덕산백련사원묘국사비명'의 일부로 '원묘국사'는 요세이다. 요세는 처음으로 만덕사에서 보현도량(普賢道場)을 결성하고 전통적인 법화삼매참회(法華三昧懺悔)를 닦았다. 결사운동은 보현도량의 개설을 계기로 하여 체계가 정비되었고, 백련사(白蓮社)라는 결사의 명칭도 이때부터 사용되었다.

① 요세는 강진 만덕산에서 백련결사를 제창하였다. 탐진현은 강진의 옛이름이다.

바로 알기

② 지눌의 제자인 혜심에 대한 설명이다. 혜심은 유불일치설을 주장하여 장차 성리학 수용의 바탕을 마련하였다.

③ 보우에 대한 설명이다. 보우는 원에 건너가 임제종 18대 법손인 청공에게 사사하였고 임제종을 고려에 전파하였다.

④ 지눌에 대한 설명이다. 이통현은 당의 화엄종 승려로 지눌은 그의 화엄 사상을 수용하여 '돈오점수'를 확립하였으며 『원돈성불론』을 저술하였다.

08 조선 시대 과거 및 관직 체계　　　③

해 설

제시된 자료는 율곡 이이의 연보이다. 이이는 13세에 진사과 초시에 장원 급제한 것을 필두로 아홉 번의 장원 급제를 하여 '9도 장원공'이라 불렸다.

① 13세에 진사과 복시에 합격하였으므로 백패를 받았다. 대과(문과) 합격자는 홍패를 받았으며, 소과(생원과, 진사과) 합격자는 백패를 받았다.

② 상참은 6품 이상의 관리가 매일 국왕을 배알하는 약식 조회로서 29세에 호조 좌랑(정6품)에 임명된 이이는 상참에 참여할 수 있었다.

④ 4품 이상에 대해서는 왕이 직접 교지를 내려 임명하였으며, 5품 이하는 대간의 서경을 거쳐 임명되었다. 47세에 이조판서(정2품)에 임명되었으니 서경의 대상이 되지 않았다.

바로 알기

③ 정3품 통정대부 이상의 품계인 당상관은 근무 일수와 관계없이 공덕과 능력에 따라 왕명으로 임명할 수 있었는데, 이이는 34세 때 홍문관 부교리(종5품)로서 당하관에 속하여 근무일수에 따라 승진하는 순자법의 적용을 받았다.

09 임진왜란의 전개 과정　　①

해 설

제시된 자료에서 (가)는 선조실록 선조 26년(1593) 2월 10일 '평양을 탈환한 데 대해 명 조정에 올리는 보고'에 나오는 기록으로 1월 8일 평양 탈환에 대한 내용이다. (나)는 선조실록 선조 26년(1593) 2월 24일 기록으로 2월 12일에 있었던 행주산성 전투에 대한 내용이다.

① 선조 26년(1593) 1월 8일 명군은 조선군과 연합하여 먼저 평양성을 공격하여 성을 탈환하였다. 1월 27일 명군은 패주하는 일본군을 추격하다가 벽제관에서 패하고 주력 부대는 평양으로 후퇴하였다.

바로 알기

② 이순신은 선조 25년(1592) 5월 29일 사천 전투에서 최초로 거북선을 동원하여 왜선 12척을 격침하였다.

③ 정유재란 때인 선조 30년(1597) 7월 15일 원균이 지휘하는 조선 수군이 칠천량에서 패배한 이후 이순신이 삼도수군통제사로 다시 임명되어 수군을 수습하였다.

④ 명과 일본 사이에 화의가 진행되던 중인 선조 26년(1593) 6월 왜군의 공격으로 2차 진주성 전투가 발발하여 최경회 · 김천일이 분전하였으나 패배하였다.

10 기해예송　　①

해 설

제시된 자료는 현종실록 현종 1년 3월 21일 기사로 효종 사후 기해예송 때 자의대비의 복제(服制) 문제에 대해 서인인 송준길이 기년복, 즉 1년상을 주장하고 있는 내용이다. 서인은 왕실도 사대부와 같이 『주자가례』를 따라야 한다는 입장에서 기년복을 주장하였고, 남인은 왕실의 예는 사대부와 다르다는 입장에서 3년복을 주장하였다.

① 경신환국은 숙종 6년(1680) 남인이 축출되고 서인이 집권한 사건이다. 인조반정으로 집권했던 서인은 갑인예송으로 남인에게 빼앗겼던 정권을 다시 차지하였다.

바로 알기

② 정여립 모반 사건 때 서인인 정철에 의해 동인 세력이 큰 피해를 입었다.

③ 갑술환국은 기사환국으로 정권을 잡았던 남인 세력이 다시 축출되었던 사건이다.

④ 임오화변(禍變)은 영조 38년(1762) 영조가 대리청정 중인 왕세자를 폐위하고 뒤주에 가두어 죽인 사건이다. 이 사건을 계기로 노론은 사도세자를 애도하는 시파와 영조를 지지하는 벽파로 분화되었다.

11 순조 때의 사실　　①

해 설

제시된 자료는 순조실록의 부록 가운데 순조 대왕 애책문(哀冊文)이다. 자료에서 '천주교가 윤서를 더럽히고'는 천주교의 교세 확장으로 신유박해가 일어난 사실을 가리키고, '서쪽의 도적'은 홍경래를 의미한다. 순조는 11살에 즉위하였는데 주나라 성왕은 12살에 즉위한 것으로 되어 있다.

① 『만기요람』은 순조 8년(1808) 서영보, 심상규 등이 왕명으로 편찬했는데, 조선 왕조의 재정과 군정에 관한 내용을 담고 있다. 왕이 일상 정무를 수행하는 데 수시로 참고할 수 있도록 편찬한 것이다.

바로 알기

② 철종 13년(1862) 임술농민봉기가 전국적으로 확산되자 정부는 보다 근본적인 수습책을 마련하기 위해서 진주안핵사 박규수의 건의에 따라 특별기구를 설치하게 되었다. 그리하여 5월 25일 철종은 삼정 개혁을 위한 기구를 만들 것을 지시했고, 26일에는 비변사에서 삼정이정청 설치를 결정했다.

③ 숙종은 명 신종의 은혜를 기리기 위해 창덕궁에 대보단을 건립하여 명 태조 · 신종 · 의종에게 제사하였다.

④ 헌종 10년(1844) 김정희는 제주도에서 유배생활을 할 때 북경에서 귀한 책을 구해 준 제자의 인품을 송백(松栢)의 지조에 비유한 세한도를 답례로 그려 주었다.

12 갑신정변의 결과　　③

해 설

제시된 자료는 『고종실록』 중 고종 21년(1884) 10월 21일의 기사로 도승지를 비롯한 승지들이 참석한 승정원 회의에서 나온 내용이다. 이 회의에서는 고종에게 갑신정변의 주모자들을 조속히 체포하여 심문하도록 건의하였고 고종도 그렇게 하겠다고 답하였다. 따라서 자료에서 언급하고 있는 사건은 갑신정변이다.

③ 갑신정변 결과 청과 일본 사이에 텐진 조약이 체결되었는데 그 내용은 현재 조선에 주둔하고 있는 양국군이 철수하고 앞으로 조선에 파병할 때에는 상호 통보하며 동시에 파병하고 일이 끝나면 동시에 철군한다는 것이다.

바로 알기

① 조 · 일 수호 조규 속약(1882)은 임오군란 결과 제물포 조약과 동시에 체결되었는데, 그 내용은 개항장에서 일본인들이 자유롭게 돌아다닐 수 있는 거리를 10리에서 50리로 늘리고 2년 후에 다시 100리로 늘린다는 것이다.

② 1894년 동학농민군과 정부는 전주화약을 체결하였으며 전주성을 점령했던 농민군은 철수하고 고종은 농민군에게 약속한 내정 개혁을 위해 교정청을 설치하였다.

④ 1894년 7월 23일 일본군은 경복궁을 습격한 이후 민씨 정권을 몰아내고 흥선대원군을 섭정으로 하는 1차 김홍집 내각을 조직하였다.

위 문제의 저작권은 강민성의 정통한국사에 있으므로 무단으로 전재 또는 복제할 수 없습니다.

13 제1차 갑오개혁과 군국기무처 ④

해 설

제시된 자료는 제1차 갑오개혁 당시 의정부 관제로 (가)는 군국기무처이다. 군국기무처는 개혁을 추진하는 초정부적 기구로 총리대신이 총재를 맡았다. 회의는 합의제이며 다수결로 의결되었고 군국기무처를 통과한 의안은 국왕이 재가하면 법령으로 시행되었다. 군국기무처 설립 당시 총재는 제1차 김홍집 내각의 총리대신인 김홍집이 맡았다.

④ 군국기무처는 정부의 구조를 의정부와 궁내부의 두 부로 나누어 권력의 중심은 정무를 담당하는 의정부에 두고 궁내부는 왕실에 관한 여러 업무를 총괄하도록 하였다.

바로 알기

① 박영효가 주도했던 제2차 갑오개혁 때 지방 행정 구역이 개편되었다. 군현제와 8도제를 폐지하고 전국을 23부 337군으로 재편하였다.

② 을미개혁 때 중앙에 친위대, 지방에 진위대가 설치되었다. 친위대는 왕성 수비를 맡고, 진위대는 지방 진무와 변경 수비를 맡았다.

③ 평식원은 대한제국 정부가 1902년 도량형을 통일하기 위하여 설치되었던 궁내부 산하 관청으로 도량형 규칙을 제정하였다.

14 독도 ③

해 설

제시된 자료는 독도가 우리나라 고유 영토라는 주장이다.

ㄱ. 독도(松島)에 관해 기술하고 있는 가장 오래된 일본 문헌의 하나인 『은주시청합기(隱州視聽合記)』는 일본의 서북쪽 경계는 오키섬이며, 독도는 일본의 영토에서 제외된다고 기록하고 있다.

ㄴ. 1870년 일본 외무성에서 작성한 조선국교제시말내탐서에는 죽도(울릉도)와 독도가 조선의 부속이 된 경위가 적혀 있다.

ㄷ. 삼국접양지도는 1875년 일본 하야시 시헤이가 제작한 지도로 국경과 영토를 나라별로 채색을 달리하여 표시했는데, 울릉도와 독도는 조선의 영토로 표시하였다.

ㄹ. 1877년 일본의 태정관은 시마네현에서 울릉도와 독도를 영토에 포함시킬 것인가를 문의하자 두 섬은 조선의 영토라고 결정을 내려 이를 통보하였다.

바로 알기

ㅁ. 1905년 2월, 일본은 독도를 '다케시마'라 이름짓고, 이른바 시마네현 고시 제40호라는 것을 통해 일방적으로 일본에 편입시킨 후 현재 독도를 다케시마(竹島)라는 이름으로 시마네 현 오키군 고카무라 소속의 행정 구역에 포함시키고 있다.

15 조선 교육령의 변천 ②

해 설

제시된 자료는 1922년 발표된 제2차 조선 교육령이다. 1919년 3·1 운동 이후 개정된 제2차 조선교육령에서는 사이토 총독의 이른바 '문화정치' 표방으로 형식상으로는 일본 학제와 동일하게 학제가 적용되었다. 제2차 조선 교육령에서는 보통 학교의 수업 연한이 4년에서 6년으로 늘어났고, 고등보통학교는 4년에서 5년으로 늘어났다. 여자 고등보통학교의 경우 3년에서 5년 또는 4

년으로 늘어났다. 1922년 발표되었던 제2차 조선 교육령은 1938년 제3차 조선 교육령이 발표될 때까지 적용되었다.

② 일제의 민족 말살 정책에 맞서 1920년대 후반부터 1930년대 전반까지 문맹 퇴치 운동, 한글 보급 운동 등이 전개되었다. 조선일보는 1929년부터 '아는 것이 힘, 배워야 산다'는 표어를 내세워 문자 보급 운동을 전개하였다.

바로 알기

① 조선어학회 사건은 1942년 함흥에서 일어났다. 일제는 조선어학회 회원들을 치안유지법을 적용하여 체포하였다.

③ 1911년 10월 20일 조선총독부령 제114호로 사립학교 규칙이 발표되었으며, 1918년에는 서당규칙이 제정되었다.

④ 통감부 지배 시기였던 1906년 보통학교령이 제정되어 소학교를 보통학교로 바꾸었으며, 1908년 고등여학교령의 공포에 따라 최초의 관립 여자교육기관인 한성고등여학교가 설립되었다.

16 한인 애국단 ④

해 설

제시된 자료에서 (가)는 한인 애국단이다. 한인 애국단은 1931년 상하이에서 대한민국 임시 정부를 이끌던 김구가 조직한 단체로 이봉창, 윤봉길, 최흥식, 유상근 등의 의사가 소속되었다.

④ 1932년 1월 8일 도쿄 사쿠라다몬 인근에서 관병식에 참가하고 돌아오는 천황 히로히토가 탄 마차에 한인 애국단 소속의 이봉창 의사가 폭탄을 투척한 사건이 발생했다. 폭탄은 터지지 않아 천황 처단은 실패했지만 이 사건과 관련해 중국의 신문들은 '한인 이봉창 저격일황 불행부중(韓人李奉昌 狙擊日皇不幸不中)'이라는 보도를 대서 특필하였고, 이 보도는 상하이의 일본인들과 일본군들을 격앙시켜 그들로 하여금 상하이 사변을 일으키는 명분이 되었다.

바로 알기

① 강우규는 노인단 소속으로 수류탄을 구하여 남대문 앞에 있던 사이토를 향해 던졌다. 노인단은 1919년 블라디보스토크에서 창설된 항일 단체로 46세 이상 70세 이하의 남녀 노인으로 구성되었다.

② 경성 부민관 투탄 의거는 1945년 서울 부민관에서 친일 단체 대의당이 개최한 아세아민족분격대회장에 대한애국청년당 소속 조문기 등의 의사들이 폭탄을 설치한 사건이다.

③ 조선 혁명 간부 학교는 1932년 의열단 단장 김원봉이 중국 장제스의 지원으로 독립운동 군사 간부를 양성하기 위하여 난징 교외에 설립한 학교이다.

17 민족 문화 수호 운동 ②

해 설

제시된 자료에서 (가)는 손진태, (나)는 정인보이다. 손진태는 계급보다 민족을 우위에 두고 단결을 강조하는 신민족주의 사관에 입각한 역사 연구를 하였다. 정인보는 '국학'이라는 말을 처음 사용하고 국학 연구의 기초를 실학에서 찾았다.

ㄱ. 손진태는 1934년 창립된 진단학회의 발기인이었으며 위원으로 선출되어 실무를 담당하였다.

ㄷ. '5천년간 조선의 얼'은 정인보가 동아일보에 연재한 사론이다. 정인보는

위 문제의 저작권은 강민성의 정통한국사에 있으므로 무단으로 전재 또는 복제할 수 없습니다.

사실의 규명보다도 민족의 정신적인 각성을 강조하여 역사의 근본을 얼에서 구하였다.

바로 알기

ㄴ. 백남운은 사적유물론에 입각하여 한국사를 체계화하여 한국사도 세계사적 역사 발전 법칙에 의해 보편적 발전 과정을 거쳐왔다고 주장하며 일제 식민주의사학의 정체성론을 부정하였다.

ㄹ. 문일평은 국제 관계에서 실리적 감각이 필요함을 절감하고 근대 외교사 연구에 힘을 쏟아 『대미관계 50년사』를 저술하였다.

18 6 · 25 전쟁의 전개 과정 ③

해 설

인천상륙작전은 UN군이 북한군의 허리를 절단해 섬멸하려는 계획을 세워 강행한 작전으로 1950년 9월 15일 맥아더의 지휘 아래 UN군이 인천에 상륙하면서 6 · 25 전쟁의 전세가 뒤바뀌었다. 장진호 전투는 1950년 11월 미 제10군단 예하 미 제1해병사단이 장진호 북쪽으로 진출하던 중 중공군 제9병단 예하 7개 사단과 충돌하여 벌어진 전투로 미군의 패배로 끝이 났다. 1 · 4 후퇴는 1951년 1월 4일 중국군의 참전으로 다시 서울을 내어주고 후퇴한 사건이다.

ㄴ. 인천 상륙 작전 이후 국군과 유엔군은 38선을 넘어 북진하여 10월 19일 평양을 탈환하였다.

ㄹ. 장진호 전투 패배 이후 1950년 12월 15일부터 24일까지 10일간 국군과 유엔군이 흥남항을 통해 해상으로 철수하였는데 이를 흥남 철수 작전이라 부른다.

바로 알기

ㄱ. 한국과 미국은 1950년 7월 21일 임시수도 대전에서 서한교환의 형식으로 주한미군의 지위 및 재판관할권에 관해 협정을 체결하였다.

ㄷ. 중국군의 참전 이후 장진호 전투가 전개되었다.

19 민주화 운동의 전개 ①

해 설

제시된 자료에서 (가)는 1980년 5월 25일 발표된 '광주 시민 궐기문'이고, (나)는 1987년 6월 10일 발표된 6 · 10 국민 대회 선언이다. 신군부의 권력 장악에 대항했던 5 · 18 민주화 운동은 공수부대를 투입한 신군부에 의해 실패하였고, 6월 민주 항쟁 결과 대통령 직선제 개헌이 이루어졌다.

바로 알기

ㄱ. 1987년 9차 개헌은 여야 합의에 따라 개헌된 헌법으로 대통령 직선제를 채택하고 국민의 기본권을 강화하였다.

ㄴ. 4 · 19 혁명의 결과 1960년 4월 26일 이승만이 하야하고 허정 과도 정부가 수립되었다.

ㄷ. 계엄령이 발표된 민주화 운동은 4 · 19 혁명, 5 · 18 민주화 운동이고, 계엄군의 발포 등 강경 진압이 있었던 민주화 운동은 5 · 18 민주화운동이 있다.

ㄹ. 여야 간 평화적 정권 교체는 6월 민주 항쟁 결과가 아닌 1997년 12월 18일의 15대 대선을 통해 김대중 후보가 당선됨으로써 한국 헌정사상 최초

의 여야간 평화적 정권교체가 이루어졌다.

20 경복궁과 경운궁 ②

해 설

제시된 자료는 아관파천에 대한 내용으로 고종이 아관파천을 단행하기 전 궁궐인 ㉠은 경복궁이고, 환궁했던 ㉡은 경운궁, 즉 지금의 덕수궁이다.

ㄱ. 1887년 경복궁 건청궁에 국내 최초로 전등이 가설되었다.

ㄹ. 석조전은 덕수궁 안에 있는 근대 서양식 건물로, 영국인 브라운의 발의에 의해 1900년 착공하여 1910년에 완공되었다. 덕수궁 석조전에서 미 · 소 공동위원회 예비회담이 개최되었으나 양측의 입장 차이로 난항을 겪다 폐회되었다.

바로 알기

ㄴ. 중명전은 고종이 아관파천에서 경운궁으로 환궁한 후 궁궐 안에 건축한 서양식 건물 가운데 하나로 1905년 을사늑약이 강제로 체결되었다.

ㄷ. 조선 시대 역대 국왕과 왕비의 조상을 봉안했던 선원전은 창덕궁에 있었다.

위 문제의 저작권은 강민성의 정통한국사에 있으므로 무단으로 전재 또는 복제할 수 없습니다.

01 ③	02 ②	03 ③	04 ①	05 ④
06 ②	07 ①	08 ①	09 ③	10 ①
11 ②	12 ④	13 ②	14 ②	15 ④
16 ④	17 ④	18 ③	19 ④	20 ④

01 고구려　　　　③

해 설

제시된 자료는 삼국지 위서 동이전의 고구려에 관한 내용이다.

③ 후한서 동이열전 고구려조에는 "동쪽에 큰 동굴이 있어 수신이라 부르는데 10월에 맞이하여 제사를 지낸다"는 기록이 있다.

바로 알기

① 부여에서는 껴묻거리를 많이 묻는 후장을 지냈고, 왕이 죽으면 많은 사람을 순장하였으며 옥갑(玉匣)을 입혀 장사지냈다.

② 동예에서는 꺼리는 것이 많아 가족 중 한 사람이 질병으로 사망하면 살던 집을 버리고 새 집으로 옮겨 갔다.

④ 옥저의 장례풍속에서는 한 집안 사람은 모두 동일한 목곽을 사용하였는데 죽은 사람의 모습을 새긴 나무인형을 만들어 목곽 옆에 두어 숫자로서 목곽 내 죽은 사람의 수를 알 수 있었고, 옹기솥에 쌀을 담아 목곽의 입구에 매달아 놓았다.

02 삼국 통일 과정　　　　②

해 설

제시된 자료에서 (가)는 나·당 연합군의 공격을 받은 고구려가 1년 여의 항쟁 끝에 보장왕 27년(668) 평양성이 함락하여 멸망한 상황, (나)는 문무왕 15년(675) 당과 신라 사이에 벌어진 매소성 전투이다.

ㄱ. 문무왕 14년(674) 안승을 보덕왕에 임명하였다. 앞서 문무왕 10년(670) 신라는 안승을 금마저에 이주시키고 고구려 왕으로 봉하였다. 이 때 보덕왕으로 임명한 것이다.

ㄷ. 문무왕 11년(671) 신라는 석성(石城) 전투에서 당나라 군사 5,300명을 베는 큰 승리를 거두었다. 이 때 신라는 백제의 옛 도성이던 사비를 중심으로 하는 소부리주를 설치해, 여기에 도독으로 아찬인 진왕(眞王)을 임명함으로써 신라의 영토에 편입시켰다.

바로 알기

ㄴ. 당은 660년 백제 멸망 이후 백제 땅에 웅진 도독부를 설치하고 직접 지배하려 하였고, 문무왕 3년(663) 4월 신라를 계림대도독부로 삼고 문무왕을 계림주 대도독에 임명함으로써 신라마저 차지하려는 야심을 드러내었다.

ㄹ. 당은 고구려 유민의 부흥운동이 계속되자 문무왕 17년(677) 보장왕을 요동주도독 조선왕에 임명하여 고구려 유민에 대한 설득을 시도하였다.

03 발해 선왕의 업적　　　　③

해 설

『신당서』〈발해전〉에는 선왕이 "해북(海北)의 여러 부족을 쳐서 대경우(大境

宇)를 개척해 영토를 넓혔다"는 기록이 있으며 남쪽으로는 신라와 국경을 접하며 '해동성국'이라 불릴 만큼 역사적 중흥을 이루었다.

③ 발해는 선왕 때 고구려의 옛 영토 대부분을 차지하고 최대 판도를 이루었다. 이 때 5경 15부 62주의 지방 행정 조직을 갖추었다.

바로 알기

① 대조영은 동모산에 나라를 세웠을 때 국호를 진이라 하였으나 713년 당으로부터 '발해군왕'에 책봉되면서 발해를 정식 국호로 사용하였다.

② 인안은 무왕 때의 연호이다.

④ 문왕에 대한 설명이다. 문왕은 발해의 불교를 크게 발전시켰는데 스스로를 전륜성왕이라고 일컫고 불법에 의해 통치하는 이상적인 왕을 지향하며 각지에 많은 사찰을 세웠다. 문왕 때 황상이란 호칭이 사용되었다.

04 원효의 활동　　　　①

해 설

제시된 자료는 삼국유사 제5 의해(義解) 원효불기(元曉不羈)의 내용으로 마지막 부분에서 원효의 업적을 시로 평가한 것이다. '불기(不羈)'에서 기(羈)는 굴레를 뜻하므로 불기란 억매이지 않는다는 의미이다. 자료에서 '각승(角乘)'은 뿔을 의미하는 각(角)은 음이 같은 깨달음이라는 의미의 각(覺)이란 의미로 쓰였고, 승(乘)은 불법을 말한다. 선덕여왕이 창건한 분황사는 원효가 머물렀으며 고려 시대 원효의 화쟁국사비가 세워졌다.

① 일심사상과 화쟁사상을 강조한 원효는 그 당시 중국 불교에서 논쟁 중이던 중관파의 부정론과 유식파의 긍정론을 모두 비판하여 서로 다른 견해를 화해시키고 쟁론을 극복하려 하였다.

바로 알기

② 의상에 대한 설명이다. 의상은 화엄 사상의 핵심을 도인(圖印)으로 나타낸 화엄일승법계도를 저술하였으며 부석사, 낙산사 등 화엄 10찰을 조성하였다.

③ 원측에 대한 설명이다. 원측은 당에 유학하여 삼장법사 현장에게 유식학을 배워 현장의 사상을 계승한 규기와 논쟁하면서 교리 이해의 우월성을 보여주었다.

④ 진표에 대한 설명이다. 진표는 경덕왕 때 활동했던 승려로 미륵 신앙 확산에 기여하였으며, 참회를 중심으로 하는 점찰 법회를 신라에 정착시켰고 금산사를 중창하였다. 금산사는 미륵장륙상을 주불로 모심으로써 법상종(法相宗)의 근본 도량이 되었다.

05 최우의 활동　　　　④

해 설

제시된 자료는 고려사 열전의 최이(최우)에 대한 기록이다. 최우는 강화 천도를 단행하였으며 그 공으로 고종으로부터 진양후로 책봉되었다.

④ 고려 인종 때 최윤의 등이 왕명을 받아 제작한 〈상정고금예문〉은 몽골군의 침입 당시 강화로 도읍을 옮길 때 예관이 미처 가지고 오지 못하여 최충헌 소장본만 남게 되었는데, 이를 최이(최우) 집권 당시 활판인쇄로 추가 제작하여 보관하였다.

바로 알기

① 최충헌은 1196년 집권하자 기존의 불교계에 대한 대대적인 개편 작업을

시도하여 선종 중심의 교단 체제를 구축하려 하였다. 이 같은 의도로 지눌의 정혜결사를 수선사로 사액(賜額)하기도 하는 등 수선사 결사 운동을 적극적으로 지원하였다.

② 정중부에 대한 설명이다. 정중부는 명종 3년(1173)년 일어난 동북면 병마사 김보당의 난과 명종 4년(1174) 일어난 서경유수 조위총의 난을 진압하였다.

③ 도방은 경대승에 의해 처음으로 설치되었다. 경대승이 명종 9년(1179) 정중부 일파를 살해하자, 일부 무신들은 적의를 품게 되었다. 이에 경대승은 신변에 큰 위협을 느끼게 되어 스스로를 보호할 목적으로 결사대 100여 명을 자기 집에 머무르게 하고 그 이름을 도방이라 하였다.

06 고려 전기 화폐 주조   ②

해 설

제시된 자료는 고려사 『식화지』 화폐조 가운데 목종 2년(1002) 7월 기록으로 목종이 철전 사용을 중단하는 교서를 내리는 내용이다. 자료에 등장하는 '철전'은 고려 최초의 화폐로 성종 때 주조되었던 건원중보이다.

② 목종 1년(998) 전시과를 새롭게 정비하였는데(개정전시과), 한외과를 설정하여 18등급 안에 포함되지 못한 자에게도 전지 17결을 지급하였으며, 군인도 전시과의 지급 대상에 포함되어 마군이 17과로 23결, 보군이 18과로 20결을 지급받았다.

바로 알기

① 경시서는 문종 때 수도인 개경의 시전을 관할하기 위하여 설치하였다.

③ 지원보초는 원 세조가 발행하여 유통시킨 지폐로 고려 말기에 대량으로 유입되어 통용되었다.

④ 송에서 귀국한 의천이 금속 화폐의 사용을 강력히 주장하자 숙종 2년(1097) 화폐 주조 업무를 담당할 관청으로서 주전도감이 설치되었다.

07 고려 시대의 사서   ①

해 설

제시된 자료에서 (가)는 인종 1년(1123) 서긍이 저술한 『선화봉사고려도경』, (나)는 민지가 충숙왕 4년(1317) 왕명으로 저술한 『본조편년강목』이다.

ㄴ. 해동고승전은 고종 2년(1215) 각훈이 저술한 승려들의 전기이다.

ㄷ. 향약구급방은 13c인 고종 23년(1236)경 강화도에서 팔만대장경을 만들던 대장도감에서 처음 간행되었을 것으로 추정된다.

ㄹ. 제왕운기는 충렬왕 13년(1287) 이승휴가 저술한 5언 · 7언의 영사시(詠史詩)이다.

바로 알기

ㄱ. 해동비록은 예종 11년(1116) 김인존이 저술한 도참서이다.

ㅁ. 7대실록은 현종 때 찬술을 시작하여 덕종 3년(1034) 완성된 것으로 추정된다.

ㅂ. 사략은 공민왕 6년(1357) 이제현이 성리학적 유교 사관에 입각하여 저술한 사서이다.

08 조선 전기의 사회 혼란   ①

해 설

(가)는 연산군일기 가운데 연산군 6년((1500) 10월 22일의 기사이다. 홍길동은 충청도 충주 일대를 주요 근거지로 삼았는데, 일반 도적들처럼 산 속에 근거지를 두지 않고 마음껏 여항을 활보하면서 위세를 떨쳤다. 당시 그는 사욕을 품은 관리와 이속을 포섭하여 각종 정보를 취합한 다음 조직적으로 강도짓을 일삼았다. 그러나 결국 체포되었는데 홍길동에 대한 처벌 내용을 기록되지 않았지만 처형되었을 것으로 추정된다. 허균의 홍길동전은 실제 인물 홍길동을 모델로 한 소설이다.

(나)는 선조실록 가운데 선조 22년(1589) 10월 17일 기사이다. 정여립은 본래 서인이었다가 동인으로 변신하였고 이로 인해 서인의 미움을 받았다. 그는 진안 죽도에서 대동계를 조직하여 세력을 확장하였는데 역모로 몰려 자살하였다.

① 임꺽정은 명종 때 활약했던 백정 출신의 도둑 괴수로 세력이 커지자 황해도로 진출해 구월산 등지를 소굴로 삼아 주변 고을을 노략질하였다. 임꺽정은 조정에서 그의 이름을 알고 대대적인 수색을 벌인 지 약 3년 만에 잡혔고, 잡힌 지 약 15일 만에 죽음을 당하였다.

바로 알기

② 이괄은 인조반정 때 군대를 이끌고 광해군을 축출하고 공신이 되었다. 그러나, 공신 간의 갈등에 휘말려 무고를 당하자 수하들을 이끌고 난을 일으켜 한양을 함락하고 선조의 아들 흥안군을 왕으로 세웠다. 그러나 관군에 패하고 후퇴하던 중 부하에게 살해되었다.

③ 이시애는 세조 때 정부 정책에 반발하여 토착 세력을 규합하여 반란을 일으켰다.

④ 장길산은 광대 출신으로 숙종 대에 평안남도 양덕 일대에서 도둑의 괴수로 활약하였다. 정부에서 장길산의 체포에 많은 상금을 걸었으나 끝내 잡히지 않았다.

09 성종 대의 문화   ③

해 설

제시된 사료는 성종 24년(1493) 성현이 지은 『악학궤범』의 서문이다. 『악학궤범』은 중국의 역대 악서(樂書)에 기록된 각종 이론과 조선 왕조의 기존 악보, 관련 문헌 등을 조사하여 새롭게 편찬한 책으로, 조선 초기의 음악 이론에 관해서도 비교적 소상히 기록되어 있다.

③ 국조오례의는 성종 때 편찬되었다. 여기에는 제사 의식인 길례, 관례와 혼례 등의 가례, 사신 접대 의례인 빈례, 군사 의식에 해당하는 군례, 상례 의식인 흉례의 다섯 가지 의례 즉, 오례가 정리되어 있다.

바로 알기

① 천상열차분야지도 각석(刻石)은 태조 4년(1395) 고구려의 천문도를 바탕으로 돌에 새긴 천문도이다.

② 혼일강리역대국도지도는 태종 2년(1402) 제작된 우리나라 최초의 세계 지도이다.

④ 금화도감은 세종 8년(1426) 설치되었다. 그 해 2월 한성부 남쪽에서 큰 불이 일어난 것을 계기로 화재 예방과 화재 진압을 목적으로 설치한 것이다.

위 문제의 저작권은 강민성의 정통한국사에 있으므로 무단으로 전재 또는 복제할 수 없습니다.

10 정조 시기의 사실 ①

해 설

제시된 자료는 정조실록 정조22년(1798) 4월 27일 기사로 화성에 만년제를 완성했다는 내용이다. 정조 18년(1794) 화성 성역을 하면서 장안문 밖의 황무지를 개간하고 조정에서 2만 냥을 투자하여 토지를 구입하여 국영 농장을 만들었는데 이것이 대유둔전이었다. 만석거는 이 대유둔전에 물을 대서 농사를 짓기 위해 만든 저수지였다. 이후 정조는 아버지 사도세자의 능인 현륭원 바로 밑에 만년제라는 저수지를 만들었다.

ㄱ. 문체반정은 정조 때 당시 유행한 한문 문체를 개혁하여 순정 고문으로 환원시키려던 정책을 말한다. 정조 당시는 패관잡기나 명말 청초 중국 문인들의 문집에 영향을 받아 개성주의에 입각한 참신한 문체가 크게 유행하였다. 이에 대해 정조는 서양학, 패관잡기, 명말청초의 문집을 사(邪)로 규정하고, 이를 배격함으로써 순정한 고문의 문풍을 회복하고자 하였다. 정조는 황경원, 이복원, 성대중의 문장을 모범적인 고문으로 규정하고 당시 인기를 얻고 있었던 박지원의 『열하일기』를 대표적인 불순한 문장으로 지적하였다.

ㄴ. 정조는 금속 활자 주조에 관심이 많아 세자 시절에 이미 임진자를 주조하였고, 즉위 원년(1777) 한구의 글씨를 자본(字本)으로 삼아 한구자를, 정조 16년(1792) 청의 사고전서를 자본으로 삼아 생생자를, 정조 20년(1796) 생생자를 자본으로 삼아 정리자를 주조하였다.

바로 알기

ㄷ. 영조 46년(1770) 신경준은 왕명에 따라 동국여지도를 제작하였다. 동국여지도는 전국을 세로선 76개, 가로선 131개의 격자를 설정해 지도 위에 나타내고, 그 위에 지도를 그린 방안 지도였다.

ㄹ. 영조는 준천사를 설치하여 청계천 준천 사업을 전개하였다. 공사를 위해 준천사(浚川司)라는 임시 관청이 설치됐으며 공사 최고 책임자는 호조판서 홍봉한으로 사도세자의 장인이다. 준천 사업 종료 이후 사업에 대한 전반적인 개요를 수록한 보고서를 만들었는데 이것이 『준천계첩』이다.

11 호락논쟁 ②

해 설

제시된 자료는 호락논쟁에 관한 내용으로 (가)는 인물성 동론으로 낙론이고, (나)는 인물성 이론으로 호론이 된다. 인물성 동론을 지지하는 사람들은 대개 낙하(洛下), 즉 오늘날 서울 근교에 살고 있었으므로 낙론(洛論)이라 불리게 되었고, 인물성 이론에 찬동하는 사람들은 모두 호서(湖西), 즉 충청도 지역에 살고 있었으므로 호론(湖論)이라 칭하게 되었다.

② 호론은 사람과 짐승을 구별하면서 이를 화이론으로 연결시켜 청을 오랑캐로, 조선을 중화로 보려는 대의명분론이 깔려 있었다.

바로 알기

① (가)는 낙론이므로 주로 서울 근교 지역 노론들의 지지를 받았다.

③ (가)는 낙론이므로 이의 보편성을 강조하고, (나)는 호론이므로 기의 차별성을 강조하였다.

④ 호론과 낙론은 모두 노론 학자 사이에서 제기된 것이므로 이이의 학통을 계승하였다. 18세기 중엽에 이르러 노론 내부에 주기설과 주리설의 분파가

생겨 호락논쟁이 벌어졌다.

12 최익현의 활동 ④

해 설

최익현은 1873년 시정의 폐단을 논하며 흥선대원군을 배척탄핵하는 상소를 올렸고, 2차 상소문에서 국정에 참견하는 것을 금지할 것을 주장하여 대원군은 하야하였다.

④ 최익현은 1905년 을사조약이 체결되자 11월 29일 '청토오적소(請討五賊疏)'를 올려 조약의 무효를 국내외에 선포하고 망국 조약에 참여한 외부대신 박제순 등 5적을 처단할 것을 주장했다.

바로 알기

① 화서아언은 이항로가 1867년 저술한 일상생활에 대한 수양서로, 당시 통상을 요구하며 강화도를 침범했던 프랑스와의 통상을 반대하고 서양 세력과 끝까지 항전해야 한다고 주장하였다.

② 만언척사소는 강원도 유생 홍재학이 조선책략의 유포를 배경으로 올렸다. 상소에서 당시 개화 정책에 앞장섰던 김홍집에 대한 규탄뿐만 아니라 국왕까지도 비판하기에 이르러 홍재학은 참형을 당했다.

③ 유인석에 대한 설명이다. 을미의병을 일으켰던 유인석은 1907년 블라디보스토크로 건너가 항일 운동을 전개하였다. 블라디보스토크에 1910년 6월 연해주 의병 세력의 통합체인 13도 의군(義軍)의 결성을 보게 되었으며, 이상설, 이범윤 등에 의하여 유인석이 도총재로 추대되었다.

13 대한제국의 지계 발급 사업 ②

해 설

제시된 자료는 대한 제국의 토지 측령 및 지계 발급 사업을 설명하고 있다. 대한 제국 수립 이후 고종 황제가 전국적인 양전을 시행하라고 지시함으로써 양전을 전담할 독립 관청으로서 양지아문을 발족시켰다. 양지아문은 1902년 지계아문에 통합되어 폐지되었고 지계아문에서 토지 측량 및 지계 발급 사무를 관장하였다.

② 양지아문의 수기사는 외국인 측량 기사를 초청하여 미국인 크럼(Krumn)이 임명되었다.

바로 알기

① 대한 제국의 지계 발급은 양전 사업을 통해 개별 토지와 토지 소유자를 확인하는 단계, 토지 소유자의 변동 유무를 서류 증빙을 통해 사정(査定)하는 단계, 토지 소유권자를 국가가 확정짓고, 관계를 발급하는 단계를 거치면서 토지 소유권을 공인하는 과정을 밟아 발급되었다. 신고주의는 일제에 의한 토지 조사 사업에서 원칙으로 채택되었다.

③ 지계아문 규정 중 제10조에 "산림·토지·전답·가사(家舍)는 대한국인 외에는 소유주가 되지 못한다. 단 각 개항장 내에는 적용되지 않는다."라고 하여 개항장에서 외국인의 토지 소유는 예외적으로 인정하였다.

④ 지계아문 규정 중 제1조에 "한성부와 13도 각 부군(府郡)의 산림·토지·전답·가사계권(家舍契券)을 정리하기 위하여 설치한다."라고 하여 지계 발급의 대상을 전국의 산림, 토지, 전답, 가옥으로 규정하고 있다.

위 문제의 저작권은 강민성의 정통한국사에 있으므로 무단으로 전재 또는 복제할 수 없습니다.

14 서양 문물의 수용 ②

해 설

제시된 사진에서 (가)는 1897년 대한 제국 수립 후 하늘에 제사를 지내기 위해 건립한 환구단이다. (나)는 1908년 서울 광화문 새문안 교회 부근 야주현(夜珠峴)에 세워졌던 최초의 근대식 사설극장인 원각사이다. 원각사는 판소리·민속무용 등 재래의 연희를 주로 공연하였고, 때로 판소리를 분창(分唱)하여 창극을 만들기도 하였는데 1908년 이인직의 '은세계(銀世界)'를 신연극이라는 이름으로 공연하였다.

① 손탁 호텔은 독일인 여성 손탁이 1902년 문을 연 서양식 호텔이다.

③ 대한천일은행은 1899년 설립된 민간 은행이다.

④ 명동 성당은 1898년 완공되었다.

바로 알기

② 덕수궁 석조전은 1910년에 완공되었다.

15 조선 의용대 ④

해 설

제시된 자료에서 (가)는 조선 의용대이다. 조선 의용대는 1938년 중국 관내에서 결성된 최초의 한국인 무장 투쟁 단체로 김원봉이 결성하였다. 조선 의용대는 중국 국민당의 지원을 받아 주로 정보 수집이나 포로 심문, 후방 교란 등의 활동을 벌였다. 자료에서 진국빈은 김원봉으로, 그는 황푸 군관학교를 졸업하였으며 일제의 탄압을 피하기 위해 최림, 이충, 진국빈, 천세덕 등의 가명을 썼다.

④ 조선 의용대는 정보 수집이나 포로 심문, 후방 교란 등 소극적인 활동에 불만을 품은 일부 대원들이 중국 공산당의 근거지인 화북 지방으로 옮겨 가 조선 의용대 화북 지대로 편성되었다. 김원봉 등 남은 대원들은 1942년 한국 광복군에 편입되었고, 김원봉은 한국 광복군 부사령에 취임하였다.

바로 알기

② 1930년대 전반 만주에서 활동하던 조선 혁명군에 대한 설명이다. 조선 혁명군은 남만주에서 중국의 의용군과 연합하여 흥경성 전투, 영릉가 전투에서 일본군에 승리하였다.

③ 만보산사건은 1931년 지린성의 만보산 지역에서 수로 문제를 둘러싸고 중국 농민과 우리나라 농민 간에 벌어진 유혈사태로 일제는 이 사건을 악의적으로 보도하여 한중 관계를 이간질시켰다.

16 경제·사회 운동의 전개 ④

해 설

제시된 자료에서 (가)는 1923년 4월 경상남도 진주에서 백정 차별에 분개한 신현수, 강상호 등과 회원 80여 명이 창립한 조선 형평사의 취지서이고, (나)는 1923년 1월 서울 낙원동 협성학교 강당에서 탄생한 조선 물산 장려회의 설립 취지서인 '조선 물산 장려회 취지서'이다.

④ 물산 장려 운동은 상인·자본가 계급에게 이용되어 상품의 가격만 올려놓는 결과를 초래함으로써 민족을 앞세워 자본가와 기업의 이윤만을 늘리려는 '중산계급의 이기적 운동'이라는 비판을 받기도 하였다.

바로 알기

① 1894년의 갑오개혁으로 법적으로 백정은 해방되었으나 관공서에 제출하는 이력서 등에 신분을 기재하도록 하거나 호적에 백정은 도한이나 붉은 점으로 표시하게 하는 등 실질적인 차별대우가 존재하였다. 백정들은 이러한 차별에 반대해 1923년 형평사를 설립하여 백정들의 신분해방운동을 펼쳤다.

② 형평 운동은 진주에서 시작되었으며 1924년 3월에 천안에서 열린 조선형평사 혁신대회에서 서울로의 본부 이전이 결정되었다.

③ 민립 대학 설립 운동 당시 모금 운동 전개를 위한 구호이다.

17 농지 개혁법 ④

해 설

제시된 자료는 제헌 국회에서 1949년 6월 21일 법률 제31호로 제정된 '농지 개혁법'으로, 지주층의 입장이 반영된 '유상 매수, 유상 분배'의 원칙이 채택되었다. 농지 개혁법은 수정을 거쳐 1950년 3월 10일 공포되었으며, 1957년에 농지 개혁이 종결될 때까지 귀속 농지 20만 정보와 일반 농지 27만 정보를 합해 47만 정보가 이 법에 의해 분배되었다.

ㄷ. 농지 개혁법 제16조에 '제16조 분배받은 농지에 대하여는 상환 완료까지 아래의 행위를 제한한다. 1. 매매, 증여 기타 소유권의 처분, 2. 저당권, 지상권, 선취특권 기타 담보권의 설정'이라고 규정하였다.

ㄹ. 농지 개혁법은 지가 보상과 상환액을 조정하여 개정되었는데 개정 법률안에 의하면 상환액은 평균 수확의 1.5배를 5년간 균등 분할 상환하는 것이었다. 따라서 매년 평균 수확고의 30%를 5년간 상환해야 했다.

바로 알기

ㄱ. 농지 개혁법 제12조에 '농지의 분배는 1가(家) 당 총경영 면적 3정보를 초과하지 못한다.'라고 규정하였다.

ㄴ. 신한 공사는 동양 척식 주식회사 및 일본인의 재산을 관리하기 위해 미군정청이 설립한 일종의 공기업이다. 신한 공사는 1948년 3월 22일 '중앙토지행정처'로 개칭되었다.

18 장면 정부의 정책 ③

해 설

제시된 자료는 4·19 혁명을 계기로 개정된 헌법으로 1960년 6월 15일 공포되었다. 허정의 과도 정부에서 개정한 헌법은 내각 책임제와 양원제를 규정하여 행정권은 국무총리에게 있고 대통령은 양원 합동회의에서 선출하였다. 이 헌법은 1961년 5·16 군사 정변을 계기로 기능이 정지되고 군정이 시행되었다. 따라서 이 헌법이 발효되고 있었던 시기는 장면 정부 때가 된다.

③ 장면 정부의 주요 경제 정책은 외자 도입과 경제 원조 확대를 통한 경제 개발 계획 수립 및 시행이었다. 이를 위해 경제제일주의를 내세웠으며 경제 개발 5개년 계획을 수립하였다.

바로 알기

① 삼백 산업은 6·25 전쟁 이후 미국에서 지원 받은 물자를 가공한 면방 직업, 제당업, 제분업을 이르는 말이다. 삼백 산업은 1950년대의 대표적인 소비재 공업이었지만 1957년 이후 미국이 무상 원조를 줄이고 유상 원조 체제로 바뀌면서 삼백 산업을 중심으로 한 한국 경제가 불황에 빠졌다.

위 문제의 저작권은 강민성의 정통한국사에 있으므로 무단으로 전재 또는 복제할 수 없습니다.

② 충주 비료 공장은 1959년 미국의 지원을 받아 건설되었다. 외국으로부터 1억 달러 이상의 비료를 수입하고 있는 상황에서 비료 자급 능력 향상과 고용 증대 및 외화 절약을 목적으로 설립되었다. 당시 충주 비료 공장은 60년대 최고의 직장으로 평가되었다.

④ 박정희 정부 당시 1970년 1월 수출자유지역설치법을 제정하고 제조업 투자재원을 유치하기 위해 외국인 투자촉진, 고용증대, 기술향상을 목적으로 마산, 익산 2곳을 수출자유지역으로 지정·개발하였다.

19 유신 정부 시기의 사실   ④

해 설

제시된 자료는 1976년 8월 18일 발생한 판문점 도끼 만행 사건에 대한 당시 신문 기사이다. 8·18 도끼 만행 사건으로도 불리는 이 사건으로 남북한이 모두 전시 체제를 발동하는 등 긴장이 고조되었다. 자료에서 당시 정부는 박정희의 유신 정부가 된다.

④ 유신 정부 당시 1973년 6월 23일 발표한 '평화통일 외교정책에 관한 특별 선언'은 남북 상호 불가침, 사회주의 국가에 대한 문호 개방, 남북한 유엔 동시 가입 제의 등 7개 항으로 되어 있다.

바로 알기

① 아웅산 묘소 폭파 사건은 1983년 전두환 대통령이 미얀마 아웅산 묘소를 참배할 때 북한이 폭탄 테러를 했던 사건이다. 이로 인해 부총리를 포함한 장관 3명, 대통령 비서실장, 한국 대사 등 17명과 미얀마인 4명이 숨졌다.

② 노태우 정부 때인 1989년 한민족 공동체 통일 방안이 발표되었다. 이 방안은 자주, 평화, 민주의 원칙 아래 우선 민족 공동체의 회복을 위하여 남북 연합이라는 중간 단계를 설정하여 민족 사회를 하나로 통합하고, 그 다음으로 민주 공화제의 통일 국가를 이루는 최종 단계로 구분하였다.

③ 북·미 제네바 기본 합의서는 김영삼 정부 때인 1994년 미국과 북한 간 합의를 통해 채택되었다. 북한의 핵문제가 국제적 문제로 대두되면서 이를 해결하기 위해 합의된 것이다.

20 공주의 역사   ④

해 설

제시된 자료는 신증동국여지승람에 기록된 공주목(公州牧)의 연혁이다. 공주라는 명칭은 고려 태조 때부터 사용되었다.

④ 1624년 이괄의 난 당시 인조가 공주로 피란할 때 어영청이 왕을 호위하였다.

바로 알기

① 창왕명 석조사리감(石造舍利龕)은 부여 능산리 절터의 중앙부에 자리한 목탑 자리 아래에서 발굴되었으며 위덕왕 13년(567)에 만들어졌다. '백제창왕명석조사리감'이라고도 하는데, 창왕은 위덕왕의 또다른 이름이다.

② 1933년 일본 도다이사의 쇼소인에서 발견된 신라 민정 문서는 8~9c 경 제작되었을 것으로 추정되며 서원경(청주) 지역 부근의 4개 촌락에 관한 기록이다.

③ 김윤후는 처인성 전투에서 몽골군 장수 살리타이를 사살하였다. 그 공으로 처인부곡은 처인현으로 승격되었고, 김윤후는 상장군(上將軍)에 임명되었

으나 끝내 사양하여 섭랑장(攝郎將)이 되었다. 처인현은 오늘날 용인이다.

위 문제의 저작권은 강민성의 정통한국사에 있으므로 무단으로 전재 또는 복제할 수 없습니다.

강민성의 정통한국사

효율적인 활용 방법

- 강민성 한국사 시리즈 소개
- 수험생 열공 인증
- 강민성 한국사 수강 후기
- 강민성 한국사 합격 후기
- 공시합격생 제자모임 소개
- 교재 인증 이벤트 소개

All-in-One 개념완성

- 단순 암기가 아닌 이해와 흐름으로 보는 한국사
- 기본부터 심화까지 개념을 한눈에 정리한 입체적 내용 구성
- 빈출된, 그리고 출제 가능한 문화재와 근현대 인물 약력을 단 한 권의 포켓북에 정리

All-in-One 개념완성 회독 시스템으로 기억의 한계를 넘어서다

(*현강, 인강에서 모두 회독 시스템을 활용할 수 있습니다.)

교재

> **개념서**
 – 전근대편, 근현대편

> **별책부록**
 – 문화재 정리,
 근현대 인물 정리

> **합격적중노트**
 – 50개 주제별 테마 정리

Step 1 All-in-One 개념완성

강좌특징

– 단순 암기가 아닌 이해를 바탕으로 한국사의 전체적인 흐름을 한 눈에 파악할 수 있는 강좌

– 공무원 한국사의 흐름을 시대별로 파악하여 개념을 체계적으로 이해할 수 있는 강좌

– 기출 관점에 입각한 주제별 정리를 통해 공무원 한국사의 심화 출제 경향까지 파악할 수 있는 강좌

수강효과

– 어려운 한국사 내용도 역사적 배경 지식과 흐름을 통해 쉽게 이해할 수 있습니다.

– 공무원 한국사의 기본부터 심화까지 완벽하게 개념을 잡을 수 있습니다.

– 회독 시스템을 통해 방대한 한국사를 자연스럽게 기억할 수 있습니다.

수강대상

– 최신 출제 경향에 최적화된 개념정리를 원하는 수험생

– 실제 기출된 자료들을 보며 유기적으로 개념 정리를 하고 싶은 수험생

– 한국사를 오랫동안 공부했지만 아직까지 흐름이 잡히지 않은 수험생

All-in-One 개념완성의 구성

▶ 개념편

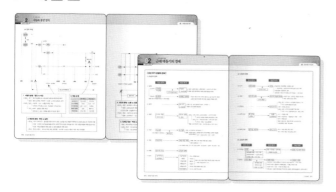

여러 개념을 한눈에 정리할 수 있는 입체적인 내용 구성

한국사 공부 시간을 단축하고 효율적으로 학습할 수 있도록 단원 전체의 내용을 체계적으로 정리하여 한눈에 파악할 수 있게 구성하였습니다.
또한 단순 암기로는 파악하기 어려운 내용들을 알아보기 쉽게 도식화하여 눈을 감으면 자연스럽게 내용이 떠오를 수 있도록 구성하였습니다.

본문 개념

원인과 결과에 따라 흐름으로 이해하고 개념들의 유기적 구조를 분석하며 이야기를 통해 오랜 시간 기억할 수 있도록 구성하였습니다.

꼭 알아두기

출제 가능성이 높거나 헷갈리기 쉬운 내용들을 집중적으로 볼 수 있도록 정리하였습니다. ex) 외국군 주둔의 역사, 근대의 개혁기구 등

확인해 둘까요

놓치기 쉬운 내용들을 한번 더 확인하여 오래 기억할 수 있도록 하였습니다.   ex) 독자적 연호의 사용, 고대 국가의 문화 교류 등

▶ 자료편

핵심 자료 읽기

모든 기출 자료와 출제 가능한 사료를 풍부하게 수록하였습니다.

자료보기

고난도로 출제되는 중요 개념을 지도를 통해 정리하였으며, 개념과 함께 응용 출제될 수 있는 다양한 사진자료와 그래프를 확인할 수 있습니다.

▶ 부록편

부록 : 시대별이 아닌 주제별 정리

전근대 12개, 근현대 6개의 부록으로 구성하여 역사의 시대별 흐름속에서 주제별로 분석한 내용을 정리하였습니다.

All-in-One 별책부록의 구성

출제 가능하지만 따로 정리하기는 힘든 **문화재와 근현대 인물 약력**을 출제 경향에 따른 주제별로 단원을 구성하였으며,
출제되는 내용만을 함께 정리해서 학습 효율을 높일 수 있도록 구성하였습니다.

문화재 정리

01 탑의 역사
02 묘제의 변화
03 공예 정리
04 불상 정리
05 건축의 역사
06 회화의 역사
07 일본으로의 문화 전파
08 도교 · 풍수지리설 정리
09 미륵신앙과 세계관
10 유네스코 지정 세계 유산
11 유네스코 지정 기록 유산
12 유네스코 지정 무형 유산
13 지도 정리

근현대 인물 정리

01 근대 사회의 전개
권력의 핵심 : 흥선대원군, 고종, 순종
권력의 주변 : 명성황후, 이용익, 민영환
초기 개화파 : 박규수, 오경석, 유홍기
급진 개화파 : 김옥균, 박영효, 서광범, 서재필, 유길준, 윤치호
온건 개화파 : 김홍집, 김윤식, 어윤중
위정척사파 : 이항로, 최익현, 이만손, 홍재학
항일 의병장 : 이소응, 임병찬, 유인석, 신돌석, 이인영, 허위, 안중근
동학과 농민운동 계열 : 최제우, 최시형, 손병희, 전봉준, 손화중, 김개남
국권 피탈에 대한 저항 : 전명운, 장인환, 이재명, 이회영, 이준, 이상설, 황현
근대의 주요 외국인 : 헐버트, 베델, 묄렌도르프, 스티븐스, 메가타,
　　　　　　　　　　　이토 히로부미
민족 반역 인사 : 이완용, 이용구, 송병준, 이인직
근대의 문화 종교계 인사 : 주시경, 지석영, 신재효, 나철
근대의 언론계 인사 : 양기탁, 남궁억, 장지연

02 민족 독립 운동의 전개
국내 항일 운동(민족주의 계열) : 조만식, 김성수, 이상재, 안재홍, 방정환
국내 항일 운동(사회주의 계열) : 홍명희, 이재유
무장 투쟁 계열 : 박상진, 홍범도, 서일, 김좌진, 지청천, 양세봉
대한민국 임시정부 인사 : 이동휘, 이동녕, 안창호, 박용만, 조소앙
의열투쟁 : 김원봉, 이봉창, 윤봉길, 김지섭, 박열
역사 연구 : 신채호, 박은식, 정인보, 문일평, 백남운, 손진태, 이병도
여성 독립운동가 : 남자현, 박차정, 최용신, 강주룡 등
문화계 인사 : 이극로, 안창남, 윤동주, 심훈, 이육사, 나운규, 서정주, 노천명,
　　　　　　　안익태, 홍난파
민족 반역 인사 : 이광수, 최린, 최남선, 김활란, 모윤숙

03 현대 사회의 발전
해방 공간의 주역 : 송진우, 김구, 김규식, 여운형, 박헌영, 김두봉
대한민국 정부의 지도자 : 이승만, 윤보선, 장면, 박정희, 최규하, 전두환,
　　　　　　　　　　　　노태우, 김영삼, 김대중, 노무현
권력의 2인자 시리즈 : 이기붕, 김종필, 이후락, 김재규
권위주의 정권에 대한 저항 : 조봉암, 신익희, 김주열, 장준하, 문익환,
　　　　　　　　　　　　　　전태일, 박종철, 이한열
북한의 주요 지도자 : 김일성, 김정일

All-in-One 개념완성 합격생 수강후기

올인원 강의 수강 후 저 혼자 공부하면 3~4시간 걸릴 복습시간을 30분~1시간 정도로 줄여주셨고,
복습강의로 기본개념 회독을 진행하니, 10개월이라는 짧은 수험기간 동안 8회 이상의 회독을 할 수 있었습니다.
특히 시험이 가까워졌을 땐 복습강의를 활용해 일주일 만에 한국사 전범위를 다시 볼 수 있게 되었습니다.

— 박규형

올인원 강의를 들으면 역사의 큰 틀도 잡히고 세세하게 암기할 수 있는 최고의 강의라 자부합니다.
이 강의로서 모든걸 커버하실 수 있습니다
스토리텔링으로 강의를 진행하셔서 그런지 일부로 외우려 노력하지 않아도 강의 후에는 저절로 암기된 느낌을 받을 수 있습니다.

— 이지연

한국사를 시작할 때, 묻지도 따지지도 말고 "강 선생님의 올인원 강의"로 하셨으면 좋겠습니다.
흐름을 잡으면, 회독하는데 불이 붙기 시작할 것입니다.

— 서영신

합격적중노트의 특징

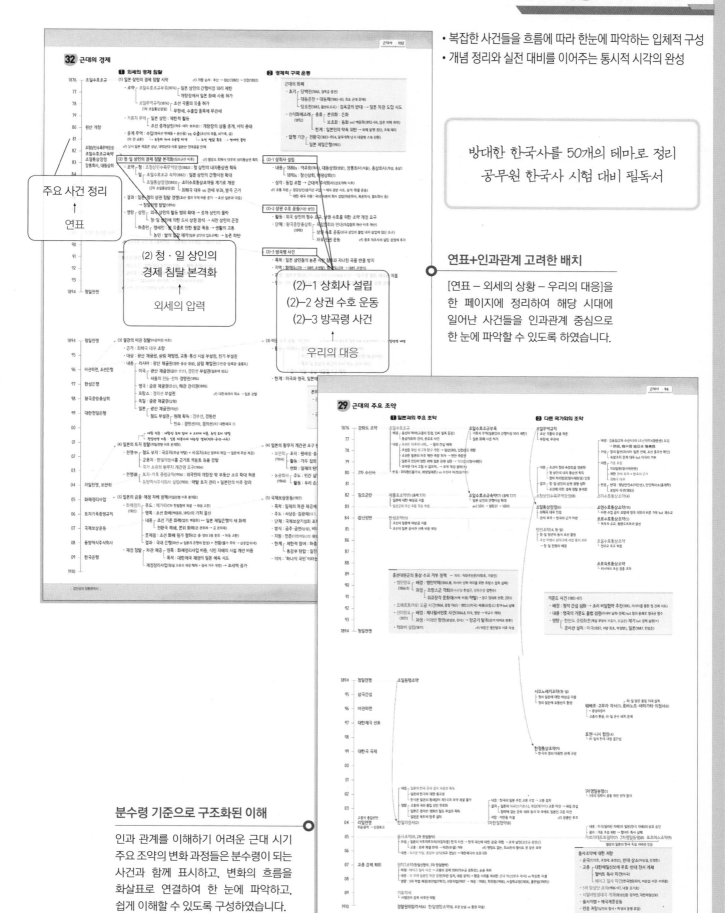

- 복잡한 사건들을 흐름에 따라 한눈에 파악하는 입체적 구성
- 개념 정리와 실전 대비를 이어주는 통시적 시각의 완성

방대한 한국사를 50개의 테마로 정리
공무원 한국사 시험 대비 필독서

주요 사건 정리

↓

연표

**(2) 청·일 상인의
경제 침탈 본격화**

↓

외세의 압력

**(2)-1 상회사 설립
(2)-2 상권 수호 운동
(2)-3 방곡령 사건**

↑

우리의 대응

연표+인과관계 고려한 배치

[연표 – 외세의 상황 – 우리의 대응]을
한 페이지에 정리하여 해당 시대에
일어난 사건들을 인과관계 중심으로
한 눈에 파악할 수 있도록 하였습니다.

분수령 기준으로 구조화된 이해

인과 관계를 이해하기 어려운 근대 시기
주요 조약의 변화 과정들은 분수령이 되는
사건과 함께 표시하고, 변화의 흐름을
화살표로 연결하여 한 눈에 파악하고,
쉽게 이해할 수 있도록 구성하였습니다.

핵심기출 1660제

- 공무원 한국사의 출제 가능한 모든 문제 유형 엄선 수록
- 공무원 전직렬 및 연관된 평가원, 한능검 문항까지 완벽 분석
- 실전 문제풀이 적용에 가장 적합하도록 재구성한 단원 분류
- 완벽한 기출분석을 토대로 최신 출제 경향에 대한 정확한 이해

7月	8月	9月	10月	11月	12月	1月	2月	3月	4月	5月	6月
Step 1-1		Step 2		Step 1-2			Step 3				

필수	필수		Final 최종 정리	
All-in-One 개념완성	기출 문제 풀이	압축 개념정리	3-1 실전동형모의고사편	시험 직전 최종 마무리 특강
📖 All-in-One 개념서	📖 기출 1660제	📘 합격적중노트	3-2 치명적 선지·사료 ○× – 분석편	

교재

> **전근대편**

> **근현대편**

> **최신기출 100제**

Step 2 기출 문제 풀이

강좌특징

– 공무원 한국사에서 출제 가능한 모든 기출 문제의 유형을 엄선 수록하여, 전반적인 출제 경향을 점검할 수 있는 강좌

– 실전 문제풀이에 가장 적합하도록 단원분류를 재구성하여, 출제 경향에 대한 정확한 이해와 완벽한 기출분석을 할 수 있는 강좌

수강효과

– 기출문제 분석을 통해 한국사를 시대별 · 주제별로 한 번에 정리할 수 있습니다.

– 다양한 기출문제 유형 풀이를 통해 출제자의 의도와 최신 출제 경향을 파악할 수 있습니다.

– 기출문제 분석과 기출문풀 체크표* 활용을 통해 그동안 잘못 이해했거나 부족했던 개념을 확인하고 집중적으로 학습할 수 있습니다.

수강대상

– 기본 개념은 정리했지만 기출 문제 풀이에 어려움을 느끼는 수험생

– 공무원 한국사의 최신 출제 경향을 파악하고 싶은 수험생

– 기출 문제 풀이 이후 강의 수강을 통해 기출 관점으로 개념의 핵심만을 복습하고 싶은 수험생

▶ 출제되는 분류에 맞게 단원별 구성

기출문제를 풀어가는 과정에서 해당 단원의 구조와 개념이 머리 속에 정리될 수 있도록 기출문항의 단순 모음이 아닌 **빈출·주요 문항을 출제되는 분류에 맞게 단원별**로 분류하고 단원 내에서 **중요도순** 또는 **시기순**으로 문항을 다시 **구성**하였습니다.

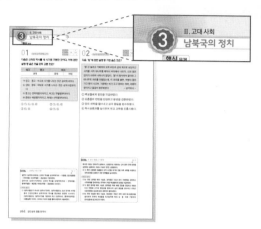

▶ 핵심 문제 / 고난도 문제로 분류

각 단원 내에서도 **핵심 문제와 고난도 문제로 분류**하여 **출제유형을 분석**하고 실전 감각을 익힐 수 있도록 구성하였습니다.

▶ 기출문풀 체크표*

자주 틀리는 문제와 틀리는 이유를 확인하고 **부족한 개념을 집중적으로 학습할 수 있도록** 정답 여부, 틀린 이유, 틀린 횟수를 체크할 수 있도록 구성하였습니다.

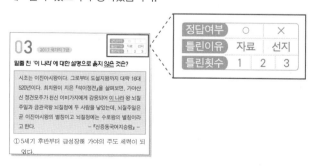

▶ 다양한 직렬 모두 대비

수험생 각자가 응시하는 직렬의 기출에 대한 감각을 충분히 익힐 수 있도록 15개년(2007~2021년)의 전 직렬 공무원 한국사 기출문제와 출제 가능성이 높은 신유형의 문제까지 분석하여 **다양한 직렬에 대한 대비가 가능하도록 엄선하여 구성**하였습니다.

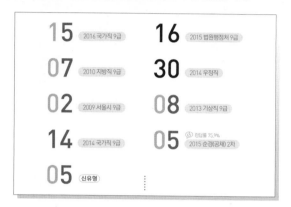

▶ 강의처럼 핵심을 짚어주는 명쾌한 해설

각 문항에 대한 해설을 문항의 하단에 수록하여 오답에 대한 해설뿐만 아니라 **자료, 선지에 대한 정확한 분석이 가능**하도록 구성하였습니다.
또한 기출문제풀이 학습에 있어 강의를 직접 수강하는 것이 학습 효율성을 높이는 가장 좋은 방법이지만, 불필요한 내용의 반복이 아닌 **기출의 핵심을 짚어주는 명쾌한 해설로 구성**하여 기출문항을 정리하는 데 부족함이 없도록 하였습니다.

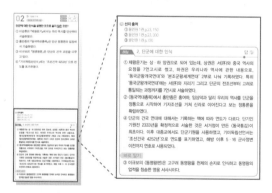

핵심기출 1660제 수강후기

가장 추천하고 싶은 강의는 '기출문제풀이' 입니다. 문제만 풀어주시는 것이 아니라 개념을 칠판에 판서하시면서 빠르게 훑어주시기 때문에 막판에 정리도 되고, 올인원 때 하지 않았던 심화내용 정리, 요즘 문제 트렌드가 이러니까 ~~게 대비해라 등 정보도 얻을 수 있어 좋았습니다. 문제 풀고 오답만 정리하지 마시고 꼭 기출강의 듣는 것을 강추합니다!

—손*인—

가장 후회되는 건 제가 초반에 아무것도 모르는 상태에서 이미 다른 선생님 기출을 샀어서 ··· 강민성 선생님 기출 살 걸 후회했습니다만 돌이킬 순 없었죠 ··· 강민성 선생님 기출 푸세요 여러분 ··· 가장 정확합니다. 한국사는 무엇보다 기출이 정말정말 중요하다고 생각해요. 기출 최소 3회독은 하셔야 한다고 생각합니다.

—김*원—

파이널 완전무결

- 공무원 한국사 유일의 전 · 현직 출제위원이 만든 실전동형 모의고사
- 최신 출제 경향을 반영한 단원별 핵심 기출 선지 완벽 정리
- 고난도 선지, 함정 선지, 지엽적 선지에 대한 빠르고 정확한 분석
- 엄선된 한국사 자료를 통해 실전 감각 극대화

7月	8月	9月	10月	11月	12月	1月	2月	3月	4月	5月	6月
Step 1-1		Step 2		Step 1-2			Step 3				

Step 1-1
필수
All-in-One
개념완성
📖 All-in-One 개념서

Step 2
필수
기출 문제 풀이
📖 기출 1660제

Step 1-2
압축 개념정리
💻 합격적중노트

Step 3
Final 최종 정리
3-1 실전동형모의고사편
3-2 치명적 선지 · 사료 ○× – 분석편

시험 직전
최종 마무리 특강

Step 3-1 치명적 선지 · 사료 ○×

교재

강좌특징
- 시험 전, 한국사 마무리 정리를 통해 부족한 파트를 보완할 수 있는 강좌
- 수 많은 O, X 문제를 통해 함정선지, 고난도 선지, 지엽적 선지를 빠르게 풀 수 있는 강좌(선지분석편)
- 최신 출제 경향을 반영한 단원별 핵심 기출 선지를 완벽 정리한 강좌(선지분석편)
- 개념 교재에 있는 핵심 자료와 최신기출 자료를 바탕으로 최신 출제 경향을 확인할 수 있는 강좌(자료분석편)

수강효과
- 분석이 어려운 자료를 O, X 문제를 통해 키워드로 정리하여 실전에서 고득점을 얻을 수 있습니다.
- 함정 선지와 고난도 선지를 풀 수 있는 능력을 배양합니다.
- 공무원 한국사의 지엽적인 부분도 빈틈없이 정리할 수 있습니다.
- 최신 출제 경향을 분석하여 출제 가능한 핵심 자료와 선지 정리를 통해 매력적 오답에 대한 대비가 가능합니다.

수강대상
- 시험을 앞두고 방대한 한국사 내용을 효과적으로 확인 · 정리하고 싶은 수험생
- 시험 전 마무리 정리를 통해 약점을 보완하여 한국사 고득점을 원하는 수험생
- 정확하고 꼼꼼한 선지 분석을 통해 헷갈릴 수 있는 선지에 대한 대비를 원하는 수험생

Step 3-2 실전 동형 모의고사편

교재

강좌특징
- 공무원 한국사 유일의 전 · 현직 출제위원이 만든 진짜 실전 동형 모의고사
- 변화된 최신 출제 경향에 최적화된 문제로 구성한 실전 동형 모의고사
- 변별력 강화를 위해 고난도 문항을 적절히 구성하여 취약 개념 및 약점을 최종 보완할 수 있는 실전 동형 모의고사

수강효과
- 실제 시험지 형식으로 제작되어 시험 환경에 대한 심리적 적응에 도움이 됩니다.
- 단기간에 다양한 난이도 · 유형의 문제를 섭렵하여 실전 능력을 높일 수 있습니다.

수강대상
- 전 · 현직 출제위원이 출제 및 검토한 '진짜' 실전 동형 모의고사를 풀어보고 싶은 수험생
- 최신 출제 경향, 빈출 주제 및 유형, 시험지 형식 등 모든 면에서 실전 동형인 모의고사를 풀어보고 싶은 수험생

▶ 치명적 선지 · 사료 O×

다수의 OX 및 단답형 문항을 단원별로 구성

함정 선지, 고난도 선지, 빈출 선지들을 엄선하여 단원별로 정리하여 기출 선지에 대한 감각을 익힐 수 있도록 하였으며, 다수의 OX 문제 풀이를 통해 기존의 오개념을 바로 잡고 고난도 실전 문항에 대비할 수 있도록 구성하였습니다.

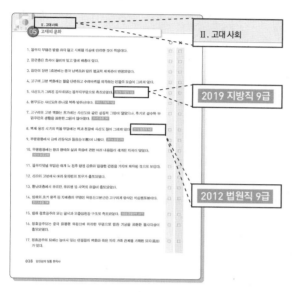

자료 분석 능력

자료 추론형으로 변화되어 가는 공무원 한국사 출제경향에 대비하여 빈출되었거나, 출제 가능성이 높은 기출된 자료를 단원별로 정리하여 실전에 대비할 수 있도록 하였습니다.

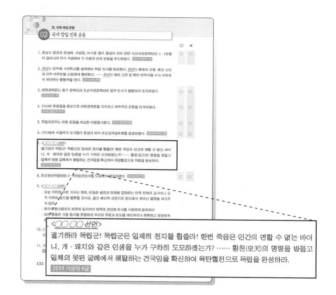

▶ 실전동형모의고사편

실제 시험지 형식의 구성과 '명쾌한 해설'

전 · 현직 출제위원이 참여하여 문제의 핵심만을 분석한 명쾌한 해설로 구성하였으며, 시험 환경에 대한 시각적 · 심리적 적응이 가능하도록 실제 시험지 형식으로 제작하였습니다.

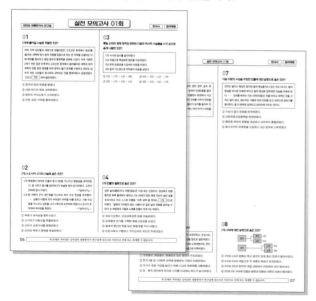

파이널 완전무결 수강후기

동형 문제를 풀고 나서 강의를 들으니 더욱 더 집중할 수 있었고, 기출 문제에서는 미처 보지 못한 색다른 형태 및 내용을 다룬 문제를 접할 수 있어서 좋았습니다. 그리고 강의 한 회차를 들으면서 한국사의 전 범위를 훑어볼 수 있어서 더욱 더 맘에 들었습니다.　—이*동—

동형모의고사 문제는 조금 어려울 수도 있지만 나중에 시험문제가 어려워졌을 때 정말로 빛을 발하는 것 같습니다. 난이도는 누구도 예측하지 못하니 수험생의 입장이라면 어렵게 준비하는게 당연하다고 생각됩니다.　—김*성—

모의고사가 어렵기는 했지만 무턱대고 어려운 것이 아니고 나올만한 것들 중에 어려운 것이고 답 고르는 능력을 길러줘서 정말 좋았습니다.　—김*안—

Jungotyou
민성샘 강의 들은 자들은 알지?
연도 안 외워도 풀리는거야~~!!
그게 더 맞는 거 아니야~???
3회독 가즈아

└ **백점대왕**
　샘 목소리 음성지원 됩니다!!
　ㅋㅋㅋ 주말이지만 파이팅하세요!

└ **22고우니사복**
　타사 모고에서 고난이도라고
　알려주신 문항 있었는데 우리의
　갓민성께서는 연도 못외워잉
　하셨기에 ㅋㅋㅋㅋ 더 수월하게
　답을 얻어냈습니다요 ㅎㅎ

└ **유교보이**
　어... 나 왜 이거 풀리지..

부산소화
공시 준비하다 잠시 멈췄던 초시인듯
아닌듯한 재시생인데 한국사 다시
기본강의 듣고 있어요ㅎㅎ

22고우니사복
갓민성과 웃참하기_지방직까지 뿌셔!!
김구 선생님 우파의 본질 말씀해주시다가 또
한번 흥분해버리신 우리의 갓민성
또 왜키 흥분했냐며 샘 홀로 다독이시는 모습
에 또 독서실에서 빵 터져서 입틀막하며 웃참
했어요 .... ㅠㅠ
아프고 화나는 역사의 한 부분인 근현대사지
만 샘 덕분에 현실적인 우리의 모습과 실체
를? 알 수 있고 잊지 않게 해주시니 더더욱 감
사합니다.
기출 완강 앞두고 있는데 합노 강의로 언능
정리하러 갈게요!! 동형도 너무 기대됩니다!
모두들 파이팅해요!!

2022년 1월 27일 (목)
오후 7:24

22고우니사복
갓민성 오년째를 외치다 ..
쌤 기출 수업이 이론보다 더 잼나고 100분이
무색해지는 이유..
팩트 폭력 장난 없으신 우리의 갓민성..
물 먹다가 독서실에서 뱉을 뻔했습니다..
저 장면에서
ㅋㅋㅋㅋㅋㅋㅋ 아이고.. 쌤 항상 건강하세요 :)

└ **달빛술사 쿠키**
　책의 필기에서 열공하시는 게 느껴지네요
　파이팅입니다^^

달콤 블로거
올인원 끝나면 선생님 커리큘럼
따라서 차근 차근 열심히 할게요ㅎㅎ
기출 강의 너무나도 기대되네요♡〈
항상 재밌고 알찬 강의 감사합니다.〉♡〈
덕분에 즐겁게 강의 듣습니다.
앞으로도 잘 부탁드립니다.

잠공
완강을 위해 열심히 들었습니다.
아직 실력이 부족하고 외워지지 않은게
많아서 마음이 불안하지만..
반복하면서 잘 채워가고 싶습니다.

└ **달빛술사 쿠키**
　완강하는 거 힘들죠!! 고생하셨어요~~

└ **칸토**
　고생하셨어요!
　이제 복습강의 들으면 기출 풀면 됩니다!

└ **bruce 리**
　완강 축하드려요.

보건직합격이서연
오늘도 한국사^_^!!!

└ **고래꾹**
　화이팅합시당!!

달빛술사 쿠키
기출 문제 2회독
(초기 국가~고대 삼국의 정치)
1회독 때도 해설을 읽었지만 형광펜으
로 자세히 표시하면서 푸니까 각 사건
간의 흐름이나 과정이 눈에 잘 들어와
서 1회독 때보다 더 많이 맞춘 것 같습
니다. 아직까지도 시간은 오래 걸리지
만 앞으로 계속 반복할수록 시간이 줄
어들겠죠. 날이 추워지는데 건강 유념
하시기 바라며 모두들 파이팅입니다.

└ **고래꾹**
　화이팅이에요!!

💬 Puloro
요즘 올인원과 기출 병행하고 있는데
베이스가 없어도 이해가 쏙쏙 잘되서 만족하고 있어요~
이제 곧 합격노트 강의가 시작된다니
넘넘 기대가 되요~ ^▽^
무엇보다도 합격노트 구성이
다른쌤 교재와 달리
시대별 정치 경제 문화가 아니라
정치사(고대~조선) 경제(삼국~조선)이런식으로
구성되어있어 어떻게 강의하실지 궁금하네요 ㅎㅎ
전에 시대별로 공부하다보면 자꾸 잊어버려서
이런식으로 보고싶다란 생각을 했었는데
실제로 이런 구성이라 넘 좋아요 ㅎㅎ
민성쌤 커리 열심히 따라가며
기다리고 있을께요 ㅎㅎ

💬 공시생09
조금은 늦었을 수도 있지만 천천히 차근차근히 포기
하지 않고 달려와서 드디어 완강했습니다~!
오늘 만큼은 완강에 대한 뿌듯함을 즐기고 싶네요~!
앞으로도 이 완강을 발판으로 좀 더 속력을 내어
빡공해 보겠습니다~!

└ 💬 22문풀득점왕22
와우~ 완강을 축하드려요^^ 고생많으셨구요~
앞으로도 파이팅입니다:)

└ 💬 잠공
완강을 하고나서의 뿌듯함!! 고생하셨습니다

└ 💬 yun1996
완강 축하드려욤!!!

💬 매국노는 웁니다
합격노트 강의 잘 듣고 있습니다ㅎㅎ

💬 인하정석
민성쌤 감사드립니다 ~^^

└ 💬 백호
대단하세요 완강 축하드립니다.^^

└ 💬 인하정석
님도 힘내서 화이팅입니다 ~^^

💬 남크뿡뿡
아직 진도가 한참한참남았지만...
열심히열심히 따라가보겠습니다^^
오늘도 파이팅!!!!!

└ 💬 백호
완강까지 파이팅!

💬 100점 맞자
일주일 중 금요일이 공부하기 제일 힘든 것 같습니다. 평
일의 마지막이라서 그런지 내일은 주말이라는 생각에 마
음이 싱숭생숭 하기도 하고, 지난 월화수목 4일동안 공부
를 열심히 잘했을까 하는 아쉬움과 후회가 교차합니다.

저는 계획을 짤 때 일요일 오전에는 늦잠도 자고 오후에는
영화도 보고 산책도 가고 충분히 휴식을 갖습니다. 물론
기계처럼 일주일 7일, 한달 30일 공부하는 것이 최선이긴
합니다. 하지만 수험은 마라톤처럼 장기레이스라고 생각
합니다. 마지막 스퍼트를 위해서 열공 못지 않게 잘 쉬는
것도 중요하다고 생각합니다. 한 주를 잘 마무리해야지,
다음 한 주도 힘차게 으샤으샤 공부할 수 있기 때문입니
다. 슬럼프를 자주 겪으시는 분들은 그럴 때마다 잠시 하
던 공부를 멈추고 휴식을 취하는 것도 좋은 방법이라고 생
각합니다.
카페에 오시는 분들은 다들 열심히 공부하셔서 저도 여기
올때마다 합격의 기운 듬뿍 받고 열공다짐을 하게 됩니다.
강민성 선생님 모든 제자 분들이 2022년에는 꼭 합격하셔
서 제자모임에서 다같이 만나서 선생님께 감사의 인사를
표현할 수 있었으면 좋겠습니다. 마지막까지 파이팅 하시
길 바랍니다.

💬 레아88
드디어 기출 완강했어요 ㅠ
풀면서 틀리는 문제가 너무 많아서
지치고 힘겨웠지만.
이제 합격노트로 다시 시작입니다!!
파이팅!!!

└ 💬 yun1996
완강 대단하세요ㅠㅠ같이
화이팅해요~!

💬 현온
한국사 강의는 수험을 위한 공부를
넘어서 새롭게 배우고 깨달아가는
점이 많아 좋습니다!
열심히 해서 수험에서도 좋은 결과
얻을 수 있으면 좋겠네요ㅎ
함께 노력하고 계신 수험생 분들
모두 원하던 결과 있으시길 바라요!

이재훈

국가직 100점 맞았습니다.

4월 17일 국가직 끝내고, 며칠 쉬다가 이제 글 쓰네요. 강민성 쌤 덕분에 국가직 100점 맞았습니다.
주변에 공시준비한다는 친구한테도 추천하고 있습니다. 이번 국가직은, 선생님 말씀처럼 시간싸움이라고
생각하고 10분에 한국사 다 풀려고 노력 했는데, 마킹까지 10분만에 풀어서 나머지 과목에 시간투자를
할 수 있었습니다.
저는 국가직을 목표로 하고 있었고, 지방직은.. 스페어타이어로 준비하긴 하려구요. 좀만 더 쉬고요!∼ 국
가직은 이른감이 없진 않지만, 현재 공단기 제 직렬에서 상위 5% 내를 유지 중이니...
면접만 보통으로 맞는다면 아마 최종 합격할 것 같습니다.
강민성 쌤 감사합니다. 끝으로 팔 다치시고도 강의하시는 모습보고 감동했습니다.

김민영

**너무 재미있게
듣고 있어요∼**

뒤늦게 공부 시작했는데 쌤 강의 너무 재미있게 듣고 있습니다.
오늘 문득 이러한 생각이 들어 후기를 남기고 싶은 생각에 들어 왔어요∼∼ᴧ
예전 아기 낳고 육아에 지쳐 스트레스 풀어보고자 드라마 몰아보기 하던 기억이 떠오르더라고요. ㅎㅎ
이틀 삼일이면 드라마 하나를 끝내버렸는데
요즘은 한국사 강의를 그때처럼 보고 있단 생각이 드네요. ㅎ
새벽에 깨도 잠이 안와도 강의를 듣게 되더라고요. ㅎ
이번 강 보고 다른거 하자 하다가도 손은 또 플레이버튼을 누르고 있더라고요.
뒷 이야기가 궁금해서∼ㅋ
머리에 너무 쏙쏙들어와요. 한국사가 이리 재미있는 과목이었다니∼∼
대체 학창시절 뭘 배운건지 참∼∼
가끔 강의 하시는 중간 중간에 아까침에...... 정겹습니다. ㅋ
대학 선배가 참 잘쓰던 사투리여서 자주 들었었는데∼∼ㅎ
열심히 공부해서 꼭 만점에 도전하겠습니다ᴧ

김나은

**갑작스럽게
공무원에 뛰어들었지만...**

전공에 뜻이 있었던지라 대학교 2학년 때부터 교수님들 졸졸 따라다니며 한 학문만 파고 대학원 수업도
미리 듣다가 교수님 밑에서 일하게 되고, 말도 안되는 업무량, 제 생활이 하나도 안되는 상황에 아 이건 아
니지 하고 튀어 공무원을 준비하고 있습니다. 여태 준비하고 했던 활동들이 아까워 여러번 뒤돌아보긴 했
지만 한 학문만 파다가 여러 과목들을 다양하게 접근하고 특히 세상에서 수학 다음으로 싫어했던 한국사
를 재미있게 듣게 되어서 선생님께 너무 감사드려요. 세상 돌아가는거, 다른 과목들 사회 경제 하나도 모
르고 전공 하나만 팠는데 이렇게 다양하고 넓은 시각으로 세상을 바라볼 수 있게 되어 공무원을 준비하
게 된게 자랑스럽게 느껴져요. 비록 제가 다시 대학원을 가게 되거나 공무원을 안(못)하게 될지라도 이 강
의는 너무너무 유익하고 알아가는게 많은 수업이었어요. 특히 민주화운동 때 울먹거리는 선생님을 보며
저도 같이 울먹거렸고, 현장에 함께하지 못했지만 선생님의 진심이 전해지는 듯한 수업이었어요.

대학원 입학 전 대학원 생활을 하다 자정에도 전화오고, 주말 평일 구분없는 과도한 업무에 져버려서 하
고 싶지도 않았던 공무원 선택했다고 자책도 여러번 했는데 한국사 들으며, 다른 행정법, 교육학, 국어, 영
어 들으며 그런 생각이 없어졌어요. 9급 교행 준비하는데 열심히 공부해서 합격하고 선생님 찾아뵙고 싶
습니다:)

합격해서 봬요! 열심히 하고 있을게요:)

황명희

강의력 최고, 문제 퀄리티가
대단히 좋네요

문제가 진짜 좋네요.
버릴게 없구요.
그리고 무엇보다 강의력이 진짜 훌륭하시네요.
왜 이제 알았을까.
선생님 수업 들으면서 구슬꿰기 하는 중입니다.. 최고

김환희

강민성쌤은
역사초보 공시생들에게
그저 빛!!

정말 강민성선생님은 역사 초초초초보 자들에게도
쉽게 이해 할 수 있게 도와주시고, 큰 틀을 잡게 해주시는것 같아요
큰 틀 못잡고 나무만 보면 한국사는 ㅠㅠ
고득점 어려운 것 같습니다
진짜 그걸 다른 타 선생님듣고 갈아타면서 뼈저리게 느꼈어요
강민성쌤 타 선생님 듣고 오라고 자신있게 말씀하셨던거
전 충분히 느꼈습니다!!!
앞으로의 강의드 커리들 쭉 따라가겠습니당

전고은

입문완성 듣고
선택했어요-

제가 국사, 지리, 세계사 너무너무 싫어하는데..
그래서 국사 공부하는데 너무 힘들었던 사람인데..
입문 수업 듣고. 어? 이게 이렇게 이야기가 되네?? 싶어서 듣게 됐어요.
외울거 많은 국사라고만 생각했는데.. 스토리로 이해를 하니.. 흐름이해가 되더라구요-

강민성쌤 수업 들으면. 빠져들어서 듣게 됩니다.
6월부터 듣고 있느라 2021버전으로 듣고 있습니다.
한 강의에 80분 90분 수업인데도 ..
지루하지 않고 재미있습니다.
붕당정치마저도 이렇게 흥미로울 수 있는건가요??!

앞머리 따서 외우는거 없어도 머리에 전개가 되는게 신기합니다.
이렇게 듣고만 있는데.. 잘 이해하고 있는지 싶어서
2021 복습파트에 있는 문제를 풀면.. 풀립니다 ㅎㅎㅎㅎ
신기하네요.

물론 워낙 방대한 양이라..
휘발성이 강한 것은 사실입니다만..
정말정말 즐겁게 들을 수 있어요-
이렇게 반복하다보면 쌓이게 되겠죠-

지금 근대 들어가 수업듣는데...
울컥울컥. 하시는 선생님 모습 보면서 같이 울컥합니다....
84강.. 와. 이걸 다 들을 수 있을까 했는데
벌써 60강 듣고있어요 . 얼른 마무리하고 복습강의로 다지기 하면서
8월부터 하는 기출은 2022버전으로 함께 들으렵니다!!

처음 강민성샘의 강의를 듣게 된 계기 / 강의를 듣고 나서 생긴 변화

중학생 때부터 국사 과목을 좋아했었는데 고등학교 2학년 때인가 한능검이 처음 생겼어요. 이 때 한능검을 따고 싶어서 시험 전에 내용을 한 번 쫙 정리하고 싶은 마음이 있었는데 우연히 버스광고에서 강민성 샘 광고를 보고 맛보기 강의 하나 들어보고 잘 맞는 것 같아서 고민 없이 선택했어요. 이 때 이후로 **한국사=강민성 공식이 생겨서 취준 시절 한능검을 딸 때도 무조건 강민성샘이었고 이번에 공시를 준비하면서도 강민성샘이 공단기에 계셔서 공단기를 선택했다고 해도 과언이 아니에요.**

선생님 강의의 장점은 많이들 공감하시겠지만 흔들리지 않는 큰 줄기를 잡아주신다는거라고 생각해요. 선생님 강의를 들으면서 한국사 공부를 할 때 냅다 이걸 외워야겠다고 생각한 적은 거의 없었어요. **듣다 보면 자연스럽게 받아들여지게 되고 굳이 힘들여서 암기하지 않아도 내용이 기억난다는 거?** 물론 공시는 양이 방대하기도 하고 또 저는 일을 하다가 오랜만에 공부하는 거여서 더 그랬는지 여러 번 까먹기도 했고 헷갈리는 부분들은 따로 뽑아서 암기하기도 했지만 이해 없는 암기는 한 번도 필요성을 느끼지 못했어요:)

흐름에 따라 사실들을 당연하게 받아들이다 보니 순서 문제도 수월하게 풀 수 있었고 무엇보다 낯선 사료를 대하는 힘이 생겼다는 게 가장 큰 변화라고 생각해요!

선생님 강의의 특징과 장점 (가장 추천하고 싶은 강의는?)

단언컨대 기출이에요.(올인원, 합노는 너무 당연하니까....) 과목 불문하고 강의 병행하든 하지 않든 공시에서 제일 강조하는 필수 커리는 단연 기출이죠. 그런데 문제는 혼자도 풀 수 있고, 해설집도 잘 나오다 보니까 기출 강의는 좀 시간이 아깝다고 생각해서 패스하는 경우도 많잖아요. 그치만 기출 강의가 단순히 선생님이 문제를 풀어주시는 걸 구경하는 강의는 아니라고 생각해요.

특히 한국사는 낯선 사료를 보고 당황하지 않고 문맥을 파악해서 문제가 원하는 답을 고르는 힘이 굉장히 중요하다고 생각하는데, 선생님 강의를 통해서 많은 도움을 받았다고 생각해요. 사료에서 주목해야 하는 부분을 체크해 주시고, 그 부분에서 어떤 내용을 떠올려서 답을 골라내야 하는지에 대해서 설명을 잘 해주세요!

맥락을 통해서 사료를 분석해주시니 기억에도 더 잘 남고, 이런 부분들이 또 헷갈리는 사료들을 구분할 때에도 굉장히 효자 역할을 합니다.(예를 들어 전근대 부분 시대별 역사서 서문들이나 근현대 부분 갑신, 동학, 갑오개혁 정강들 같은 거요!)

중요한 선지들도 체크해주시는데, 이런 부분들이 2회독부터 엄청나게 시간을 절약해줍니다. 3회독부터는 회독해야 할 것이 진짜 확 줄어서 회독 시간이 팍팍 줄어드는게 느껴져요. 수험생들이 어려워하고 자주 틀리는 부분은 선생님표 연표로 내용도 쫘르륵 정리해주셔서 내용정리와 문제풀이 효과를 동시에 볼 수 있어 굉장히 만족했던 강의이자 가장 추천하는 강의이기도 합니다.

선생님 교재의 특징과 장점

그냥 줄글이 아니고 **내용이 입체적으로 구성이 되어 있어서 가독성이 좋기도 하고** 선생님도 그 흐름에 맞게 강의를 하시다보니 복습할 때 내용을 간단하게 강의 내용을 복기하면서 스윽 읽기가 좋아요. 덕분에 짧고 간단하게 복습할 수 있다는 게 좋았어요.

보통 인강을 3개씩 들었는데 복습 시간은 짧으면 30분, 길어도 1시간을 넘지 않았던 거 같아요.

선생님 강의를 수강하며 병행한 나만의 공부 팁이 있다면?

대단한 팁이랄 건 없지만... 저는 강의를 다 듣고나면 무조건 바로 복습을 했어요. 흐름이라는 것이 들을 땐 재밌고 술술 받아들여지는 것 같은데 복습을 해주지 않으면 그만큼 **휘발성도 강할 수 있기 때문에 선생님도 수업 중에 매번 강조하시지만 복습이 정말 정말 정말 정말!!! 중요합니다.**

그런데 강의 듣고 나서 당일 복습 하는게 가장 머리에 많이 남기도 하지만 복습 당시에 강의 복기가 가능하다 보니까 복습 시간도 굉장히 짧아져요. 복습할 때는 간단히 복기하면서 그냥 읽어보기도 하지만, 선생님께서 지도나 연표를 그려주시는 날에는 선생님이 그리시는 방식, 순서 그대로 똑같이 따라 그리면서 복습했던 것이 도움이 많이 됐어요. 고대 국가쪽, 통일전쟁 과정, 후삼국 통일 과정 이런 쪽은 나중에 복습할 때 지도 그리시는 법이랑 흐름 풀어나가시는 방식이 기억이 안 날 것 같아서

순서대로 숫자를 적어놓기도 했어요.

선생님 강의는 이런 학생들에게 꼭 추천하고 싶다

한국사는 암기과목이라는 생각으로 지레 겁먹고 거부감을 가지신 분들에게 꼭 추천하고 싶어요!

선생님과 한국사를 공부하면서 연도, 두문자 써본 적이 단 한 번도 없었습니다. 물론 연도나 두문자를 알면 문제 풀이가 수월한 건 맞다고 생각해요. 그치만 **선생님이 강조해주시는 몇 개 안 되는 연도로도 충분하고 이것마저도 선생님 연표를 하도 보면.안 외우고 싶어도 외워지더라고요.** 선생님이 강조 안 하시는 전근대 부분 연도는 아직까지 모릅니다.

암기 부담이 커서 한국사가 손도 대기 싫다! 이랬던 분들이라면 강민성샘 수업이 정말 잘 맞을 거라 생각해요.

외워도 안 풀리던 문제가 안 외워도 저절로 풀리는 경험을 해보실 수 있을 거예요!

그 외 합격 소감

합격하면 나도 멋지게 후기 쓰고 싶다고 생각해놓고 막상 이렇게 느즈막이 쓰려니...ㅎㅎ.. 좀 민망하기도하고 선생님에게 죄송스럽기도 하지만 수기 쓰면서 다시 수험생활들을 복기해보니까 되게 묘하네요ㅋㅋㅋㅋㅋㅋ 합격조차 끝이 아닌 새로운 시작인 걸 알지만 지금은 다 끝난 듯 굉장히 후련해요. 수능 끝난 고3 같은 기분을 다시 느끼게 되어서 좋기도 하고요. 무엇보다 제 수험생활의 동반자가 되어주시고 좋은 결과로 마무리할 수 있도록 도와주신 민성샘께 깊은 감사를 드리고 싶습니다. 약 10년 간 랜선 제자였는데 이제는 좀 뵙고 감사인사 드리고 싶네요...흐흐 지금 현재 열심히 공부하고 계시는 분들도 선생님이 말씀하시는 대로 믿고 따라가신다면 좋은 결과 얻으실 수 있을 거라 생각하고 이 글을 보시는 모든 분들께 마지막까지 힘차게 달려나갈 수 있는 힘이 전달되기를 간절히 바라겠습니다:)

마지막으로 강민성 선생님을 한마디로 표현한다면?

한국사=강민성

응시년도	2021		응시지역	서울
응시번호			응시직렬	행정직(일반행정·전국·일반)
응시자명	배지혜		주민등록번호	

	합격여부			
차수	1차 시험	합격		성적보기
	2차 시험			
	3차 시험	합격		

+ 1차시험성적 상세보기

과목명	점수
국어	90.00
영어	100.00
한국사	100.00
행정법총론	71.19 원점수(100.00)
사회	68.66 원점수(90.00)
평균/총점	429.85
합격선	400.84

* 7급 2차 및 9급 공채 필기시험 합격자 성적은 최종합격자 발표일에 확인 가능합니다.
* 7급 2차 및 9급 공채 필기시험 과목별 성적은 가산점이 반영된 점수입니다.
* (9급공채) 선택과목의 성적은 가산점을 포함한 원점수를 조정점수로 환산한 점수입니다.
※ * (7,9급공채) 단, 한과목이라도 만점의 40퍼센트 미만으로 득점한 경우 '과락'으로 가산점에 반영되지 않습니다.

합격및성적조회
🏠 홈 > 지방공무원 온라인 채용 > 합격및성적조회

임용시험 2021년도 제2회 공개경쟁[01. 교육행정 9급_남부청사(일반)] 직렬 교육행정 계급 9급

인쇄

* 합격자확인

배지혜
최종 합격을 진심으로 축하합니다.

필기시험성적	475
가산점	0
총성적	412.51
평균	82.5

과목	점수	가산점	환산점	과락점수	과락여부	결시
국어	100	0	100	40		
한국사	100	0	100	40		
영어	85	0	85	40		
행정법총론	95	0	64.26	40		
사회	95	0	63.25	40		

수강을 통해
합격 후기의 주인공이 될
여러분을 응원합니다

공시생 **수강후기**

- 이름
- 응시직렬
- 처음 강민성샘의 강의를 듣게 된 계기
- 강의를 듣고 나서 생긴 변화
- 선생님 강의의 특징과 장점
- 선생님 교재의 특징과 장점
- 나만의 한국사 강의 활용 Tip
- 선생님 강의는 이런 학생들에게 꼭 추천

열공 인증샷
(개념 필기 등)

열공 인증샷
(문제 풀이 등)

※ **열공 인증샷**을 꼭 넣어주세요

공시생 **합격후기**

- 이름
- 응시직렬 / 준비기간
- 처음 강민성샘의 강의를 듣게 된 계기
- 강의를 듣고 나서 생긴 변화
- 선생님 강의의 특징과 장점
- 선생님 교재의 특징과 장점
- 선생님 강의는 이런 학생들에게 꼭 추천
- 나만의 과목별 공부방법 / 시기별 공부방법
- 합격 소감과 후배들에게 하고 싶은 말

한국사 성적

합격 증명서

※ **합격 후기 인증샷**(성적, 합격 증명서 캡쳐본)을 꼭 넣어주세요

**공시생
수강 ·
합격후기
작성방법**

| 강민성의 정통한국사 ▾ | 검색 |

⬇

**사이트
강민성의 정통한국사 카페**

—

제자들의 후기
- 🔲 수능수강&합격후기
- 🔲 한능검수강&합격 후기
- 🔲 공무원수강&합격 후기 ← 클릭!

—

✏ 글쓰기

클릭 후 후기 작성!

| 강민성의 정통한국사 ▾ | 검색 | cafe.naver.com/kmshistory

네이버 '강민성의 정통한국사' 카페에 후배들에게 도움이 될 수 있는 성의 있는
수강 후기와 합격 후기를 모두 남겨준 분들 중 우수후기로 선정된 분들을 위해
소정의 상품을 준비했으니 많은 참여 바랍니다.
우수후기 선정과 관련한 구체적인 내용은 후기 공지사항을 확인해주세요.

강민성 선생님과
공시합격생 제자들의 '만남'

공시합격생
제자모임 소개

평소에는 전하지 못했던 선생님과 제자 여러분의 마음을 나누는 소중한 자리에 많은 관심과 참여 바랍니다.

지난 제자모임

공시합격생 **첫 번째** 제자모임(2016년 11월 25일(금))

공시합격생 **두 번째** 제자모임(2017년 8월 4일(금))

공시합격생 **세 번째** 제자모임(2017년 11월 24일(금))

공시합격생 **네 번째** 제자모임(2018년 8월 10일(금))

공시합격생 **다섯 번째** 제자모임(2018년 11월 30일(금))

공시합격생 **여섯 번째** 제자모임(2019년 8월 23일(금))

공시합격생 **일곱 번째** 제자모임(2020년 1월 17일(금))

 첫 번째
제자모임
 두 번째
제자모임
 세 번째
제자모임
 네 번째
제자모임
 다섯 번째
제자모임
 여섯 번째
제자모임

강민성의 정통한국사 카페에서 공시합격생 제자모임 영상과 지난 수능 제자모임 영상들을 확인할 수 있습니다.

공시합격생 제자모임 공지사항은 네이버 카페 '강민성의 정통한국사' 에서 확인할 수 있습니다.

cafe.naver.com/kmshistory | 강민성의 정통한국사 ▼ | | 검 색 |

교재 인증하고 선물받기

강민성 한국사 교재가 있다면
인증하고 선물 받자!

- 강민성 한국사 시리즈 교재를 **인증**해주시면
  강민성 한국사 학습자료, 이벤트 및 행사 소식 등을 빠르게 받아볼 수 있습니다 ^^
- 인증만 하셔도 무작위 추첨을 통한 응원 선물을 받으실 수 있습니다
  Ex) 내일은맑음 우산, 보틀, 텀블러, 포스트잇, 문화상품권, 커피, 치킨, 피자 등
  각종 기프트콘

작은 선물이지만 받으실 때 기분이 좋아지셨으면 하는 바람입니다.
언제나 여러분을 응원합니다!

교재 인증하고 선물받기 Q&A

WHAT WHO?

Q 교재 인증이 무엇인가요?
A 강민성 선생님 교재로 공부하는 분들이 **강민성 한국사 수험생임을 인증**하는 것입니다!

Q 누가 인증하면 되나요?
A 강민성 선생님의 교재를 가지고 있는 **모든 제자**는 가능합니다(과거 수강 경험이 있는 분도 가능합니다!)

WHY?

Q 교재 인증을 왜 해야 하나요? (어떤 것들이 좋은가요?)
A 받아볼 수 있습니다
  - 지친 수험생활을 위로하는 강민성샘의 응원 선물(문자, 선물, 기프트콘 등)
  - 강민성 한국사 관련 주요 공지, 한국사 학습자료 정보 등

A 선정 가능성이 높아집니다
  - 다양한 이벤트(우산, 보틀 등 선물 배송) 또는 행사 참석의 선정 가능성 UP↑
  - 정통한국사 카페의 수험생 응원 이벤트 선정 가능성 UP↑
    (향후 예정 이벤트 : 우수 열공인증, 우수 수강후기, 우수 카페 활동 멤버 이벤트 등)
  - 또한, 기재해주신 답변은 추후 더 나은 강민성 한국사 강의 및 교재, 각종 이벤트 및 행사를 위한 참고 자료로 활용됩니다

HOW?

Q 교재 인증은 어떻게 하면 되나요?
A 하단의 QR 코드로 접속하여 '교재 인증 양식'을 작성하여 제출해주시면 됩니다!
  [참고] 인증 교재 수량, 수강 강좌 수 등에 따른 혜택 또는 불이익이 없으므로
  사실만을 기재해주시기 바랍니다 (중복 등록 가능)

← 교재인증 QR코드 클릭

교재 인증 바로가기

2022 올인원 한국사

2022 기출 1660제

2022 합격적중노트

2021 기출 1560제

2021 올인원 한국사

2020 올인원 한국사

2020 기출 1880제

2020 합격적중노트

2020 실전동형모의고사

2019 올인원 한국사

2019 기출 1730제

2018 올인원 한국사

2018 기출 1650제

2017 올인원 한국사

2017 기출 1500제

한능검(전근대 근현대)